선교적 목회 길잡이
—선교 목회부터 마을 목회까지

선교적 목회 길잡이
―선교 목회부터 마을 목회까지

2022년 2월 15일 처음 펴냄

엮은이   부산장신대학교 세계선교연구소
지은이   이원돈 정승현 최동규 한국일 황홍렬
펴낸이   김영호
펴낸곳   도서출판 동연
등 록   제1-1383호(1992. 6. 12)
주 소   (03962) 서울시 마포구 월드컵로 163-3
전 화   (02)335-2630
전 송   (02)335-2640

ISBN 978-89-6447-759-5 03230

선교적 목회 **길잡이**

선교 목회부터 마을 목회까지

부산장신대학교 세계선교연구소 엮음
이원돈 정승현 최동규 한국일 황홍렬 함께 지음

동연

책을 펴내며

　오래전부터 예견된 한국교회의 미래가 암울하다는 전망은 이제 누구도 부인할 수 없는 현실이 되고 말았습니다. 가나안 교인의 증가, 저출산에 따른 다음 세대의 감소, 교인들의 고령화, 한국교회의 신인도 저하로 인해 교회는 이미 위기에 직면해 있었습니다. 그런데 코로나19 집단 감염 장기화 국면에서 일부 교회가 보여준 태도는 불신자들의 교회 비판을 더욱 가속화시킨 측면이 있어, 교회의 위상은 그 어느 때보다 더 심각하게 흔들리는 지경에 이르렀습니다. 현재의 추세대로 가면 10년 뒤 한국교회의 미래를 상상하기가 두려울 정도입니다.

　경우는 조금 다르지만, 유럽 교회와 북미 교회 역시 위기를 겪고 있는데, 이에 대한 대안으로 선교적 교회가 크게 부상하고 있습니다. 이에 부산장신대 세계선교연구소는 2020년에 목회자를 대상으로 선교적 교회 세미나를 4차례, 2021년에는 6차례 열었습니다. 세미나에 참여한 목회자들은 선교신학자들로부터 선교적 교회에 대해 배우고 좋은 사례들을 소개받으며 많은 도전을 받았습니다.

　그래서 세미나 가운데 일부를 모아 『선교적 목회 길잡이』라는 책을 내게 되었는데 큰 기쁨으로 생각합니다. 이 책이 목회 현장에서 대안을 모색하는 목회자들에게, 특히 선교적 교회를 모색하는 목회자들에게 조금이라도 도움이 되기를 바랍니다. 한국교회의 문제점 중 하나는 신학의 부재라고 여겨지는데, 아무쪼록 이 책이 어려운 시대를 목회하는 목회자들과 선교적 교회론과 씨름하는 신학자들의 만남의 장이 되기를 소망합니다.

이 책에 귀한 원고를 기고하신 한국일 명예교수님(장로회신학대학교), 이원돈 목사님(부천 새롬교회), 정승현 교수님(주안대학원대학교), 최동규 교수님(서울신학대학교)과 원고를 내시고 책까지 편집하신 황홍렬 교수님(부산장신대학교)께 깊이 감사드립니다. 이 책을 출판한 도서출판 동연 김영호 장로님과 편집진 여러 선생님께도 감사를 드립니다.

아울러 변함없이 연구소 활동에 동참하시고 후원하시는 이사님들께 감사의 말씀을 드립니다. 광안교회 함영복 목사님, 김해교회 조의환 목사님, 생명숲교회 노헌상 목사님, 애광교회 조성일 목사님, 주닮교회 정현곤 목사님, 항서교회 나재천 목사님께 감사드립니다(교회명 가나다순). 그리고 지난 2년 동안 선교적 교회 목회자 세미나에 동참하신 목사님들께도 감사드립니다. 내년에도 선교적 교회를 향한 목회자들의 고민을 나누는 세미나에서 계속 뵐 수 있기를 희망합니다.

2021년 12월
부산장신대학교 세계선교연구소 이사장
한영수

추천의 글

부산장신대학교 세계선교연구소(이사장 한영수 목사, 소장 황홍렬 교수)가 이번에『선교적 목회 길잡이』를 발간하게 됨을 축하드립니다.

"시간이 흘러가면서 서구 사회의 비기독교화가 가속화되자 비로소 선교적 교회의 개념이 고개를 들기 시작했다. 모든 곳이 선교지이고 동시에 모든 곳이 피선교지가 될 수 있다는 생각이 서구 교회를 사로잡아 갔다. … 우리에게 복음을 전해준 서구 교회의 선교적 고민이 담겨 있는 본서는 서구 사회를 향한 대안이 되기도 하지만, 오늘날 정체의 위기를 맞고 있는 한국교회를 위해서도 새로운 해법이 될 수 있다."

이 말은 정승현 교수님이 번역한『선교적 교회: 북미 교회의 파송을 위한 비전』(2013)의 추천사 중 일부입니다. 본교 세계선교연구소가 2020년부터 2021년까지 10회에 걸쳐 〈선교적 교회 목회자 세미나〉를 열어 목회자들에게 선교적 교회론과 구체적 사례들을 소개한 것은 매우 시의적절하다고 생각합니다. 그동안 선교적 교회에 대해 소개하는 책들이 많이 출판되었습니다. 그렇지만 선교적 목회에 관한 책은 찾아보기가 쉽지 않았습니다. 이제 목회자들의 눈높이에 맞춘 본서가 선교적 교회를 고민하는 목회자들에게 큰 도움이 되기를 믿기에 이 책을 추천합니다.

　북미 교회에서 출발했던 선교적 교회 논의가 한국교회의 목회자들에게 제대로 전달되고, 선교적 교회로 전환하려는 목회자들에게 도움이 되는 본서의 출판을 다시 한번 축하드립니다. 출간을 위해 애쓰신 한영수 이사장님, 이사님들, 소장 황홍렬 교수님 그리고 필진들께 큰 격려를 드립니다.

2021년 12월

부산장신대학교 총장

허원구

머리말

이 책은 코로나19가 장기화되면서 작년에 이어 한아봉사회와 함께 기획했던 "디아코니아를 통한 세계선교에 대한 현장 연구"가 무산되면서 대신 만들어진 책이다.

부산장신대학교 세계선교연구소는 2020년과 2021년에 목회자들을 대상으로 선교적 교회 목회자 세미나를 열었다. 코로나19 상황이어서 줌(ZOOM) 비대면 세미나였다. 코로나19의 원인인 기후위기와 생태계위기, 전 세계적·국가적인 경제적·사회적 양극화 등 전 지구적 위기(global), 미·중 갈등과 한·일 갈등 사이에 선 동북아의 위기(regional), 분단, 저출생·고령화 사회와 미래가 깨진 다음 세대 등 국가적 위기(national), 지방 소멸이라는 지방의 위기(local) 등 4중적 위기를 겪고 있다. 교회 역사상 가장 타락했다고 비판받는 한국교회 그리고 다음 세대로부터 외면받는 한국교회는 어느 때보다 더 심각한 위기에 직면해 있다. 이런 중층적 위기 속에 선 한국교회로 하여금 신학적으로, 목회적으로 대안이 될만한 선교적 교회에 대해 공부하고, 선교적 교회를 지역교회에 적용하는 과정과 적용 사례들을 살펴봄으로써 목회자들이 섬기는 교회를 선교적 교회로 전환하는데 기여하고자 할 목적으로 선교적 교회 목회자 세미나를 개설했다.

2020년 2월 20일에는 한국일 교수(장로회신학대학교)가 "왜 선교적 교회인가? 목회 패러다임의 전환", 5월 8일에는 정승현 교수 (주안대학원대학교)가 "크리스텐덤의 이해와 선교적 교회론", 8월 20일에는 최동규 교수(서울신학대학교)가 "선교적 교회와 지역 교회", 11월 5일에는 필자가 "선교적 교회와 마을 목회"를 강의했다. 2021년에는 세계선교연구소 이사들의 의견을 반영하여 이론과 실천을 함께 공부하기로 했다. 3월 25일에 정승현 교수가 "선교적 교회 소개", 4월 22일에 "선교적 교회 최근 연구 소개", 5월 13일에는 최동규 교수가 "세계교회의 선교적 교회 5가지 흐름", 6월 17일에는 한국일 교수가 "전통적 목회로부터 선교적 목회로", 9월 16일에는 이원돈 목사(부천 새롬교회)가 "코로나19 시대의 생태문화 돌봄 마을 목회", 10월 21일에는 필자가 "선교적 교회 사례로서의 마을 목회"를 강의했다. 2020년 선교적 교회 목회자 세미나와 달리 2021년 세미나의 강사진이 2월 19일에 줌 회의를 통해 주제를 조율함으로써 전체적으로 좀 더 일관되고 연결된 세미나가 진행될 수 있었다. 강사 준비 회의 참석자들은 2020년 선교적 교회 목회자 세미나 참석자들의 피드백을 나눔으로써 목회자들의 욕구를 이해하는 데 도움을 받았다. 또 2020년 세미나 참석자들과는 달리 2021년 세미나 참석자들은 본인이 섬기는 교회를 선교적 교회로 전환하려는 의지가 있는 목회자들로 제한해서 세미나를 진행했다. 참석자 숫자가 좀 줄어들기는 했지만 참여하는 목회자들의 태도가 더 진지한 것을 느꼈다.

이 책을 펴내면서 어려웠던 점은 강사들의 강의 중 일부는 이미 발표한 논문이거나 책의 일부이고, 나머지 강의는 아직 강사 자신의 책에 싣지 못해 이 책에 원고를 제출할 수 없는 경우였다. 그래서 꼭 필요한 강의 자료이지만 부득이 여기에 싣지 못한 경우가 있다. 이 책을 읽기 전에, 또는 읽으면서 한국선교신학회가 엮은『선교적 교회론과 한국교회』를 읽기를 추천한다. 선교적 교회에 대한 선교신학자들의 논문을 모아서 한국선교신학회가 2015년에 펴낸 책인데 정승현 교수, 최동규 교수, 한국일 교수, 필자도 필진으로 참여했다. 이 책은 강사들이 보내온 원고들을 중심으로 선교적 교회를 지향하는 목회자들을 위한 안내서가 되고자 한다. 다시 말해 선교적 교회론을 목회에 적용하고자 하는 선교적 목회자를 위한 안내서이다.

한국일 명예교수의 "선교적 교회를 실천하는 선교적 목회"는 『선교적 교회의 이론과 실제』(2016/2019)의 10장을 가져온 글이다. 여기에 다시 싣는 것은 선교적 교회와 실제 사례들에 대한 연구에서 앞장선 한국일 명예교수의 글이 선교적 목회의 신학적 기초와 방향을 잘 제시하고 있기 때문이다. 선교적 교회론을 목회 현장에서 실천하려면 기존의 목회 형태로부터 선교적 목회로 전환하는 것이 선교적 목회의 출발점으로 제시하면서 한국일 명예교수는 기독교 세계(Christendom)를 형성한 서구 교회와 비기독교 세계 안에 있는 신생교회 모두 교회 중심적 목회를 했다고 비판하고, 선교적 교회에 따른 선교적 목회의 신학적, 선교학적 근거로 보냄을 받은 선교공동체로서의 교회와 선교 운동성의 회복을 제시했고, 선교적 목회의 실제적 원리로 선교적 목회를 실천하는 목회자의 새로운 정체성, 세상 속에 세워지는 흩어지는 교회로서 성도를 준비시키는 선교적 목회의 역할, 선교적 관점에서 "모이는 교회"와 "흩어지는 교회"의 유기적 연결과 통전을 선교적 목회의 실천 원리로 제시했다.

최동규 교수는 "성육신의 관점에서 본 선교적 교회의 상황화"에서 목회 패러다임 변화의 필요성을 문화적 관점이 아니라 신학적 관점이 되어야 하고, 이는 올바른 교회론의 토대 위에 목회적 전략과 방법을 수립해야 하는 것으로, 교회의 존재론적 성품과 태도를 가장 잘 드러내는 개념이 성육신이기 때문에 이 관점에서 선교적 교회의 상황화를 논하고 있다. 최동규 교수는 선교적 교회의 실천 원리로서 성육신의 신학적 의미를 탐구한 뒤 상황화의 관점에서 성육신적 사역의 구체적인 실천 원리들을 제시했다. 우선 최 교수는 성육신의 성경적 의미로 성부 하나님의 관점에서 아들을 "주심"과 "보내심"으로 성육신을 설명하는 본문들을 소개하며 속죄론적 관점에서 성육신의 의미를 살피고, 자기비움으로 성육신을 설명하는 본문을 소개하면서 성육신이 지닌 실체적 변화에 주목하고 있으며, 신적 존재 방식과 종의 존재 방식을 대조함으로써 성육신의 의미를 부각시켰다. 최 교수는 성육신의 신학적 의미로 인간 삶의 현실로 뚫고 들어오시는 하나님의 현존을 제시하고, 성육신은 문화적 경계를 넘어 상대방의 삶의 세계로 들어가는 선교를 의미하기 때문에 현지인들의 삶의 방식에 들어가지 않는 선교기지 접근 방식을 비판하고, 대안으로 성육신적 선교를 제시했다. 성육신적 선교의 특성은 현존, 근접성, 무력함, 선포이다. 상황화의 관점에서 성육신적 선교의 실천 원리로 최동규 교수는 관찰과 경청을 통해 복음을 들어야 할 사람들에 대한 이해와 그들의 삶의 자리와 문화에 대한 심층적 이해, 복음을 들어야 할 사람들에게 연민을 느끼고 그들과 동일시하면서 우정을 형성하는 연대 그리고 하나님의 통치가 실현될 수 있도록 세상을 갱신하고 변혁시키기 위한 책임적 행동을 제시했다. 이처럼 최동규 교수는 기존 목회와 선교적 목회의 결정적 차이를 상황화된 선교적 목회로, 그리스도인과 교회의 성육신적 삶과 사역이라 했다. 선교적 교회론 연구에 앞장선 최동규 교수는 이 글에서 선교적 교회론의 맥락에서 상황화 관점과 성육신의 선교의 실천 원리를 제시함으로써 선교적 목회자들에게 실질적이고도 신학적인 도움을 준 것으로 생각한다.

한국일 명예교수는 선교적 목회 리더십을 실현하는 원리 중 하나로 영성에 기초한 진정성의 리더십을 제시했다.[1] 이러한 주장처럼 정승현 교수는 "선교적 영성에 대한 소고"에서 선교적 목회를 하려는 선교적 목회자가 지녀야 할 선교적 영성을 제시했다. 정승현 교수는 기독교 영성을 삼위일체 하나님과의 관계에서 일어나는 전인적(수직적이고 수평적인 관계) 부분에 관한 것이고, 초자연적 세계는 영적이고 세상은 속된 것이라는 이분법적 세계관을 극복한 것이고, 본질적으로 공동체적인 것으로 제시했다. 정승현 교수는 선교적 영성을 선교적 교회의 신학적 근간인 교회 중심의 선교를 극복한 하나님의 선교와 기독교 세계의 이분법적 영성을 극복하는 맥락에서 검토하여 하나님의 선교에 근거하는 영성, 일상에서의

---

1 한국일, 『선교적 교회의 이론과 실제』(서울: 장로회신학대학교출판부, 2019, 개정증보판), 376-378.

영성, 대안공동체의 영성을 제시했다. 하나님의 선교에 근거하는 영성은 하나님의 선교에 참여하도록 하나님께서 보내심으로, 또 보냄 받으심으로 시작되고 가능하게 되는 선교적 영성이다. 하나님의 선교에 근거하는 영성은 자연스럽게 일상에서의 영성이 되어야 한다. 서구 기독교가 복음을 축소하고 길들여 복음의 급진성을 제거한 데 반해서 선교적 교회를 지향하는 선교적 목회자의 영성은 일상에서의 영성을 추구하되 예수 그리스도를 따라 십자가로 세상에 저항해야 한다. 이러한 영성은 선교적 목회자 개인의 영성으로 그치는 것이 아니라 대안공동체의 영성이 되어야 한다. 정승현 교수는 종교학자의 표현을 빌려와서 선교적 교회론과 선교적 목회가 표층 종교를 넘어서 인간 존재의 변화를 초래하는 심층 종교가 되기 위해서는 위와 같은 선교적 영성이 필요함을 역설했다. 영성과 선교의 관계에 대한 연구가 빈약한 실정에서 정승현 교수가 선교적 교회론의 맥락에서 선교적 영성을 제시한 것은 큰 의의가 있다고 본다.

이원돈 목사는 "코로나문명 전환기, 약대동 통합 돌봄 마을 가는 길!"에서 코로나 글로벌 위기로 인해 요청되는 산업물질문명으로부터 생태문명으로의 전환이라는 문명 전환기에 부천의 약대동에서 진행되는 새롬교회의 통합 돌봄 마을로 가는 길을 소개하고 있다. 이원돈 목사는 문명 전환기라는 맥락에서 교회가 직면한 위기와 바울서신을 돌아보고 있다. 이 목사는 1990년대 탁아소와 공부방, IMF 이후 실업 극복 국민운동과 자활운동 등 마을 돌봄의 역사를 살피고, 한국교회의 마을만들기운동과 복지 활동을 소개한

후 코로나 시대 새롬교회의 35년간 돌봄 이야기를 전개한다. 마을 전체가 배움터라는 약대동 여름 마을 학교 이야기, 지역 생명망을 짜는 마을 돌봄심방과 살림구역예배, 사회적 기도를 드리는 중보기도회를 통한 마을 심방위원회의 구성, 청소년 밥상 꿈이 심야식당을 통한 약대동 돌봄심방과 돌봄영성의 성장 등을 소개했다. 코로나19로 대부분의 교회가 이전에 하던 사역을 멈추었지만 새롬교회는 그대로 유지하거나 더 확장되는 사역도 있었다. 그렇지만 코로나가 장기화되고, 저출생·고령화 현상은 새롬교회도 피해갈 수 없어 35년 동안 진행해왔던 어린이집을 폐원하기로 결정했다. 놀라운 것은 폐원 과정과 그 이후를 교인들과 마을 주민들이 함께 고민하여 어린이집이 사용하던 교회 1층을 마을 공동 부엌과 어르신 건강 카페로 전환하여 마을에 개방하기로 했고, 2층은 마을 문화와 교육 공간으로 마을에 개방하기로 결정한 점이다. 위기 속에서 문을 닫는 것은 불가피하더라도 그에 대한 논의를 교인들과 마을 주민들이 함께 한 점과 대안으로 교회 공간을 마을 돌봄에 필요한 공간으로 제시함으로써 교회가 더욱 마을과 긴밀하게 결합되게 함으로써 마을을 교회가 품은 점은 대단히 새롭고 중요한 점이라 생각한다. 이러한 전환은 한국일 명예교수가 제기한 선교적 목회의 중요한 사례이자, 최동규 교수가 제시한 성육신의 관점에서 선교적 교회의 상황화의 좋은 사례이고, 정승현 교수가 제시한 선교적 영성을 실천하는 목회자와 그리스도인들이라고 생각한다. 35년 새롬교회의 역사를 잘 아는 필자로서는 새롬교회와 약대동 마을에 어떤 변화가 일어날지 대단히 기대된다. 문명 전환의 시대에 새롬교회가 먼저 전환함으로써 마을을 생태 마을로, 약대동 마을이 학교가 되는, 마을 경제를 일으키는, 생활 정치가 일어나는, 생태문화가 꽃피는 마을로, 어린이로부터 청소년과 청장년과 어르신들이, 교회와 다양한 기관/NGO와 부천시가 함께 전환 마을을 이뤄가기를 기대한다.

필자의 "선교적 교회론에서 본 마을 목회"는 『선교적 교회론과 한국교회』에 실린 "선교적 교회론에서 본 한국 민중교회" 중 선교적 교회론을 가져오고, 그 기준에 따라 마을 목회를 분석한 글이다. 이 글은 한국교회의 선교적 교회가 마을 목회라고 전제하고 있다. 마을 목회의 사례로 대도시는 서울 한남제일교회(오창우 목사), 중소도시는 경기도 용인 고기교회(안홍택 목사), 농촌 지역은 청주 외곽인 쌍샘자연교회(백영기 목사)를 제시했다. 마을 목회에 대한 자료가 제한되어 목회자에 대한 인터뷰가 마을 목회 사례를 소개하는 데 큰 도움이 되었다. 이 인터뷰는 연구재단이 지원하는 생명선교 사례 연구의 일부분이다. 선교적 교회론에서 제기하는 신학적 회심과 신학적 방향, 문화와 복음과 교회의 삼자 대화, 선교적 지역 교회의 신학함과 선교 활동, 선교적 목회자의 리더십이라는 관점에서 세 가지 마을 목회 사례들을 분석했다. 그리고 선교적 교회론에서 본 마을 목회의 의의, 과제, 마을만들기의 한계와 마을 목회의 대안을 제시했다. 본래 한국교회의 선교적 교회가 마을 목회라는 점을 규명하고 난 후 이 글을 전개하고자 했지만, 이는 현재의 글의 수준을 훨씬 뛰어넘는 과제—선교적 교회론과 마을 목회론을 신학적으로 비교하여 공통점과 차이점을 제시한 후 어떤 점에서 그런 주장을 하는지를 제시—이므로 다음 글에서 밝히도록 하고자 한다. 마을 목회의 사례로 제시된 세 목사님께 많은 것을 배웠고, 지난 30년 이상의 목회를 초심을 지키고 하나님의 통치라는 가치를 지키심에 대해 존경과 감사를 드린다.

이 책이 선교적 목회자를 위한 책이라고 위에서 밝혔다. 그런데 지난 2년간의 세미나 중 2020년 4차례에 걸친 세미나를 마치고 목회자들의 피드백을 받았는데 목회자들의 평가나 제안이 상당히 긍정적일 뿐 아니라 선교적 교회의 신학적 방향과 일치하여 큰 감동을 받았다. 그래서 이 책의 부록 첫째 부분은 〈2020년 선교적 교회 목회자 세미나 참석자들의 피드백〉을 실었다. 2021년 선교적 교회 목회자 세미나는 1시간 30분의 강의와 15분 정도의 질의응답으로 진행되었다. 그렇지만 필자가 목회자들이 섬기는 교회를 방문했을 때 새롭게 들은 귀한 사역들을 충분히 나누기에는 턱없이 부족한 시간이었다. 그래서 필자가 목회자들에게 특별히 요청하여 선교적 교회를 지향하며 실천한 사역이나 목회 계획을 A4 1장에서 2장 이내로 제출할 것을 요청했다. 정책 당회와 연말에 무척 분주한 목회자들에게는 부담이 되었겠지만 성실하게 응답해 준 목회자들에게 다시 한번 감사드린다. 부록의 둘째 부분은 〈2021년 선교적 교회 목회자 세미나 참석자들의 목회 실천 사례 및 목회 계획〉을 실었다.

표지 그림은 독일의 화가 카스파르 다비트 프리드리히의 〈교회가 있는 겨울 풍경〉(1811)이다. 그는 19세기 독일 초기 낭만주의의 가장 중요한 풍경 화가이다. 그의 대표작은 〈안개 바다 위의 방랑자〉로 그림 속 신사는 세상의 숱한 경험을 뒤로 한 채 아득히 '먼 곳'을 응시하고 있다. 심상용 교수는 그 먼 곳에 무엇이 있는가에 대한 대답을 〈교회가 있는 겨울 풍경〉이 제시한다고 본다. 전나무 앞 바위에 기대 기도하는 사람을 화가 자신으로 보면서 심 교수는 두 개의 목발이 자신의 삶을 의존했던 과신과 교만으로 보고, 불확실하고 두려운 현실 앞에서 필요한 것을 눈 속에서도 푸르른 전나무로 상징되는 믿음/신념, 목발이 아닌 기도, 교회로 표상되는 천국/삶의 궁극적 가치 추구로 제시했다.[2] 필자는 선교적 목회라는 맥락에서 목발은 기존 목회의 패러다임, 기독교 세계가 전제하는 선교와 교회의 이분법, 성과 속의 이분법, 교회 중심의 선교와 목회라고 생각한다. 선교적 목회를 하려는 목회자들에게는 이전에 10년, 20년 이상 의지하던 목발이기에 버리기가 쉽지 않다. 그렇지만 우리 시대가 처한 글로벌 기후 위기와 국가적 위기, 교회의 위기 속에서 새로운 길을 가려면 목회자들은 이제까지 의지했던 목발을 버리지 않으면 안 된다.

부록에 실린 〈2020년 선교적 교회 목회자 세미나 참석자들의 피드백〉과 〈2021년 선교적 교회 목회자 세미나 참석자들의 목회 실천 사례 및 목회 계획〉, 즉 선교적 목회 이야기는 이미 많은 목회자들이 목발을 버린 것을 보여주고 있다. 2022년 선교적 교회 목

---

2 심상용, 『인생에 예술이 필요할 때』 (서울: 시공사, 2020), 309-312.

회자 세미나는 부록에 실린 목회자들의 선교적 목회 이야기로 시작하고자 한다. 선교적 교회를 향한 목회자들의 다양한 시도와 활동 그리고 계획을 나누면서 목회자들이 서로 피드백을 통해 서로를 세워주는 소중한 시간을 기대한다.

2021년 12월
부산장신대학교 세계선교연구소 소장
황홍렬

| 차 례 |

선교적 교회를 실현하는 "선교적 목회"

한국일 | 장로회신학대학교, 선교학

I. 서론

교회의 본질이 선교라는 명제를 받아들인다면 이러한 교회의 특성을 나타내는 '선교적'이라는 용어는 교회의 다른 역할에도 동일하게 적용하는 것이 가능하다. 선교적 교회와 함께 선교적 그리스도인, 선교적 삶, 선교적 예배 등 이 모든 것을 포괄적인 목회 활동을 가리키는 용어로 선교적 목회란 표현을 사용할 것을 제안한다.[1]

스티븐 닐(S. Neill)과 발터 프라이탁(W. Freytag)은 "모든 것이 선교라면 아무것도 선교가 아니다"라고 범선교주의를 경계하였지만[2] 크리스토퍼 라이트(Ch. Wright)는 과감하게 "모든 것이 선교다"

---

[1] 본 글에서는 지면상의 이유로 선교적 교회를 직접적으로 다루지 않는다. 선교적 교회에 대한 이해는 필자의 저서, 『선교적 교회의 이론과 실제(2016)』를 참고하라.

[2] Charles E. Van Engen, *God's Missionary People. Rethinking the Purpose of the Local*

라고 주장하였다.3 그는 성경을 기록한 목적이 선교에 있다고 보고 성경을 선교적 관점에서 해석할 것을 주장하는 선교적 해석학을 제창한다. 이 두 가지 주장은 서로 다른 타당성을 가지고 있겠지만 필자는 선교적 해석학 관점에서 성경을 읽는 것이 본래의 의도를 발견하는 것이라는 크리스토퍼 라이트의 주장을 지지한다. 선교적 해석학은 선교적 교회론과 선교적 목회론을 지지하는 중요한 성경적 근거이다. 선교적 교회는 단지 시대적 요청에 따른 일시적 현상이 아니라 성경에서 가르치는 교회론의 본질이며 또한 우리 시대에 담당해야 할 시대적 과제이다.

선교는 해외, 목회는 국내 교회의 활동으로 이해하는 지역에 따른 구분은 19세기 서구 교회 상황에서 형성된 이분법적 구도로써 오늘날 더 이상 유효하지 않다. 교회가 속한 모든 현장이 선교 현장이라는 관점에서 보면, 교회가 하는 모든 일은 선교적 증언을 지향해야 한다. 교회 안에서 필요한 사역들, 즉 예배, 설교, 성경 공부, 심방과 상담, 행정 등을 수행하는 목회 활동 역시 그 자체가 목적이 아니라 지역 교회와 그리스도인의 삶이 세상에서 증인이 되는 것에 있다. 지역 교회가 선교적 교회를 구체화하는 것은 실제적으로 목회자의 목회관에 달려 있다. 목회직의 이해는 시대와 상황에 따라 다양한 관점으로 발전되거나 확장되어 왔다. 그러나 역사적 연구를 통해서 살펴본 목회직은 대부분 교회 내부적 일에 집중

Church, 임윤택 옮김,『하나님의 선교적 교회』(서울: 기독교문서선교회, 2014), 45.
3 Ch. Wright, *Mission of God*, 정옥배, 한화룡 옮김,『하나님의 선교』(서울: IVP, 2010), 25.

되어 왔다.4 이러한 교회 중심적 패러다임의 변화는 목회자의 신학적 인식과 관점의 변화로부터 시작한다.

무엇보다 한국교회와 같은 신생교회에서는 지역 교회의 방향을 설정하는 것은 목회자의 목회 방향에 따라 좌우된다. 그러므로 선교적 교회에서 주장하는 바와 같이 교회가 본질적으로 세상으로 보냄을 받은 선교공동체라는 자기 이해를 갖는다면 목회 활동은 그것을 실현하는 사역에 초점을 맞추어야 할 것이다. 선교적 교회는 목회자와 교회 지도자들의 인식과 관점의 변화로부터 출발한다. 목회자는 더 이상 제도권에 속한 목회자가 아니라 낯선 선교 현장으로 보냄을 받은 선교사가 모든 것을 새롭게 시작하는 것 같은 선교사의 영성과 운동성을 회복하고 목회에 적용해야 한다.5 본 글의 주제를 선교적 목회로 설정한 이유도 여기에 있다. 현대 한국교회에서 전개되고 있는 선교적 교회에 관한 학문적 논의를 한 걸음 더 구체적으로 발전시켜 가기를 원하는 의도에서 비롯되었다. 또한 현장에서 이미 실천하고 있는 선교적 목회 활동에 대한 이론적 근거를 제시하고자 하는 의도를 갖는다. 본 글에서 필자는 선교적 교회를 실천하는 사역으로 선교적 목회를 실천하기 위해 먼저 기존의 교회 중심적 패러다임의 두 유형을 소개한 후 선교적 목회를 실천하는 근거와 실제적 원리를 제시하고자 한다.

---

4 Kevin J. Vanhoozer and Owen Strachan, *The Pastor as Public Theologian*, 박세혁 옮김,『목회자란 무엇인가』(서울: 포이에마, 2016), 128-180.

5 D. J. Bosch, *A Spirituality of the Road*, 이길표 옮김,『길 위의 영성』(서울: 한국교회 연구소, 2011), 119-144.

II. 선교적 목회의 출발점: 사례가 선교적 목회에 주는 통찰

선교적 교회는 선교와 교회의 결합, 즉 교회의 본질인 선교의 관점에서 교회를 새롭게 이해하는 교회론이다.6 선교적 교회론이 실현되려면 목회 방식도 선교적 목회로 전환되어야 한다. 선교적 목회를 이론적으로 접근한 시도는 아직 없으나 목회 현장에서 이미 선구자적으로 실천하고 있는 사례를 통해서 선교적 목회가 무엇인지, 왜 그러한 목회 방식이 필요한가의 통찰을 얻는다. 선교적 목회는 그 근거가 되는 교회의 본질을 실현하는 것이다. 또한 한국 교회 뿐만 아니라 세계교회가 직면한 교회의 위기 상황을 타개하는 시대적 과제이다.

충북 음성읍 생극면에 위치한 생극교회는 약 30여 명의 교인이 참여하는 전형적인 기성교회이다. 15년 전에 부임한 안치석 목사는 약 10년 동안 교회 안에 머물면서 목회 영역을 교인들에게만 국한하는 전형적인 교회 중심의 목회를 했다. 10년 동안 변화가 없는 교회 안에서의 목회의 한계와 절망을 느낀 나머지 5년 전에 자신을 위해서 교회 밖으로 나와 지역을 살펴보았다. 전에 보이지 않던 한 건물이 눈에 보였고 그 건물을 임대하여 주민들과 만나는 장소로 문화 센터를 설립하였다. 이후 그 건물에서 안 목사는 지역주민들

---

6 이것을 위해서는 교회론을 새롭게 이해하기 위한 신학적 프레임을 바꾸어야 한다. 교회론뿐 아니라 삼위일체론 하나님의 역할과 관계, 구원론, 교회와 세상의 관계, 선교론, 목회론, 성경해석학 등을 선교적 관점에서 재해석하고 재정립할 것이 요청된다.

을 만날 수 있었고 그들과 다양한 모임을 만들어 갔다. 안 목사는 10년 동안 교회 건물 안에서, 교인들만을 대상으로 목회에 전념하였지만 어떤 변화도 없는 지리하고 반복된 목회 활동에 지쳐가고 있을 즈음에 교회 밖으로 나온 것이다. 이로 인하여 안 목사의 친교 범위는 교회 밖에 있는 지역주민들에게로 확장되었고, 그들과 함께하는 다양한 문화 활동을 통하여 음성교회의 선교와 목회 활동의 새로운 변화를 가져올 수 있었다. 즉 교회 건물 안에서 교인들에게 국한되고, 지역 사회로부터 고립된 목회 활동에서 지역 사회 전체를 아우르는 선교적 목회를 시작한 것이다.

안 목사가 교회를 벗어나 새로운 차원의 목회 활동을 갖는 의미를 살펴보자. 목회자는 10년 동안 교인들만을 위한 교회 안의 목회에 전념하였지만, 변화 없는 교회 상황에 지쳐가고 있었다. 그러다가 교회를 넘어서 지역으로 향하였을 때 비로소 지역 사회를 새롭게 발견하고, 지역주민들과 만날 수 있었다. 목회자는 문화 센터라는 근접 공간을 통해서 교회에 부정적이거나 전혀 관심 없는 주민들을 만날 수 있었다.[7] 안 목사는 지역 교회의 목회자와 성도들이 교회 밖, 지역 사회 안에 별도로 존재하는 문화 공간에서 주민들과 친교를 통해 교회와 목사에 대한 이미지가 변화되고 있음을 경험한다.[8]

---

7 근접 공간은 교회 밖의 제3의 장소로써 교회가 낯설거나 비판적인 비기독교인들과 다양한 관심사를 가지고 자연스럽게 만날 수 있는 공간을 의미한다. M. Frost and A. Hirsch, *The Shaping of Things come*, 지성근 옮김, 『새로운 교회가 온다』 (서울: IVP, 2009), 56.

안 목사는 교회 밖에서 지역의 주민들을 만나면서 다양한 성향의 사람들을 볼 수 있었다. 과거에 교회를 다녔거나 교회에 비판적 생각을 갖고 있지만 완전히 떨어져 있지 않은즉 "교회의 언저리"에 머물고 있는 사람들, 그리고 전혀 교회에 다니지 않거나 관심이 없으며, 또 교회에 매우 부정적이며 비판적인 주민들이다. 안목사는 교회 울타리를 넘어 지역 사회 안에 세운 문화센타를 통해서 교회 안에서는 만날 수 없는 사람들—그럼에도 불구하고 교회가 접촉해야 할 사람들—을 만나고 그들과 친교를 나눌 수 있었다. 여기에서 교회 안에 갇혀 있는 목회로부터 세상을 향해 열린 선교적 목회로의 전환이 요구되는 이유를 발견한다. 선교적으로 보면 교회 안에 갇혀 있었다면 결코 만날 수 없었던 사람들이지만 문화센터활동에 참여하는 목회자와 성도들을 통해서 비의도적이지만 자연스러운 친교를 통해 선한 영향력을 나타내는 "선교적 공간"의 역할을 한다.9

위에서 살펴본 지역 교회의 사례를 통하여 교회의 문을 넘어 세

---

8 인터뷰 장소: 충북 음성군 생극면 문화 센터, 날짜, 2017년 12월 28일.
9 필자는 이런 사례들이 수없이 많이 있음을 현장 연구를 통하여 확인할 수 있었다. 국수교회는 목회 영역을 교회 밖 국수리 지역의 6지역을 목회 영역으로 선포하였다. 태안의 이진 목사는 오랜 시간 동안 교회 안의 문제로 고통을 겪다가 교회 밖에 밭을 임대하여 농사를 시작하면서 지역주민을 만나게 되었고, 그들과 교제를 나누면서 지역 사회를 새롭게 인식하고 접근하게 되었다. 홍천 도심리교회 홍동완 목사는 지역 전체를 자신의 선교적 목회 영역으로 인식하고 활동하며 지역주민 전체와 활발한 교제를 나눈다. 성암교회 조주희 목사는 동네 교회 목사로 지역 전체를 자신의 목회 활동으로 여기며, 교회학교에 국한되었던 전통적 수련회를 마을 청소년 돌봄 캠프로 진행한다. 새롬교회는 목회 자체를 생명망 목회로 설정하고 지역 사회 안에서 학습, 복지, 문화 생태계를 형성하는 것을 자신의 목회 활동으로 여기며 실천한다.

상과 지역 사회로 나가는 행위가 얼마나 중요한가를 확인할 수 있다. 만일 목회자가 여전히 교회 안에서 교인만을 대상으로 하는 활동만을 목회로 여겼다면, 그로 인하여 교회 밖을 향해 눈을 돌리지 못하였다면, 변화 없는 교회 안의 목회에 탈진하여 아마도 교회를 떠났거나 목회를 중단하였을 것이다. 목회 영역을 교회 안에서, 교인들만을 대상으로 하는 활동의 범위를 넘어 지역 사회로 확장하는 것은 단지 현재의 교회가 직면한 정체상태를 해결하기 위한 방법으로 제시하는 것이 아니다. 이미 선교적 교회론에서 충분히 논의된 것처럼 교회는 세상(지역) 안에 거하고, 세상을 향하여 보냄을 받은 '선교공동체'라는 교회의 본질에 근거하고 있기 때문이다. 교회가 본질적으로 선교적 교회라면 그 교회에 주어진 목회 활동 역시 기존의 교회 안에서의 제한된 활동의 범위를 넘어 지역과 세상을 향한 활동으로 범위를 확장해야 할 것이다.

III. 교회 중심의 선교 패러다임에 기초한 교회 중심적 목회에 대한 비판적 성찰

"교회가 하나님 나라를 세우는 대신 교회 자체를 세우는 존재로 자신을 규정짓게 되면, 언제나 문제가 생긴다."[10] 교회를 세우고자

---

10 Howard A. Snyder, *Liberating the Church*, 권영석 옮김,『참으로 해방된 교회』(서울: IVP, 2005), 11.

하는 사람들은 교회 자체의 일, 즉 종교적이며 영적인 것들에만 관심을 집중하기 때문이다. 뉴비긴이 유럽의 서구 교회가 근대주의 이래 유럽 사회를 지배하는 세속주의와 다원주의로 인하여 교회의 사사화(私事化) 또는 주변화가 진행된 것을 서구 교회의 문제로 지적한 반면에 신생교회, 특히 한국이나 아시아의 교회들은 비기독교 사회와 다종교 사회에서 소수자의 종교적 위치와 좁은 입지로 인하여 더욱 교회 안으로 움츠러들고 있다. 세계의 두 지역 교회는 그 본질이 세상을 향해 파송된 선교공동체임에도 불구하고 교회 내부적 일에 집중하거나 교회 성장 운동과 같이 교회 자체를 목적으로 삼고 있다.11

교회가 세상에 세워진 하나님 나라의 표상이며 그의 뜻을 전하고 보여주는 매우 중요한 도구이자 통로라는 점에서, 또한 세상에서 하나님의 구원과 선교의 사역, 즉 하나님의 백성들을 모으는 동시에 세상으로 파송하는 사역을 위탁받았다는 점에서, 세상 안에 세워진 그리스도의 몸이라는 점에서 교회는 그 어떤 것과 비교할 수 없는 유일성과 중요성을 갖는다. 그러나 이러한 교회가 그 자체를 목적으로 삼거나 모든 관심을 교회 자체에 집중하게 되면 교회는 더 이상 하나님 나라의 도구가 아니라 우상이 된다. 교회 역사에서 발견하는 교회 중심주의의 두 가지 형태는 소위 크리스텐돔이라 불리는 유럽의 교회와 신생교회이다. 두 가지는 서로 다른 상황에서 형성되었으나 공통적으로 교회 중심적 특징을 갖는다. 전

---

11 한국일,『세계를 품는 선교』(서울: 장로회신학대학교, 2004), 57-64.

자는 기독교 세계 안에서 교회가 전부였기 때문에 교회 밖의 세계가 존재하지 않았다는 교회의 '확장된' 면에서 교회에 비중이 집중되어 있다. 반대로 후자인 신생교회는 교회 밖이 비기독교 사회이며 다종교 사회라는 점에서 교회 안으로 '축소되었지만 집중된' 면에서 교회 자체에 중요성이 강조되었다. 오늘날 교회의 중요성을 살리되 교회 중심주의가 초래한 배타성과 고립주의 등을 극복하지 못하면 본래 교회에 주어진 선교공동체로서의 사명을 수행하지 못할 것이다. 본 장에서는 역사적으로 나타난 두 가지 교회의 유형을 살펴본 후에 그 교회론에 따른 목회 활동이 어떻게 결정되는가를 논의하고자 한다.

1. 기독교 세계를 형성한 서구 교회

서구 교회, 특히 유럽에 있는 교회는 크리스텐돔(기독교 세계와 동일어로 사용한다)의 체제하에 형성된 독특한 특징을 갖는다. 크리스텐돔은 교회 역사상 유럽에 있는 서구 교회에서만 발생할 수 있는 독특한 현상으로 기독교가 313년 로마에 공인되고 380년에 유일한 로마의 종교가 되면서 교회와 국가와 사회를 통합하여 사회 전반적 영역에 기독교 영향을 미치는 체제이다.[12] "(교회의) 국가와의 결속은 교회의 자기 이해에 깊이 영향을 미쳤다."[13] 기독교 국

---

12 Darrell. L. Guder, *Called to Witness*, 허성식 옮김, 『증인으로 부르심. 총체적 구원을 위한 선교적 교회론』(서울: 새물결플러스, 2016), 233. 크리스텐돔의 문제를 분석한 자료로 다음의 책을 참고하라. 『새로운 교회가 온다』, 32, 26-51.

가에 거주하거나 태어난 사람들은 자동으로 기독교인이 되며 모든 삶의 과정에 교회의 법과 전통을 따라야 한다. 이런 영향은 적어도 계몽주의와 근대주의에 이르기까지 지속되었다. 지금도 유럽 사회에 기독교 사회의 유산이 남아 있는 것은 교회가 지역 중심적 위치에 세워져 있는 형태이다. 유럽의 기독교 사회에서 교회는 진정으로 지역 안에 있고 모든 지역은 교구의 행정 구역에 따른 교회 구역이었다. 지역 교회 목회자는 그 지역에 속한 주민들을 신앙적으로만 아니라 모든 삶의 여정(탄생, 세례, 입교, 결혼, 장례)에 함께하는 목회적 역할을 수행해 왔다. 기독교 세계에서 지역 교회는 지역 주민들 모두와 관련을 갖는 지역의 교회였다.[14] 이렇게 국가와 사회와 교회가 통합된 기독교 세계에 존재하는 교회 체제에서는 초대교회에 볼 수 있었던 선교의 역동성은 사라졌다.[15]

이런 교회 체제는 구더가 말한 바와 같이 "선교가 빠진 교회"이다.[16] 기독교 세계 안에서 세워진 교회는 선교의 필요성을 느끼지 못하였으며, 목회자의 역할은 "교인 개개인을 돌보는 일을 주로 하고, 교인들은 교회가 그저 하나님을 대신해서 나눠주는 일들을 받아 누리는 일만 하면 그만이었다."[17] 유럽 국가들은 20세기 초까지

13 W. Huber, *Kirche*, 이신건 옮김, 『교회』 (서울: 한국신학연구소, 1990), 144.

14 8세기 샤를마뉴 대제가 신성로마제국을 교구들로 나누었을 때, 그는 모든 사람이 자기 집에서 교회 종이 울리는 것을 들을 수 있는 거리에 살도록 시스템을 제정했다. 이것이 유럽의 기독교 세계의 기본적인 시스템이다. Darrell L. Guder, 『증인으로의 부르심』, 233-234.

15 Charles E. Van Engen, 『하나님의 선교적 교회』, 177.

16 Darrell L. Guder, 『증인에로의 부르심』, 153.

지역주민 모두가 교회에 속한 교인이었기 때문에 선교적 역동성을 상실한 것은 어떤 면에서 당연한 결과였다. 종교개혁 운동이 발생한 후에도 이런 기독교 세계를 형성하는 교회의 역할에는 변화가 없었다.18 기독교 세계 체제에 속한 교인은 교회 조직에 등록한 "명목상의 교인"으로 머물 가능성이 많고, 그렇기 때문에 정통주의를 거쳐 온 형식주의적 신앙에 경종을 울리며 신앙의 운동성을 회복하려는 움직임이 경건주의를 통해서 발생하였다.19

기독교 세계 안에 세워진 교회에서 목회는 등록된 교인들을 돌보고 유지하는 관리형의 성격이 강한 사역이다. 이런 목회 유형은 사회 전체가 기독교 영향권 아래 있을 때는 매우 효율적이며 유의미하지만, 계몽주의와 근대주의를 거치면서 뉴비긴이 지적한 바와 같이 교회의 위치와 영향력이 점차로 전 사회에서 개인의 영역으로 좁아지면서 지역 교회가 위축되는 상황에서는 더 이상 그 자체

---

17 위의 책, 135; G. Lohfink, *Wie hat Jesus Gemeinde gewollt? Zur gesellschaftlichen Dimension des christlichen Glaubens*, 정한교 옮김,『예수는 어떤 공동체를 원했나. 그리스도 신앙의 사회적 차원』(왜관: 분도출판사, 1985), 11-17.

18 Craig Van Gelder, *The Essence of the Church: A Community Created by the Sprit*, 최동규 옮김,『교회의 본질』(서울: CLC, 2015), 87; 반겔더에 따르면 종교개혁자들은 관심이 교리적 오류의 시정, 교회의 권위를 교황으로부터 다른 곳으로 이전, 교회의 남용과 같은 주제에 관심을 집중하였다. 그렇기 때문에 가톨릭교회에 반발하여 사도적 신앙과 사도적 권위에 대한 언급은 끊임없이 하였지만 사도적 교회에 대하여는 직접적으로 언급하지 않았고, 이런 종교개혁자들의 이해로 인하여 교회가 하나님의 선교에 전적으로 참여하기 위해 하나님에 의하여 세상 속으로 파송되었다는 선교적 본질에 대하여 침묵하였다. 크레이그 밴 겔더, 최동규 옮김,『선교하는 교회 만들기』(서울: 베다니출판사, 2003), 88.

19 Craig Van Gelder, 교회의 본질, 98-104 겔더, 실제로 개신교의 선교는 교회 안에서 신앙회복 운동으로 출발하여 세계선교로 확장되었다.

로 충분하지 않았다.[20] 즉 기독교 국가의 붕괴와 전 사회적으로 세속주의 확장은 신앙의 사사화(私事化)를 가져오고 교회의 주변화를 초래하였다. 서구 교회는 이런 상황을 직면하면서 어떻게 목회자가 자신의 역할을 교인의 영적 보살핌과 관리 그리고 교회 유지형의 목회로부터 교회 자체가 선교적 공동체로 동기를 부여하고 동력화할 것인가를 모색해야 하는데, 기존 체제를 벗어나는 것이 쉽지 않았다. 뉴비긴은 이러한 상황에서 지역 교회의 선교적 본질을 회복하고 선교적 교회로의 전환과 그것에 적합한 목회 사역을 강조하는 첫 번째 신학자다.[21] 그것은 비서구지역의 선교사로서의 그의 경험이 영국 교회의 문제가 어디에 있는가를 발견하고 해결책을 제시할 수 있는 이유가 되었을 것이다. 유럽의 서구 교회에서는 공교회와 함께 지역 교회의 회복과 선교적 교회로 전환하는 일과 그것을 수행하는 목회자 인식의 변화와 열정의 회복이 필요하다.[22]

북미 교회를 배경으로 하여 선교적 교회 운동을 주도하는 대럴 구더는 기독교 세계의 유산으로 세워진 서구 교회 형태를 한마디로 "축소주의"로 요약한다. 그는 교회론에 있어서 가장 심각한 문제는 "선교 없는 교회"[23]라는 점을 언급하면서 개인주의적 신앙과

---

20 L. Newbigin, *The Household of God*, 홍병룡 옮김,『교회란 무엇인가?』(서울: IVP, 2010), 174-178; *The Gospel in a Pluralist Society*, 홍병룡 옮김,『다원주의 사회에서의 복음』(서울: IVP, 2007), 397; N.T. Wright, *Simply Good News*, 백지윤 옮김,『이것이 복음이다』(서울: IVP, 2017), 121-134.

21 L. Newbigin,『교회란 무엇인가?』, 176.

22 L. Newbigin,『다원주의 사회에서의 복음』, 411-442.

돌봄과 유지 위주의 목회 활동이라고 지적한다.

서구 교회가 직면한 현실의 문제를 인식한 뉴비긴에 의하여 유럽을 선교 현장으로, 지역 교회를 선교적 교회로 일깨우려는 노력이 있었고, 여기로부터 선교적 교회 운동이 시작된 것이다. 찰스벤엥겐도 서구 교회가 우주적 교회로서 보편적 교회를 강조하지만 실제로 교회의 사역을 수행하는 지역 교회에 관하여는 준비가 되어 있지 않다고 지적하였다.[24]

영국성공회 역시 교회가 처한 현실을 직시하면서 자신을 변화시키려는 운동을 시작하였는데 그것이 "선교형 교회"(mission shaped church)로써 교회의 새로운 표현(fresh expression)으로 묘사한 선교적 교회 운동이다.[25] 국가교회가 가진 가장 독특한 특징이 교구 제도이며 유럽의 교회들은 대부분 이런 교구 제도를 통해서 교인을 관리한다. 여기에서 국가교회 체제를 가진 성공회는 한편 교구 제도를 유지하면서, 다른 한편 그것을 뛰어넘는 선교적 교회 운동을 전개하고자 한다. 그중에 한 유형이 지역의 제한을 넘어 공동의 관심을 가진 사람들의 모임을 결성하는 '네트워크 교회'이다.[26] 이런 운동을 통해서 교회가 지역의 교구 교회로서 붙박이처럼 존재

---

23 Darrell L. Guder, 『증인에로의 부르심』, 177. 이 책 전체가 서구 교회의 축소주의를 비판하면서 대안으로 선교적 교회를 제시한다.

24 Charles E. Van Engen, 『하나님의 선교적 교회』, 46.

25 The Archbishop's Council(ed.), *Mission-shaped Church-church planting and fresh expressions in a changing context*, 브랜든 선교연구소 옮김, 『선교형 교회』(서울: 성공회 출판부, 2016), 103-171.

26 위의 책, 138-144.

하는 것이 아니라 교회와 교구를 넘어서 활발한 선교 운동을 회복함으로써 교회를 활성화시키려는 선교적 교회를 모색하고 있다.

2. 비기독교 세계 안에 있는 신생교회

한국과 같은 신생교회들은 서구 교회와는 달리 비기독교 사회에서 시작하였기 때문에 자연히 교회가 신앙생활의 중심이 되는 교회 중심적 신앙에 바탕을 둔 선교 패턴을 형성해 왔다.27 신생교회는 하나님에 대한 사랑과 열정을 교회를 향한 사랑과 열정으로 표현하는 경향이 있다. 즉 하나님 사랑과 교회 사랑을 거의 동일시한다. 교회 중심적 신앙 패턴은 교회를 섬기는 일에서 잘 나타나 있다. 그리스도인들의 삶은 교회를 중심으로 진행된다. 이것이 한국교회와 대부분의 신생교회들의 특징이다. 그러므로 이런 교회는 모이는 교회로서의 특징이 뚜렷이 나타난다.

신생교회들이 신앙생활에서 교회를 강조하고 교회 중심적 신앙관을 형성하게 된 이면에는 사회적 요인과 교회적 특성이 작용한다. 첫 번째 요인으로 기독교 문화와 전통을 지닌 서구 사회와 다르게 비기독교 사회 속에서 신앙을 가지려면 사회로부터 교회 안으로 들어가는 면이 강조될 수밖에 없다. 선교학적 용어로 신생교회는 "가는 구조"(go-structure)보다 "오는 구조"(come-structure)의 성향이 강하다. 서구 사회에는 천 년 이상의 기독교 역사와 문화가

---

27 여기에서 언급하는 신생교회는 한국교회와 같은 아시아 지역에 속한 교회를 가리킨다.

형성되어 왔기 때문에 교회 밖에서도 신앙적 영향을 받을 많은 매체가 있다. 그러나 한국교회는 짧은 교회 역사로 인해 전혀 다른 상황을 경험하였다. 아시아 지역은 이미 불교와 힌두교, 이슬람 그리고 토착 종교가 존재하고 있었으며 그것이 아시아인의 전통과 습성을 형성해 왔기 때문에 기독교로 개종하는 과정에서 많은 반대와 핍박을 감수해야만 하였으며 이로 인하여 기존의 사회, 종교, 문화적 요인들을 부정적으로 여기며 배척하는 배타적 형태의 교회론이 형성되었다.[28]

둘째 다종교 사회인 아시아에서 그리스도인이 된다는 것은 기존의 종교로부터 떠나 새로운 종교를 받아들인다는 것을 의미한다. 이 과정에서 선택과 분리는 불가피한 과정이다. 다종교 상황에서 신앙을 갖는 것은 기존 종교와 그것이 준 고정관념과 틀을 벗어나 새로운 세계관, 인생관, 가치관을 소유한 삶의 형태로 들어가는 것을 의미하였다. 그리스도인이 되는 것은 기존의 종교 문화를 떠날 뿐만 아니라 일상생활 속에서 분리되어야 하며 새 종교인 기독교에 소속하는 것이다. "떠남"과 "분리"와 "새로운 소속감"의 과정에서 기독교 신앙은 새로운 변혁을 향한 강력한 결단을 통해서 이루어졌고 이것이 현재 아시아 교회의 신앙적 특성을 형성하였으며 서구 사회와는 달리 강한 특성을 가진 신앙이 될 수밖에 없다.[29] 지금도 아시아 교회들에서는 일반적으로 신앙생활을 '영적 전투'로

---

28 한국일, 『세계를 품는 선교』, 211-213.
29 위의 책, 100-104.

이해하는 경향이 있다. 그러므로 다종교 사회인 아시아 지역에서 다른 종교는 그리스도인이 버리고 떠난 종교이기 때문에 배타적인 태도를 취하게 된다. 이런 과정은 자연히 신앙의 관심을 교회 안으로 집중하였으며 이런 교회 중심적 신앙은 교회 절대주의를 초래하였고, 교회와 세상을 이원론적으로 이해하는 결과를 가져왔다.

셋째 신생교회들이 선호하는 교회관은 "구원의 방주"와 "도피처" 개념이다. 여기에서 교회와 세상 사이에 넘어설 수 없는 큰 간격이 형성되고 이원론적인 인식이 고착되어 세상으로부터 등을 돌리고 교회 안에서의 활동에만 신앙을 적용하는 기형적인 그리스도인 상과 교회상을 초래하였다.[30] 그 결과 교회 안에서 교회적인 삶에는 열심이었으나 사회로부터 고립된 교회 안에 갇힌 신앙 형태와 대부분의 교회들이 표방한 교회의 탈정치화는 탈사회적 현상을 가져온다. 교회 중심적 사고가 목회자 중심의 신앙과 선교 패러다임으로 이어진다.[31]

위에서 살펴본 서구 교회와 신생교회는 모두 교회 중심적 패러다임을 지향한다. 전자는 제도에 갇혀 있으며, 후자는 교회 안에 갇힌 목회를 하고 있다. 기독교 세계의 유산인 교구와 교회 안 예전에 머물고 있는 서구 교회나 비기독교 사회 안에 스스로 고립되어 있는 신생교회 모두 교회론에 대한 전환이 필요하다. 모이는 교회가 중요하지만, 그것은 선교공동체로서 흩어지는 교회를 위해 필요한

---

30 생명평화마당,『한국적 작은 교회론』(서울: 대한기독교서회, 2017), 74-75.
31 정재영,『교회 안 나가는 그리스도인』(서울: IVP, 2015), 86-87, 188-189.

것이다. 이제 우리는 교회를 세상으로부터 고립된 우리 안에서가 아니라 세상과 역사적 차원에서 어떤 소명과 약속을 받았는가를 바르게 이해하고 실천 방향을 확립해야 할 시점에 왔다. 선교적 교회는 이러한 기존의 교회론에 새로운 이해와 동기를 부여하며, 선교 운동성으로부터 교회를 회복하고 활성화하는 계기를 제공할 것이다. 이것을 구체적으로 실현하는 것이 선교적 목회이다.

IV. 선교적 교회에 따른 선교적 목회

본 장에서 선교적 교회를 지향하는 선교적 목회를 실천하기 위해 요구되는 신학적, 선교학적 근거와 실제적인 원리가 무엇인가를 제시하고자 한다. 파송의 보편적 위임, 교회의 선교적 사도적 운동성의 회복, 선교적 목회를 실천하는 목회자의 새로운 정체성, 세상에 세워진 교회로서 성도, 선교적 교회를 실제적으로 실현하는 목회 원리를 논하고자 한다.

1. 선교의 보편적 위임과 운동성의 회복: 보냄을 받은 선교공동체로서의 교회

선교적 교회를 지향하고 그 기반 위에 선교적 목회를 실천하려면 하나님으로부터 보냄을 받는다는 파송에 대한 기존의 이해에 전환이 요구된다.[32] 이것은 서구 교회나 한국교회를 포함한 신생교회 모두에게 해당된다. 오늘의 선교에서 파송은 선교사와 같은 특별한 사람들에게만 적용되는 것이 아니라 근본적이며 일차적으로 모든 그리스도인들을 향한 보편적 소명임을 이해해야 한다.[33] 삼위일체 하나님의 보내심은 세상에 존재하는 모든 교회와 세상을 살아가는 모든 그리스도인의 일상적인 삶에 보편적인 것으로 해석하고 적용해야 한다.[34]

하나님의 보내심을 해외 선교사들에게만 적용해 온 현재 선교 패러다임은 근대 서구 교회의 선교관에 기인한 것이다. 서구 교회는 근대선교를 시작하면서 태어나면서 교회에 소속이 되는 기독교 국가와 기독교 사회를 형성해 왔기 때문에 자국 안에서 선교의 필요성을 느끼지 못하였다. 그러므로 중세에 시작하여 근대에 이르러 활발하게 진행하였던 선교 활동은 비기독교 국가와 사회인 해외지역에서의 활동으로 이해하고 선교사를 파송하였다. '위대한 세기'인 19세기에 서구 교회는 세계선교의 전성기를 경험하였다. 서구 교회에서 파송은 오직 해외지역에서 활동하는 선교사들에게만 적용되었다. 한국교회는 다른 환경을 가지고 있음에도 불구하고 서구 교회와 같이 '파송'이란 단어를 선교사들에게만 적용하였다. 그 결과 세계선교를 향한 헌신의 마음을 보냄을 받은 자와 보내는

---

32 Craig Van Gelder(ed.), *The Missional Church in Context* (Grand Rapids, Michigan, W. B. Eerdmanns, 2007), 65-93.

33 Craig Van Gelder, 『교회의 본질』, 60.

34 이 부분에 대한 더 자세한 내용은 필자의 논문, "루터의 소명론에 대한 선교학적 해석과 적용" 「선교와 신학」(2018) 과 필자의『선교적 교회의 이론과 실제』(서울: 장로회신학대학교, 2016), 제5장을 참고하라.

자로 구분하는 "가든지 보내든지"라는 표어로 묘사하면서 예수님이 자신을 따르는 제자들을 향하여 "나도 너희를 보낸다"(요한복음 20:21; 17:18)는 그의 파송을 소수의 선교사들에게만 적용하고 대부분의 교회와 그리스도인은 그 보냄으로부터 면제되어 후원자 위치에 머물고 있다. 이런 교회와 선교의 분리 형상을 오늘의 교회에서 극복해야 한다. "선교가 교회 삶의 핵심에 속한다는 진리를 깨닫고 또 그것을 교회의 일상적 삶으로 실천할 때 가능하다."[35]

모든 그리스도인은 파송의 관점에서 후원자의 위치가 아니라 파송을 받은 주인공임을 인식하고, 선교는 특별한 활동 이전에 그리스도인의 모든 삶 속에서 실천해야 하는 소명이 되어야 하며, 모든 사람이 (타문화권) 선교사가 될 수 없으나 자신이 속한 사회와 지역에서 '선교적 그리스도인', '선교적인 삶'을 살아야 한다는 것을 한국교회가 새롭게 인식하지 않으면 현재 한국교회에서 볼 수 있는 복음의 능력을 교회 생활이나 특별한 활동에만 적용하고 일상과는 무관한 것이 된다. 이런 문제를 해결하고 복음의 능력을 교회가 존재하는 지역 사회와 그리스도인이 살아가는 일상에서 회복하는 일이 우리 시대에 주어진 새로운 선교 이해가 되어야 한다. 여기에서 그리스도인이 신앙의 현재적 의미, 세상 속에서 실천하는 제자도, 직업적 소명 그리고 일상을 선교 현장으로 여기며 살아가게 하는 선교적 목회가 실현될 것이다.

---

35 L. Newbigin, 『교회란 무엇인가?』, 176.

2. 선교 운동성의 회복

프로스트는 "선교적 교회는 크리스텐돔 이후 시대의 희망"[36]이라고 언급한바 있다. 크리스텐돔을 교회론적으로, 선교적 적으로 실패한 패러다임으로 지적하면서 교회의 선교적 교회를 통해서 사도적 운동성을 회복해야 할 것을 말한다.[37] 2000년의 교회 역사를 보면, 교회는 운동과 기관(제도) 사이를 주기적으로 왕래하는 이중적 형태를 나타낸다. 때로는 운동에 더 치우치거나 그 반대의 현상을 보인다. 현실적으로는 서로가 배타적 관계에서 대립하거나 배제하는 경향을 보인다. 그러나 이 둘 사이에 창조적 긴장을 유지하는 것이 필요하다. 운동성을 상실한 교회는 점점 기관화(제도화)되어 "박물관이나 은둔처"가 될 것이다. 반대로 기관이 없는 교회는 사건 위주로 나가다가 얼마 후에는 없어진다.[38] 보쉬에 따르면 이런 운동과 기관 사이의 역동적 상호관계는 역사 속에서 반복적으로 발생한다. 예를 들면, "중세 교회는 추상적인 것을 좋아하는 희랍 사상과 기관화를 꾀하는 로마인들의 편견 때문에 점차로 아주 보수적 모습을 드러냈다."[39] 이후에 종교개혁은 이러한 경직된 기관화(제도화) 현상에 대한 반작용으로 발생하였다. 그러나 종교개혁 운동 역시 얼마 지나지 않아 정통주의의 사변적 신학으로 변질되었다. 이

---

36 M. Frost and A. Hirsch, 『새로운 교회가 온다』, 43.

37 위의 책, 38-40.

38 D. J. Bosch, 『세계를 향한 증거』, 39.

39 위의 책, 40.

런 현상에 대하여 반작용으로 청교도 운동과 경건주의 운동이 발생하였다. 그러므로 교회 역사를 보면, 운동성과 제도화(기관화), 역동성과 침체화 사이에 지속적인 상호작용이 계속되었다. 보쉬는 교회의 본질인 역동성을 저버릴 때 나타나는 운동의 사례를 열거한다.[40]

교회가 운동성을 상실한 이유는 교회의 본질인 선교를 망각하거나 선교를 특정인에게 위임함으로써 교회 자체는 기관의 형태로 고착되기 때문이다. 선교사와 목회자 모두 하나님의 선교와 교회에 부름 받은 사람들임에도 불구하고 두 신분 사이에 차이를 발견한다. 선교사는 제도나 기관에 고착되지 않고 현장에서 무엇인가 움직이는 운동성을 나타내는데, 목회자는 교회 제도에 속한 사람으로 교회의 이해관계에 얽혀 있고, 제도가 요구하는 일에 묶여 있는 것을 볼 수 있다. 벤 겔더는 선교를 제도적 교회의 본질인 선교 운동성을 살리기 위해 선교와 교회의 결합을 주장한다. "우리는 모든 피조물 가운데 활동하시는 삼위일체 하나님의 구속적 통치에 기초한 선교적 관점과 교회를 하나님 백성의 생명력 넘치는 공동체와 역사적 제도로 보는 이해 방식을 서로 결합할 필요가 있다."[41]

선교적 목회는 제도권의 목회자로부터 선교 운동의 관점에서 목회역할을 새롭게 인식하고 적용하고자 한다. 마치 선교사가 새로운 선교 현장에 도착하여 취하는 태도로부터 주는 영감을 받는다. 선교사는 건물 안이나 행정이나 책상에 앉아 있지 않을 것이다.

---

40 위의 책, 40, 118.
41 Craig Van Gelder, 『선교하는 교회 만들기』, 60.

선교사는 자신이 보냄을 받은 현장을 둘러보고, 이웃과 친교 관계를 맺고 무엇인가 그들과 함께 할 수 있는 기회를 찾을 것이다. 오늘의 목회는 이러한 선교사의 관점과 태도로부터 목회의 태도를 바꿀 필요가 있다. 더 이상 제도권 안에 속한 목회자로서는 교회와 성도를 변화시킬 수 없다. 교회가 지역으로 보냄을 받은 선교공동체의 역할을 수행하려면 목회자 역시 선교사와 같은 자세와 의식을 가지고 교회와 지역 사회의 경계선을 넘나들면서 사역의 범위를 확장해야 한다. 이 글 서두에서 언급한 사례나 그 외의 다양한 현장에서 이런 방식으로 사역하는 목회자를 볼 수 있었다. 이들은 자신의 목회 영역을 교회 안이 아니라 지역으로 확장하고 있다. 그것은 자신이 속한 교회의 변화와 함께 발생한다.

만일 교회가 이러한 운동의 소리를 외면한다면 교회가 갱신될 기회를 놓치게 된다. 교회 갱신은 선교의 운동성을 통해서 일어난다. 선교는 교회 자체를 목적으로 하는 제도로부터 나와서 교회 밖을 바라보게 함으로 교회를 움직이게 하기 때문이다.[42]

3. 선교적 목회를 실천하는 목회자의 새로운 정체성

델레스(Avery Dulles)는 『교회의 모델』(*Models of the church*)이라는 그의 책에서 "교회론과 목회"의 상관관계를 언급하면서 기독

---

42 Craig Van Gelder, *The Missional Church in Perspective. Mapping Trends and Shaping the Conversation*, 최동규 옮김,『선교적 교회의 동향과 발전』(서울: CLC, 2015), 104쪽 이하를 참고하라.

교 목회의 발전을 역사적으로 살펴보면, 교회는 시대마다 자신이 처한 사회 환경 속에서 보다 효율적으로 자신의 구조와 직무들을 조정해 왔음을 언급한다. 델레스는 역사적으로 교회의 유형을 다섯 가지로 구분하고 그러한 교회론의 특징에 따라 "교구 관리자, 친교를 통한 공동체 형성, 하나님과 인간 사이를 중재하는 성례전 집행자, 설교자, 사회변혁을 촉진하는 자로 제시한다. 이 모든 것은 교회라는 제도가 추구하는 활동에 매여 있다. 이것을 통해서 교회론이 변하거나 확장되지 않는 한 목회자의 역할도 그것에 매여 있다는 사실을 델레스의 구분을 통해서 확인할 수 있다.[43]

선교적 교회가 선교적 운동성을 회복하는 것이라면, 그러한 선교적 교회를 실현하는 것은 목회자의 선교사적 관점과 의식을 통해서 이루어질 수 있다. 선교적 운동성은 교인들과 친교의 범위를 넘어서서 지역주민과의 친교를 회복하는 것에서 실현된다. 목회적 사역에서 친교의 차원을 새롭게 발견하고 그 위에 목회 사역을 실천한다. 선교사가 타문화권 선교 현장에 갔을 때 가장 먼저 해야할 일은 지역의 주민들과 친교의 관계를 형성하는 것이다. 이러한 친교의 관계없이 전도와 봉사의 일을 시작하는 것은 불가능하다. 교회가 세상을 향해 보냄을 받은 선교적 공동체라면 이것은 목회자의 선교사적 의식과 태도, 사역의 방식을 통해서 실현된다.

한 목회자는 교회의 담임으로 부임할 때 스스로 지역 교회의 담임목사가 아니라 지역의 마을지기라는 생각을 갖고 부임하였으며,

---

43 Avery Dulles, S. J., *Models of the Church*, 김기철, 옮김,『교회의 모델』(서울: 조명문화사, 1992), 162-177.

이후 30여 년 동안 이러한 관점에서 지역과 함께하고 소통하며 지역의 변화와 발전에 기여하는 선교적 목회를 실천해 왔다. 이 목회자가 그렇게 접근할 수 있었던 것은 교회가 속한 지역에 선교사와 같은 마음으로 부임한다는 생각을 하였기 때문이다. 목회자의 의식과 관점이 그의 목회 활동과 성도들의 정체성을 규정한다고 할 때 이러한 목회자의 의식은 지역 교회가 지역 사회와 어떤 관계를 갖는가를 결정하는 중요한 역할을 한다.

선교적 목회의 성경적 근거로서 예수의 지상 사역을 주목해야 한다. 대럴 구더는 "선교적 기독론"을 언급하면서 그동안 그리스도의 인격과 사역에 대한 고전적인 교리 해석에서 예수의 지상 사역을 등한시하는 경향이 있었다는 점을 지적한다. 예수의 지상 사역이 갖는 신학적 중요성을 연구한 신약신학을 소개하면서 "예수의 삶과 사역이 교회의 삶과 사역에 대해 가지는 신학적 중요성"에 초점을 맞춘다.[44] 교회는 지상에 세워진 '그리스도의 몸'으로서 복음서에 묘사된 예수의 삶과 사역을 자신에게 위임된 사역으로 따르고 실천한다.[45]

복음서는 예수의 공생애가 유대 사회에서 주변화되고 배제된 사람들과의 친교를 회복하는 사역이 전체 사역의 기반이 되는 것을 보여준다. 예수의 사역은 당시 유대 지도자들과 여러 면에서 큰

---

44 Leonhard Goppelt, *Theology of the New Testament: The Ministry of Jesus in its Theological Significance*, tr. John Alsup, ed. Juergen Roloff (Grand Rapids: Eerdmanns, 1981), Darrell L. Guder, 『증인에로의 부르심』, 130-131에서 재인용.

45 M. Welker, *Kirche im Plulratismus* (Guetersloh: Kaiser, 1995), 104-127.

차이를 갖는다. 유대 지도자들은 성별의 이유로 배타적 공동체를 형성하였다. 그들은 신분이나 행동에 따라 경건성을 결정하면서 교제를 율법을 지키는 사람들과의 교제 안으로 범위를 제한하였다. 세리, 창기, 불치병 환자, 가난한 자(누가복음 4:18-20)들은 유대인의 율법에 따라 교제권에서 제외된 사람들이다. 이들은 유대인의 친교 경계선 밖에 있는 사람들이다.[46]

복음서에 기록된 예수의 삶과 사역은 당시 종교적 전통과 규범에 금지된 사항들을 거침없이 넘나들었던 것을 보여준다. 유대 지도자들은 성별을 이유로 사람들을 차별하는 배타적 공동체를 형성한 것에 반하여 예수는 그 공동체에서 배제된 사람들, 즉 거룩함과 구원의 가능성 경계선 밖에 있다고 평가된 사람들과 친교를 회복하였다.[47] 더 나아가 자신을 그들과 동일시하기까지 그들을 존중하였다. 이들은 세리, 창기, 불치병 환자, 가난한 자(누가복음 4: 18-20)들로서 유대인의 율법에 따라 교제권에서 제외된 사람들이다.[48]

이러한 예수의 공생애 활동은 경계선 밖에 있는 사람들과의 경계선을 헐고 먼저 친교를 회복하면서 하나님 나라의 말씀을 증거하고 사랑을 실천한다. 예수의 목회는 경계선을 넘어가는 목회이

---

46 G. Lohfink, 『예수는 어떤 공동체를 원했나』, 145-147.

47 예수가 제자들을 향하여 세상의 소금과 빛이라고 말했을 때, 그것은 교회가 내부구성원들끼리 엘리트 집단을 이루거나 세상에 대하여 스스로 차단하는 배타적 공동체와는 전적으로 다른 공동체를 의미하였다. 위의 책, 113.

48 D. J. Bosch, 『세계를 향한 증거』, 71-72. 예수의 제한 없이 경계선을 넘어가는 교제의 사례는 삭개오와의 만남(누가복음 19장), 선한 사마리아인의 비유, 사마리아 우물가에서 만난 여인(요한복음 4장) 등에서 분명하게 드러난다.

다.[49] 복음서에 기록된 예수의 삶과 활동은 항상 사람들을 자신의 선교 대상으로 여기는 것이 아니라 더불어 함께 살아가는 인간, 친구, 동료로 대한다.[50] 자신을 하나님 나라의 주체로 여기며 다른 사람을 객체화하는 것이 아니라 주변에 머물고 있는 사람들을 불러 하나님 나라의 주인공으로 세운다.[51] 예수의 사역은 언제나 하나님 나라의 특성인 코이노니아에 기초해 있다. 모든 사람을 하나님 나라의 백성으로 초대하고 평등한 관계를 형성하는 코이노니아 회복의 사역이라고 말할 수 있다.

그러므로 선교적 목회에서 새롭게 인식하고 그 중요성을 강조하는 것은 지역, 또는 세상과의 친교의 회복이다. 지역 주민들과 친교 없이 전도와 봉사 활동이 가능하지만 그러한 경우에 지역주민들과 분리된 상태에서 단지 모이는 교회를 위한 활동으로 전락하기 쉽다. 그러한 활동은 지역주민을 교회의 전도와 선교의 대상으로 머물게 한다. 선교적 목회를 실천하는 교회들의 사례를 통해서 확인할 수 있는 것은 문화 활동이나 봉사 활동을 통해서 교회와 관계를 갖지 않는 주민들과 친교의 관계를 가질 수 있으며 그것이 지역 사회와 주민들을 섬기는 봉사활동과 병행하거나 발전하여, 후에 교회에 들어오게 될 때 케리그마에 접촉하는 결과를 갖는다.[52]

---

49 D. J. Bosch,『세계를 향한 증거』, 71-72.

50 G. Lohfink, 152.

51 "함께 생명을 향하여: 기독교의 지형 변화 속에서 선교와 전도",『세계교회협의회 신학을 말한다』. 세계교회협의회 제10차 총회 한국준비위원회편 (서울: 한국장로교출판사, 2013), 84-85.

52 이런 현상은 위에서 언급한 사례를 통하여 확인된 사실이다. 봉사활동은 친교를 동

4. 선교적 목회의 역할: 세상 속에 세워지는 흩어지는 교회로서 성도를 준비시킴

선교적 목회는 성도를 교회 안에 목회자의 활동을 돕는 자로 제한하지 않고, 반대로 목회자가 성도들이 세상으로 나아가 그리스도인의 믿음과 가치를 실현하는 선교적 삶을 살아가도록 준비시키는 역할을 하는 것이다. 지역 교회 목회자의 역할이 중요한 것은 성도의 도움을 받아 자신의 목회를 실천하기 때문이 아니라, 반대로 성도들이 세상에 나가 하나님의 백성으로 영향력 있는 삶을 살아가도록 돕는 역할을 하기 때문이다. 이런 점에서 전형적인 교회 중심의 패러다임에 따르는 목회자 중심의 목회를 성도를 돕고 그들을 통해서 세상을 변화시키는 선교적 목회로 전환되어야 한다.

교회가 세상에 세워진 것은 하나님 나라의 복음을 증거할 뿐 아니라 그것을 살아냄으로 세상과 다른 하나님 나라를 경험하게 하기 위함이다.[53] 교회를 통한 하나님 나라의 영향력은 목회자가 아니라 성도의 삶을 통해서 나타난다. 그러나 이러한 성도를 준비하고 훈련하는 것은 목회자의 역할이다. 목회자가 자신이 목회하는

반하거나 어느 정도 시간이 지난 뒤에 친교를 형성하는 결과를 갖는다. 처음에 지역 사회를 위한 봉사활동은 교회 밖 주민들에게 전도를 목적으로 한 봉사로 의혹을 받는다. 어느 정도 시간이 지나면 교회와 목회자의 봉사의 진정성이 인정받고 그 후에 깊은 친교의 관계를 형성한다. 이런 관계가 어느 정도 지나면 때로는 주민 차원에서 교회에 관심을 갖거나 출석하는 경우가 발생한다. 봉사와 친교가 케리그마로 인도하는 역할을 하는 것이다.

53 G. Lohfink, 201-217.

교회의 내부적 일이나 이해관계에 매몰되지 않고 성도들이 세상 속에 영향력 있는 선교적인 삶을 살아가도록 하기 위해서는 목회자 중심에서 성도 중심으로 목회의 방향이 바뀌어야 한다.

뉴비긴은 세상의 공적 영역에서 영향력을 나타내는 사람은 일차적으로 지역 교회의 회중이라는 주장을 한다. 지역 주민들에게 복음이 믿을 만한 메시지가 되는 것은 그것을 전할 뿐 아니라 살아내는 성도들의 삶을 통해서 보여지기 때문이다. 그러므로 복음에 따라 살아가는 "회중이 복음의 유일한 해석자"라는 결론에 도달한다.[54]

목회자는 성도들이 "세상에서 제사장직을 수행할 수 있도록 준비시키고 지원해주는" 역할을 한다.[55] 제사장직은 교회 안에서가 아니라 세상의 일상 업무 가운데 이루어진다. 성도들이 이러한 사도적, 선교적 삶을 살아가게 하려고 교회와 목회자는 그들을 잘 준비하고 지원해야 한다. 준비되지 않은 성도는 세상에서 복음에 따라 살아가는 삶이 약화될 수밖에 없다.[56] 현재의 목회자 훈련은 기존 교인에 대한 목회 사역에 너무 치중되어 있고, 세상에서 삶의 영역을 하나님 나라로 이끌어 오는 선교적 소명은 상대적으로 경시되어 있다는 뉴비긴의 지적에 귀를 기울일 필요가 있다.[57]

---

54 L. Newbigin, 『다원주의 사회에서의 복음』, 419.

55 위의 책, 423; Howard A. Snyder, 『참으로 해방된 교회』, 239-257; 315-320.

56 Alan J. Roxbury, "Pastoral Role in the Missionary Congregation", in G. R. Hunsberger and Craig Van Gelder(ed.), *The Church between Gospel and Culture. The Emerging Mission in North America* (Grand Rapids: W.B.Eerdmanns,1996), 326-327.

57 L. Newbigin, 『다원주의 사회에서의 복음』, 425.

선교적 목회는 교회 안에서 깨닫고 경험한 하나님 나라의 정의
와 평화, 기쁨을 성도의 삶을 통하여 세상 속에서 실현하도록 준비
하고 안내하는 역할을 해야 한다. 목회자의 보람과 영광은 증가하
는 교회의 숫자나 교회의 규모가 아니라 변화하고 성장하는 성도
와 그들의 은사와 삶을 통해서 세상 속에서 영향력 있는 그리스도
인으로 살아가는 선교적 삶에 있다.[58] 선교적 목회의 방향은 성도
로 하여금 그들의 삶의 전 영역에서 하나님의 통치에 복종하면서
하나님 나라의 가치를 실현하도록 도와주고 준비시켜 주는 사역으
로 나아가야 한다.[59]

5. 선교적 목회의 실천 원리: 선교적 관점에서 모이는 교회와 흩어지는 교회의 유기적 연결과 통전

선교적 목회는 현재 일에 무엇을 덧붙이기보다 목회자의 의식
과 관점을 바꾸는 것에서 시작한다. 목회자가 선교사 관점에서 목
회를 접근하고 실행하라고 하면 사역의 시간과 내용에서 부담을
느끼는 목회자가 많을 것이다. 더구나 한국교회와 같이 교회 내부
의 일도 벅찬데 외부의 일까지 참여하라는 것은 교회 내부와 외부

---

58 이 주제에 관하여 최근에 성 속의 구분을 넘어 세상 속에 살아가는 그리스도인의 삶
과 사역에 관하여 평신도 관점에서 저술한 책을 참고하라. 양희송,『세속성자』(경기
도: 북인더갭, 2018).

59 M. Frost, *Incarnate. The Body of Christ in and Age of Disengagement*, 최형근 옮김,『성
육신적 교회』(서울: 새물결플러스, 2016), 232-235.

의 두 가지 모두 망치는 것이라고 생각할 수 있다. 지역 교회를 선교적 교회로 세운다는 것, 그것을 수행하는 것을 선교적 목회라고 할 때 교회가 가진 두 차원, 모이는 교회와 흩어지는 교회의 관계에서 어떻게 균형을 유지할까 하는 것이 중요한 과제이다.[60] 결론적으로 선교적 목회는 현재 교회 안에서 진행되는 목회내용을 선교적 관점에서 이해하여 새롭게 구성하는 사역이다.[61]

선교적 목회는 무조건 교회 밖을 지향하는 것이 아니다. 만일 교회 안에서 진행되는 일들이 불충실하다면 목회자는 물론 모든 성도는 지치고 말 것이다. 지역 사회와 함께하는 선교적 교회는 결코 그 내적 삶으로부터 분리될 수 없다. 그러므로 현재 목회자의 직무로 주어진 예배 인도, 말씀 선포, 성도를 돌봄과 상담, 교회의 행정관리와 같은 내적 일을 수행하면서 어떻게 동시에 지역 사회를 향한 선교적 공동체로서의 교회의 사명을 적절히 수행하도록 목회적 역량을 발휘할 수 있을까?

교회의 선교적 영향력은 세상 속에서 살아가는 성도들을 통해서 나타나는데 그것을 위해 목회는 교회와 세상을 연결하는 선교적 목회의 특징이 교회의 내적 차원에서 일어나야 한다. "교회가 세상에서 행하시는 삼위일체 하나님의 창조하시고, 구원하시고, 화해하시는 활동에 참여한다는 사고의 틀을 통해서 이해된 선교적

---

60 최동규, "모이는 교회와 흩어지는 교회 모두가 중요하다", 『미셔날처치』 (서울: 대한기독교서회, 2017), 186.

61 Craig Van Gelder, *The Ministry of the Missional Church. A Community Led by the Spirit* (Grand Rapids: Baker Books House, 2007), 54-55.

신학은 기독교적 실천의 선교적 성격을 인식하게 만든다."[62] 그러므로 교회 안에서 진행되는 예배, 기도, 설교, 친교, 돌봄 등이 성도들이 일상적인 삶에서 하나님 나라를 실천할 수 있도록 연결되어야 한다. 교회의 내부적 차원과 외부적 차원, 모이는 교회와 흩어지는 교회가 서로 유기적으로 연결되고, 서로 도전과 자극을 주며, 이 둘을 함께 아우르는 통합방식의 목회 방향이 구성되어야 한다. 이 주제를 예배와 기도, 설교, 친교의 네 가지 차원에서 논의하고자 한다.[63]

이 네 가지를 선교적 관점에서 재인식하고 재구성할 수 있다. 첫째, 예배는 모이는 교회 차원에 통합적 성격을 갖는다. 예배를 통해서 하나님을 인식하고 영광을 돌린다. 그러나 이 예배가 단지 교회 안에서 드리는 예전이 아니라 우리가 하나님 앞에서 살아가고 있음을 고백하는 신앙 행위라면 예배는 교회 내부의 예전이 아니다. 종교개혁자들은 성도의 삶이 언제나 "하나님 앞에서"(coram Deo) 살아가는 것으로 가르쳤다. 예배는 단지 영적, 종교적, 개인적 차원으로 그치지 않고 동시에 사회적, 공동체적, 일상적 차원을 갖는다.[64] 이것을 정교회에서는 "예배 후에 예배"라는 표현을 사용하였다. 하나님을 경외하며 찬양하는 성도는 예배 후에 일상의 삶

---

62 Craig Van Gelder,『선교적 교회의 동향과 발전』, 277.

63 이 주제에 관한 자세한 논의는 필자의 저서『선교적 교회의 이론과 실제』(2016) 제7장(252-269)을 참고하라.

64 "Worship Permeates the Public Life of the Congregation", Lois Y. Barrett(Ed.) *Treasure in Clay Jars* (Grand Rapids, Michigan: W.B.Eerdmanns Pub, 113-116.

속에서 또한 구별된 성전으로 살아갈 것을 결단한다. 소명받은 자로 예배에서 하나님 앞으로 나아간다면, 삶을 통해서 하나님의 말씀을 실천하기 위해 이웃에게 향해야 한다. 이 모든 것이 하나님 앞에서 예배자의 삶을 살아가는 것이다.[65]

둘째, 기도를 선교적 목회 관점에서 살펴보자. 한국교회의 공예배에서 드리는 기도는 대부분 개교회 내부적 관심사에 집중하는 경우가 많다. 또한 새벽기도와 수요기도, 금요 철야기도, 그 외 다양한 기도회가 있으나 그 대부분 개인의 관심사에 국한되고 있다. 즉 세상을 위한 기도가 매우 약하다. 선교적 목회 관점에서 접근하는 기도는 개인과 교회 차원뿐만 아니라 지역 사회와 세상을 위한 중보기도를 드려야 한다. 지역 교회가 선교적 교회가 되도록 목회자는 성도들에게 중보기도를 가르쳐야 한다. 중보기도는 이웃과 세상의 문제를 가지고 하나님 앞에 나아가는 것이다. 그러므로 성도는 기도 속에 언제나 세상을 향한 제사장의 역할을 한다. 선교적 교회의 진정성은 세상을 위한 중보기도에서 나타난다.

셋째, 설교는 하나님의 말씀을 선포하는 목회자의 중요한 행위이다. 설교는 단지 교인의 개인적 차원이나 교회 생활을 잘하는 데 초점을 맞추어서는 안 된다. 설교를 통해 선포되는 하나님의 말씀에는 개인과 하나님 백성의 공동체뿐 아니라 세상과 우주적 차원이 들어 있다. 설교가 하나님의 뜻을 성도들에게 전하며, 성도의 삶의 변화를 가져오는 행위라면 하나님의 말씀은 교회 생활뿐 아

---

65 김운용, 『예배, 하늘과 땅이 잇대어지는 신비』 (서울: 장로회신학대학교출판부, 2015), 157.

니라 성도들이 매일 직면하고 살아가는 세상 속에서의 삶에 대한 하나님의 뜻과 가르침을 전해야 한다.[66] 설교는 성경공부와 함께 하나님의 백성으로서 바른 의식을 갖추고 선교적 삶을 살게 하는 매우 중요한 통로이다.

넷째, 선교적 목회는 성도의 친교를 확장한다. 성도의 공동체로서 교회는 성도 간 교제가 중요하다. 또한 지역 교회 차원을 넘어 그리스도의 몸의 다양한 지체인 다른 교회들과의 연합도 중요하다. 그러나 예수의 공생애 사역은 성도의 친교가 교회 안이나 종교적 차원을 넘어서는 것을 보여준다.[67] 즉 성도 간 친교를 토대로 영역이 지역과 사회 전체로 확장되어야 한다. 세상의 소금과 빛이라는 것은 그리스도인의 친교 영역이 어디인가를 보여주는 것이다. 또한 요한은 친교가 갖는 선교적 차원을 언급한다. "오라 우리와 친교를 나누자. 우리의 친교 안에는 하나님과 그의 아들과의 친교가 있다(요한일서 1:1-3). 그리스도인의 친교는 이 세상 안에 놓여 있는 배타적 경계선을 넘어가는 것이며, 그러한 친교를 통해서 하나님과 아들, 성령님을 만나게 하는 선교적 영향력을 갖는다. 선교적 목회는 성도의 삶의 친교 영역을 확장하고, 친교 안에서 선교가 진

---

66 N.T. Wright, 『이것이 복음이다』, 174-186.

67 "교회란 … 하나님과의 코이노니아와 인간들 상호간의 코이노니아에 대한 미리 맛봄이다. … 교회의 목적은 … 기도와 행동으로 코이노니아를 나타내며, 이런 식으로 하나님 나라의 영광 속으로 누릴 하나님과 인류와 창조세계와의 충만한 코이노니아를 가리키는 것이다." "코이노니아로서의 교회일치", 한국기독교교회협의회 신앙과 직제위원회편, 『신앙과 직제와 삶과 봉사의 합류』(서울: 한국기독교협의회, 2009), 131.

행되도록 하는 것이다.

V. 결론

교회는 이 세상에 세워진 하나님의 약속이며 선물이다. 신학을 통해서 성경에 나타난 하나님 나라의 이야기를 광범위하게 배워도 교회론이 편협하면 교회의 이해관계에 따라 내용과 범위가 축소 적용된다. 구더가 지적한 축소주의 신앙을 초래한다. 성경은 교회를 향한 풍성한 은혜를 약속하였고, 온 세계가 하나님 나라를 향해 나아가도록 위임하였다. 교회를 향한 하나님의 풍성한 약속을 실천하려면 목회 역시 그것에 맞추어야 한다. 교회를 향한 하나님의 풍성한 약속을 실현한다는 점에서 목회 역시 하나님의 약속을 주어진 사역이다.

목회자의 영광은 하나님의 백성을 준비시켜 세상 속에 영향력 있는 그리스도인으로 살아가게 하는 직무를 맡았다는 데 있다.[68] 목회직은 철저히 교회와 성도를 섬기는 일이다. 성도를 통해서 교회와 세상을 연결하는 목회직을 수행하기 위해 목회자의 신학적, 선교학적 인식의 지평이 확장되어야 한다. 기존의 개인주의적, 교회 중심적 패러다임을 넘어서서 세상 속에서 일하시는 하나님의

---

68 이 주제에 관하여 다음의 자료를 참고하라. Mark Labberton, *Called*, 하보영 옮김,『제 일소명. 세상을 위한 하나님 백성의 제자도』(서울: IVP, 2014).

선교에 참여하는 교회가 되기 위해 목회자는 선교사와 같은 의식으로 목회직을 수행해야 한다. 제도권에 있지만, 그 속에서 정체되지 않고 초대교회 같은 선교적 운동성을 회복해야 한다. 선교적 공동체로서 세상에 보냄을 받은 지역 교회들이 선교적 목회를 통해서 하나님 나라의 운동을 새롭게 전개하기를 희망한다.

참고문헌

김운용.『예배, 하늘과 땅이 잇대어지는 신비』. 서울: 장로회신학대학교출판부, 2015.

생명평화마당.『한국적 작은 교회론』. 서울: 대한기독교서회, 2017.

세계교회협의회 제10차 총회 한국준비위원회편.『세계교회협의회 신학을 말한 다』. 서울: 한국장로교출판사, 2013.

정재영.『교회 안 나가는 그리스도인』. 서울: IVP, 2015.

최동규.『미셔날처치. 서울: 대한기독교서회, 2017.

한국기독교교회협의회 신앙과 직제위원회편.『신앙과 직제와 삶과 봉사의 합 류』. 서울: 한국기독교협의회, 2009.

한국일.『세계를 품는 선교』. 서울: 장로회신학대학교, 2004.

한국일.『선교적 교회의 이론과 실제』. 서울: 장로회신학대학교출판부, 2016.

Barrett L. Y. (Ed.). *Treasure in Clay Jars*. Grand Rapids, Michigan: W.B.Eerdmanns Pub., 2004.

Hunsberger G.R. and Van Gelder Craig(ed.). *The Church between Gospel and Culture. The Emerging Mission in North America*. Grand Rapids: W. B. Eerdmanns, 1996.

Van Gelder Craig. *The Ministry of the Missional Church. A Community Led by the Spirit*. Grand Rapids: Baker Books House, 2007.

Van Gelder Craig(ed.). *The Missional Church in Context*. Grand Rapids, Michigan, W.B.Eerdmanns, 2007.

Welker M. *Kirche im Plulratismus*. Guetersloh: Kaiser, 1995.

Bosch D. J. *A Spirituality of the Road*. 이길표 옮김.『길 위의 영성』. 서울:한국 교회 연구소, 2011.

Guder Darrell L., *Called to Witness*. 허성식 옮김.『증인으로 부르심. 총체적

구원을 위한 선교적 교회론』. 서울: 새물결플러스, 2016.

Dulles Avery, S. J. *Models of the Church*. 김기철 옮김. 『교회의 모델』. 서울: 조명문화사, 1992.

Frost M. and Hirsch A. *The Shaping of Things come*. 지성근 옮김. 『새로운 교회가 온다』. 서울: IVP, 2009.

Frost M. *Incarnate. The Body of Christ in and Age of Disengagement*. 최형근 옮김. 『성육신적 교회』. 서울: 새물결플러스, 2016.

Huber W. *Kirche*. 이신건 옮김. 『교회』. 서울: 한국신학연구소, 1990.

Lohfink G. *Wie hat Jesus Gemeinde gewollt? Zur gesellschaftlichen Dimension des christlichen Glaubens*. 정한교 옮김. 『예수는 어떤 공동체를 원했나. 그리스도 신앙의 사회적 차원』. 왜관: 분도출판사, 1985.

Newbigin L. *The Household of God*. 홍병룡 옮김. 『교회란 무엇인가?』. 서울: IVP, 2010.

_____. *The Gospel in a Pluralist Society*. 홍병룡 옮김. 『다원주의 사회에서의 복음』. 서울: IVP, 2007.

Snyder Howard A. *Liberating the Church*. 권영석 옮김. 『참으로 해방된 교회』. 서울: IVP, 2005.

The Archbishop's Council(ed.). *Mission-shaped Church-church planting and fresh expressions in a changing context*. 브랜든 선교연구소 옮김. 『선교형 교회』. 서울: 성공회출판부, 2016.

Van Gelder Craig. *The Missional Church in Perspective. Mapping Trends and Shaping the Conversation*. 최동규 옮김. 『선교적 교회의 동향과 발전』. 서울: CLC, 2015.

Van Engen Charles E. *God's Missionary People. Rethinking the Purpose of the Local Church*. 임윤택 옮김. 『하나님의 선교적 교회』. 서울: 기독교문서선교회, 2014.

Van Gelder Craig. *The Essence of the Church: A Community Created by the Sprit*. 최동규 옮김. 『교회의 본질』. 서울: CLC, 2015.

Vanhoozer Kevin J. and Owen Strachan. *The Pastor as Public Theologian*.
박세혁 옮김.『목회자란 무엇인가』. 서울: 포이에마, 2016.

Wright Ch. *Mission of God*. 정옥배. 한화룡 옮김.『하나님의 선교』. 서울: IVP,
2010.

Wright N. T. *Simply Good News*. 백지윤 옮김.『이것이 복음이다』. 서울: IVP,
2017.

성육신의 관점에서 본 선교적 교회의 상황화*

최동규 | 서울신학대학교, 선교학

I. 들어가는 글

오늘날 목회 현장의 문제는 단적으로 목회자들이 지지부진한 교회 성장을 극복할 수 있는 '한 방의 비결'을 찾고 있다는 사실에서 찾을 수 있다. 목회자들은 여전히 1970년대와 1980년대에 유행하였던 방법론적 목회에 시선을 고정하고 있다. 과거에는 탁월한 방법과 수단이 교회 성장을 담보하기도 했었다. 하지만 그 결과로 얻어진 양적 성장은 또 다른 병리 현상을 야기하고 있다. 반면에 1990년대 이후 한국 사회는 포스트모던 문화라고 하는 새로운 환경을 경험하고 있으며, 이 문화에 익숙한 사람들은 그들이 신자이든지 불신자이든지 간에 교회가 단순히 외적인 요소보다도 본래

---

* 이 글은 「선교신학」 제42집 (2016): 287-322에 게재하였고, 필자의『미셔널 처치』(대한기독교서회, 2017), 243-272에 약간의 수정을 거쳐 실렸던 글이다.

적인 그 무엇에 관심을 가지기를 원하는 경향을 보인다.

그러나 목회 패러다임이 변화되어야 할 근본적인 필요성은 문화적 관점이 아닌 신학적 관점으로부터 제기되고 있다. 최근에 활발하게 논의되고 있는 선교적 교회론은 목회자들이 우선적으로 올바른 교회론을 이해하고 그 토대 위에 목회적 전략과 방법을 수립해야 한다는 점을 강조한다. 교회를 세우는 일, 다시 말해서 목회를 제대로 이해하기 위해서는 무엇을 얼마나 했느냐의 행위론적 관점이 아니라 그 교회의 성품과 태도가 어떠냐는 존재론적 관점이 필요하다고 보는 것이다. 물론 그렇다고 해서 전략과 방법론이 필요 없다는 뜻은 아니다. 중요한 이슈는 우선순위, 관점과 토대의 문제이다. 교회의 성품과 태도에 대한 올바른 이해가 선행되지 않으면 자칫 교회가 행하는 다양한 활동이 왜곡된 방향으로 흘러갈 수도 있기 때문이다.

성육신(成肉身, incarnation)은 교회의 존재론적 성품과 태도를 가장 잘 드러내는 개념이다. 하나님께서 직접 인간의 육신을 입고 이 세상에 오셔서 메시아적 사명을 감당하신 사건은 신자들을 위한 구원론의 근거가 되면서 동시에 교회와 그리스도인들이 어떤 삶을 살아야 할지를 가르치는 사역론의 근거가 되기도 한다. 그것은 모든 왜곡된 삶의 태도와 사역을 비판하고 진정한 삶과 사역의 원리를 제시한다. 오늘날 교회마다 다양한 선교 활동을 행하고 있다. 과거에 비해서 훨씬 더 많은 재원이 투입되고 수많은 봉사자들이 동원되고 있다. 그럼에도 불구하고 복음의 능력이 제대로 나타나지 않는 이유는 바로 그들의 선교 행위가 성육신적이지 않기 때문이다. 다양한 선교 활동과 프로그램은 대부분 시혜적(施惠的) 수준에 머물고 있다. 심지어 그것들이 하나님 나라의 성장이 아닌 개 교회의 이기적인 성장을 위한 수단으로 전락하기도 한다. 이런 점에서 예수 그리스도의 성육신은 오늘의 한국교회가 행하고 있는 선교를 비판하고 새로운 미래의 사역 방향을 제시하는 역할을 한다.

이런 관점에서 볼 때 한국교회가 성육신의 정신을 가지고 목회하고 선교해야 한다는 점은 명확하다. 그러나 예수 그리스도에 의해 계시된 성육신을 교회의 실천 원리로 삼을 때 한 가지 제기되는 질문은 이것이다. 성육신의 정신은 현실에서 구체적으로 어떻게 구현되어야 하는가? 일정한 개념에 대한 신학적 논의는 목회 현장 또는 선교 현장에서 사역의 정신과 방향을 결정하는 데 크게 도움을 줄 수 있지만, 구체적인 실천 방안과 지침들을 만들어내지는 못한다. 대부분의 사역자들이 성육신적 정신에 따라 그들의 목회와 선교를 수행해야 한다는 점에는 동의하지만, 현장에서 그것을 어떻게 구현해야 하는지에 대해서는 제대로 알지 못하고 있다.

따라서 이런 문제의식과 이해를 바탕으로 필자는 먼저 선교적 교회의 실천 원리로서 성육신의 신학적 의미를 탐구한 뒤에 상황화의 관점에서 성육신적 사역의 구체적인 실천 원리들을 제시하고자 한다. 신학적으로 해명된 개념이 현장에 적용되기 위해서는 그것을 상황에 맞게 적용할 수 있는 체계와 과정으로 전환하는 작업이 필요하다. 물론 그렇다고 해서 그 작업이 현실에서 바로 사용할 수 있는 실천적 매뉴얼을 만드는 것을 뜻하지는 않는다. 그것은 특수한 상황과 환경에 처해 있는 각 신앙공동체의 몫일 것이다. 오히려 시급한 것은 각 신앙공동체가 매뉴얼을 만드는 데 필요한 원리와 지침들일 것이다. 필자는 지금까지 선교학계가 발전시켜온 상황화(contextualization)에 관한 논의에서 성육신의 구체적인 실천원리들을 얻을 수 있다고 본다.

II. 성육신의 성경적 의미

성육신은 하나님이신 예수 그리스도께서 인간들을 구원하기 위해서 육신의 몸을 입고 이 세상에 오신 사건을 뜻한다. 존 힉(John Hick)과 같이 종교다원주의의 입장을 취하는 학자들은 성육신을 역사적 현실이 아닌 은유(metaphor)로 여기지만,[1] 복음적인 그리스도인이라면 누구나 이것이 역사적으로 일어난 사건임을 믿는다. 이 성육신 사건이 기독교 역사 내에 존재하는 모든 교회의 선교를 가능하게 하는 근거가 된다. 이는 "초기 기독교공동체가 자신의 사명을 예수 그리스도의 계속적인 선교에 참여하는 것으로 이해하기 시작한 것은 성육신의 신비에 근거한 것이었다"라는 사실을 통해서 분명하게 입증된다.[2] 김균진은 이런 성육신 사건의 역사성을 다음과 같이 설명한다.

1 존 힉, 변선환 옮김,『성육신의 새로운 이해』(서울: 이화여자대학교 출판부, 1997), 16.
2 Orlando Costas, *Christ Outside the Gate: Mission beyond Christendom* (Maryknoll, NY: Orbis, 1982), 13.

하나님의 아들의 성육신은 한 특수한 시간과 장소와 상황 속에
서 하나님의 아들이 한 개인이 되었으며 인류의 한 지체가 되었
음을 말한다. 그는 한 개인적인 존재인 동시에 역사 속에 있는
역사적인 존재가 되었다. 그는 인류의 역사 속으로 들어왔으며,
이 역사의 모든 제한성과 조건 속에서 살게 되었다.[3]

그리스도께서 이 세상에 오신다는 것은 이미 구약 시대 때부터
예언을 통해서 사람들에게 알려졌다(시 2:7; 사 7:14; 미 5:2). 실제
로 성육신이 인간의 역사 속에서 일어난 이후 이 사건은 기독교 신
앙의 근간이 되었다. 초대교회 교인들에게 이 사건은 그들의 구원
을 가능케 하는 것일 뿐만 아니라 그들이 어떤 삶의 자세를 가져야
하는지를 가르쳐주는 것이었다.

신약성경에 등장하는 성육신에 관한 본문들(요 1:9, 14, 18; 3:16;
롬 8:3; 고후 8:9; 갈 4:4; 빌 2:6-8; 딤전 3:16)은 각 공동체의 신학적
입장을 반영하고 있기 때문에 그리스도의 성육신 사건에 관한 여
러 가지 관점을 드러내고 있다. 가장 대표적으로 성육신 사건을 다
루고 있는 사도 요한은 요한문서를 통해서 말씀이 육신의 몸을 입
고 오셨다고 증언함으로써 성육신의 의미를 매우 독특한 차원에서
이해한다. 이 요한문서의 본문들은 고대 교회의 역사에서 예수 그
리스도의 참 인간되시고 참 하나님 되신 특성을 설명하는 이른바
로고스 기독론(Logos Christology)의 근거가 되었다.[4] 초대교회 상

---

3 김균진,『기독교조직신학』, II권 (서울: 연세대학교 출판부, 1987), 171.

황에서 예수의 신성을 강조한 나머지 육체로 오심을 부정하는 부류와 육체로 오심을 강조한 나머지 예수의 신성을 부정하는 부류에 대한 변증의 필요성이 제기되었다. 요한문서의 로고스 기독론은 바로 이런 양 극단적인 입장들을 극복하고 예수 그리스도의 올바른 정체성을 확증하는 근거가 된다. 요 1:1에서 사도 요한은 분명하게 로고스이신 성자께서 하나님 자신임을 밝히고 있다. 또한 요한은 요일 4장 2절을 통해서 자신이 속한 공동체의 신학적 입장을 분명하게 대변한다. "이로써 너희가 하나님의 영을 알지니 곧 예수 그리스도께서 육체로 오신 것을 시인하는 영마다 하나님께 속한 것이요." 이런 성경적 근거에 힘입어 칼케돈 공의회는 성육신하신 그리스도께서 참 하나님이시며 참 인간이심을 천명하였다.

이와는 달리 성부 하나님의 관점에서 아들을 '주심'(giving) 또는 '보내심'(sending)으로 성육신을 설명하는 본문들도 있다. 이 두 가지 개념은 일반적으로 구원론을 설명하는 가장 대표적인 구절로 인정되는 요 3:16-17에 모두 들어 있다. "하나님이 세상을 이처럼 사랑하사 독생자를 주셨으니 이는 그를 믿는 자마다 멸망하지 않고 영생을 얻게 하려 하심이라. 하나님이 그 아들을 세상에 보내신 것은 세상을 심판하려 하심이 아니요 그로 말미암아 세상이 구원을 받게 하려 하심이라." 이와 비슷하게 롬 8:3과 갈 4:4 역시 하나님께서 아들을 보내셨다고 표현하고 있다. 특히 전자는 "자기 아들을 죄 있는 육신의 모양으로 보내"셨다고 말함으로써 성육신의 의

---

4 로고스 기독론에 대한 좀 더 자세한 설명은 다음 논문을 참조하라. 문병호, "개혁주의 신학을 통해 본 성육신 이해," 「신학지남」 76권 2집 (2009. 6): 124-127.

미를 속죄론적 관점으로 풀어내고 있다. 성자는 인간의 죄를 담당하시기 위해 "죄 있는 육신의 모양으로" 세상에 오셔야 했다. 그러나 이 구절들이 구원론적인 관점을 내포하고 있다고 해서 바울이 "더 이상 성육신 자체에 관심이 없고 십자가 사건에 관심이 있다"라고 해석하는 것은 무리가 있다.[5] 오히려 십자가에서의 속죄 행위는 성육신의 의도를 실현한 사건이라는 관점에서 바울의 본문들을 이해하는 것이 더 타당할 것이다.

고린도후서 8:9과 빌립보서 2:6-8은 요한복음 1장의 본문들과 함께 그리스도의 성육신 사건이 내포하고 있는 의미를 뚜렷하게 드러내는 구절들이다. 사도 바울은 이 구절들을 통해서 성육신의 의미를 자기비움(self-emptying)으로 해석하고 있다.

> 우리 주 예수 그리스도의 은혜를 너희가 알거니와 부요하신 이로서 너희를 위하여 가난하게 되심은 그의 가난함으로 말미암아 너희를 부요하게 하려 하심이라(고후 8:9).
> 그는 근본 하나님의 본체시나 하나님과 동등됨을 취할 것으로 여기지 아니하시고 오히려 자기를 비워 종의 형체를 가지사 사람들과 같이 되셨고 사람의 모양으로 나타나사 자기를 낮추시고 죽기까지 복종하셨으니 곧 십자가에 죽으심이라(빌 2:6-8).

---

5 에른스트 케제만, 박재순 외 2인 옮김, 『로마서』, 국제성서주석 34권 (서울: 한국신학연구소, 1982), 356.

바울이 고린도후서 8:9에서 그리스도의 가난하게 되심을 언급한 것은 여러 가지 심층적인 의미를 내포하고 있다. 그것은 그리스도께서 하나님의 영광을 버리고 자신의 신적 특권을 포기하셨음을 암시한다. 바레트(C. K. Barrett)에 따르면, 이 구절은 빌 2:6-8 보다 덜하지만, 충분히 자기비움의 기독론을 보여주고 있다. 예수께서 경험하신 가난의 의미는 여인에게서 태어나고 율법 아래에 놓여 있었다는 사실뿐만 아니라 십자가와 죽음의 사건에까지 확장된다.6 이런 가난의 경험은 예수 자신의 자발적인 선택에 의해서 이루어졌다. 반면에 빌 2:6-8의 본문은 낮아짐과 높아짐의 구조로 표현된 그리스도 찬가 중 낮아짐에 해당한다. 이 본문에서 바울은 ἐν μορφῇ θεοῦ라는 표현을 통해서 성자 예수의 선재적(先在的) 신성 곧 그분께서 하나님의 현존 방식을 취하고 계셨음을 밝히고 있다. 여기에서 헬라어 μορφῇ는 하나님의 모든 본질적인 특성과 속성을 가리킨다. 그런데 그분이 자발적으로 그 모든 신적 권리와 특성을 포기하시고 인간이 되셨다. 그분의 성육신은 단지 외관만 바뀐 것이 아니라 실체적 변화가 이루어진 사건이었다. 여기에서 그것이 그분의 자발적인 행위에 의해 이루어졌다는 점이 중요하다.7 이 본문은 신적 존재 방식과 종의 존재 방식을 대조함으로써 성육신의 의미를 뚜렷하게 부각시키고 있다.

---

6 C. K. 바레트, 번역실 옮김,『고린토후서』, 국제성서주석 36권 (서울: 한국신학연구소, 1986), 284.

7 J. 그닐카, 김경희 옮김,『빌립비서/필레몬서』, 국제성서주석 39권 (서울: 한국신학연구소, 1988), 198.

III. 성육신의 선교적 의미

1. 예비적 고찰

앞에서 잠시 언급한 바와 같이 성육신은 기독교 역사에서 일반적으로 구원론의 근거로 인식되었다. "예수 그리스도의 성육신은 십자가 위에서 일어난 화해의 구원 사역을 완성하기 위해서 하나님께서 그의 아들을 통해서 역사 속으로 들어오신 유일무이하고 반복될 수 없는 사건이다."[8] 이 관점에 따라 하나님과 동일한 존재였던 성자께서 신적 본성과 특성을 모두 버리고 완전한 인간의 몸을 입고 이 세상에 오신 까닭은 하나님의 구원계획을 알려주고 자신의 몸을 십자가에 던짐으로써 실제로 그 구원을 성취하기 위해서라는 점이 강조되었다.[9] 성육신에 대한 이런 이해 방식은 1세기부터 5세기에 이르는 고대 교회 시기에 발생한 기독론에 관한 논쟁속에서 교리적으로 확립된 이후 지금까지 지속되고 있다.

그러나 기독론의 관점에서 성육신을 해명하는 데 초점을 맞췄던 고대 교회는 성육신을 지나치게 존재론적인 방식으로 이해하는 문제를 낳았다. 이단의 도전을 극복해야 하는 절실한 요청 앞에서 교회는 예수 그리스도의 정체성을 위격, 본질, 본성과 같은 존재론

---

8 Darrell L. Guder, *Be My Witnesses: The Church's Mission, Message, and Messengers* (Grand Rapids, MI: Eerdmans, 1985), 18.

9 Alan Neely, "Incarnational Mission," in *Evangelical Dictionary of World Missions*, ed. A. Scott Moreau (Grand Rapids, MI: Baker Books, 2000), 474.

적 개념들을 통해서 설명하고자 하였다. 이 문제는 성육신을 "이스라엘 민족의 역사적 사고구조의 틀 안에서가 아니라 헬레니즘 철학의 형이상학적 존재론의 사상적 틀 안에서 이해"하려고 했기 때문에 발생한 것이었다.[10] 하지만 성육신을 단순히 헬라 철학의 존재론적 사유 방식으로 이해하는 태도는 자칫 실제로 성육신하신 예수 그리스도의 역사성과 그분의 인격을 놓치고 단지 성육신을 정태적인 교리로 추상화하는 오류를 낳을 수 있다.

이와는 달리 그리스도의 성육신이 특정한 집단의 이해관계 속에서 해석되기도 하였다. 기독교 역사에서 오랫동안 제도적 교회의 중요성을 강조해온 가톨릭교회는 성육신을 그들의 교회론에 적용하였다. 다시 말해서 교회가 "그리스도의 몸"이라는 성경적 이해에 착안하여 교회를 "그리스도의 연장"(prolongation of Christ)으로 보았던 것이다. 이 관점에서 "성육신은 하나님께서 역사하셨을 뿐만 아니라 계속해서 기독교 교회를 통해 역사하시려고 작정하신 방법으로 여겨졌다."[11] 또한 "교회의 설립(plantatio ecclesiae)이 성육신의 연장"으로 간주되기도 하였다.[12] 그러나 이런 해석은 매우 잘못된 것이었다. 가톨릭교회는 성육신을 지나치게 성례전적 사고와 결합함으로써 교회를, 하나님의 은혜를 독점하는 절대적 집단으로 만드는 잘못을 범하였다.

반면에 성육신의 의미를 너무 직접적으로 사회적, 정치적 차원

---

10 윤철호, 『예수 그리스도 (상)』 (서울: 한국장로교출판사, 1998), 444.

11 Darrell L. Guder, *Be My Witnesses*, 18.

12 Alan Neely, "Incarnational Mission," 474.

에 적용하는 사람들도 있었다. 그들은 주로 자유주의신학 또는 해방신학을 추구하는 급진주의자들인데, 그들은 예수께서 사회적으로 소외되고 억압받는 민중들을 해방시키기 위해서 그들 가운데 성육신하셨다는 점을 강조한다.[13] 포괄적으로 보면 한국의 민중신학자들도 이 범주에 포함된다. 기본적으로 상황화신학의 관점에 근거하고 있는 이 성육신 이해는 예수 그리스도의 성육신이 가지고 있는 구원론적 관점보다는 이 땅에 오신 예수 그리스도의 사명과 그분이 전한 복음의 의미를 사회정치적 관점에서 재발견하는 데 초점을 두고 있다. 이들의 주장은 예수의 성육신 사건이 궁극적으로 무엇을 지향하고 있는지를 재성찰하게 했으며, 이 성찰은 심지어 복음주의자들조차도 개인주의적이고 내세 지향적인 관점에서 벗어나 현실적인 상황에 초점을 맞춰 좀 더 포괄적이고 심층적인 선교를 추구할 수 있도록 만들었다. 그러나 이들의 성육신 이해는 여전히 특정한 집단 또는 영역에 편중됨으로써 그것이 가진 포괄적이고 보편적인 선교의 의미를 드러내지 못하는 한계를 노출하였다.

2. 성육신의 신학적 의미

앞에서 필자는 성육신을 다소 추상적이고 정적인 개념으로 이해한 고대 교회의 문제, 교회 중심적 사고에 기초하여 성육신을 제도적 교회 자체로 치환한 가톨릭교회의 문제, 성육신을 사회정치

---

13 Ibid., 475.

적 관점으로 제한한 급진주의자들의 문제를 지적하였다. 성육신을 "역사적 측면과 현재적 측면에서 이해해야 한다"라는 점은 지극히 당연하다.[14] 이렇게 말하면 앞에서 언급한 사회정치적 관점을 정당화하게 되지 않느냐고 반문할 수 있을 것이다. 그러나 그리스도는 결코 특정 부류 또는 계층만을 위해서 이 땅에 오신 분이 아니기 때문에 그분의 성육신 사건은 당파주의적 관점이 아닌 보편주의적 관점에서 이해해야 한다. 그렇게 함으로써 기독교 선교는 특정 집단의 제한적 관점들을 넘어서 훨씬 포괄적이고 심층적인 성육신의 의미를 발견하고 구현할 수 있게 된다.

여기에서 논의의 방향을 바꿔 보자. 예수 그리스도의 성육신 사건을 신학적으로 제대로 이해하기 위해서는 무엇보다도 선교적 관점에서 읽어야 한다. 왜냐하면 "성육신은 하나님께서 인간의 삶에 궁극적, 선교적으로 개입하시는 행위"이기 때문이다.[15] 성부 하나님은 거대한 우주의 역사 속에서 피조물의 구원을 계획하시고 적절한 시간에 그리스도를 보내시는 분이시며, 예수 그리스도는 성부의 파송을 받아 이 세상을 구원하기 위해 선교사로 오셨다. 여기에서 예수의 성육신은 인간의 삶의 현실 안으로 뚫고 들어오시는 하나님의 현존을 뜻한다. 성육신은 근본적으로 문화적 경계를 넘어 상대방의 삶의 세계로 들어가는 선교를 뜻한다. 예수는 인간 세계에 도래하였지만, 인간의 삶과 분리된 채 단지 메시지만 전달하

---

14 김광식, "성육신의 현재적 의미," 「기독교사상」 420권 (1993년 12월): 13.
15 크레이그 밴 겔더 · 드와이트 J. 샤일리, 최동규 옮김, 『선교적 교회론의 동향과 발전』 (서울: CLC, 2015), 217.

거나 낙후된 삶을 개선하기 위해 야심찬 프로젝트 몇 가지를 진행하는 방식으로 사역하지 않으셨다. 파송된 선교사가 선교지에 있긴 하지만 현지인들의 삶 속으로 들어가지 않는 선교기지 접근방식(mission-station approach)은 이미 도널드 맥가브란(Donald A. McGavran)에 의해 오래전에 비판받았다.16 따라서 진정한 선교는 복음을 들어야 할 사람들의 일상적 삶의 세계 안에서 이루어져야 한다.

성육신 사건이 기본적으로 기독론 또는 구원론을 지원하지만, 그 기독론과 구원론에 관한 논의는 결코 선교적 관점과 분리될 수 없다. 구더(Darrell L. Guder)에 따르면 그리스도의 성육신은 선교의 내용과 이유와 방법을 알려준다.

> **성육신**에 관해서 말하는 것은 항상 주 예수 그리스도 곧 이 세상 안에서 그리고 이 세상을 위해 하나님께서 최종적으로 단 한 번에 이루신 구원행위의 사건을 가리켜 말하는 것이다. 이 **성육신**이라는 용어는 복음서에 묘사되고 신약의 여러 서신에 자세히 설명된 이야기 전체를 포함하고 있다. 그것은 하나님께서 피조물에 대하여 연민을 가지시고 그들을 구원하려고 하시는 이유(why)에 기초하여 복음의 내용(what)을 핵심적으로 말해주는 명사다. 동시에 그것은 어떻게 복음을 증언해야 하는지에 관한 방법(how)을 매우 심원한 방식으로 설명하는 개념이다.17

---

16 Donald A. McGavran, *The Bridges of God: A Study in the Strategy of Missions*, revised edition (New York: Friendship, 1981), 46-48.

17 Darrell L. Guder, *Incarnation and the Church's Witness* (Harrisburg, PA: Trinity Press

인간의 몸을 입고 이 세상에 오신 그리스도의 성육신은 단지 탄생으로 요약되는 '오심'의 과정만을 가리키지 않고 그분이 이 세상에 오셔서 보여주신 인격과 모든 사역 내용을 가리킨다. 이런 점에서 오늘의 우리가 추구해야 할 성육신적 선교(incarnational mission)는 "예수의 삶, 사역, 고난, 죽음, 부활에 근거할 뿐만 아니라 그것에 의해 형성되는 그리스도인들의 증언을 이해하고 실천하는 것"을 뜻한다고 볼 수 있다.[18] 예수 그리스도는 죄로 말미암아 멸망할 수밖에 없는 인간들을 구원하기 위해서 자신의 모든 권리를 포기하고 낮고 천한 이 땅에 오셨다. 그분은 권력의 도시 예루살렘이 아니라 보잘것 없는 시골 마을인 베들레헴의 마구간에서 태어나셨다. 왕족이나 지배계급 등 가진 자들의 가정이 아니라 가난한 목수의 아들로 태어나셨다. 더군다나 그분이 집중적으로 활동하셨던 곳은 사회정치적으로 볼 때 사회적 변두리에 속하는 갈릴리 지역이었다. 그러나 그분은 사역 초기부터 하나님 나라의 뚜렷한 메시지를 전파하였으며, 깨어지고 병들고 가난한 사람들을 치유하시고 그들의 친구가 되어주셨다. 반면에 기득권자들을 향해서는 그들이 생명과 공의에 기초한 하나님 나라의 관점을 받아들이도록 촉구하는 방식으로 자신의 사랑을 표현하셨다. 결국 그분은 자신의 생명을 내어주기까지 그들을 사랑하고 섬기는 일을 하셨다. 코스타스(Orlando Costas)는 이 점을 "십자가는 성육신의 절정이면서 시금석이었다"라는 말로

International, 1999), 3.

18 Ibid., xii.

정확히 표현하였다.[19] 이와 같이 이 땅에서 예수께서 행하신 모든 사역은 성육신의 개념 안에 포괄될 수 있으며, 이런 점에서 그리스도의 성육신은 기독교 선교의 핵심을 구성하는 요소가 된다.

여기에서 혹자는 예수께서 선택한 대상과 환경의 특수성에 대해서 이의를 제기할 수 있다. 그러나 전능자의 권리를 포기하고 인간의 조건을 수용한 이상 이런 특수성은 피할 수 없는 것이었다. 그럼에도 불구하고 "그는 자신의 특수성 안에서 보편적 적합성을 무시하지 않았다. 이는 부분적으로 예수 그리스도의 복음이 지닌 신비에 해당한다. … 바로 살아 있는 말씀이신 예수께서 특정 상황의 특수성을 취한 것과 같이, 예수 그리스도에 관한 좋은 소식인 복음 역시 본질적으로 모든 특정한 문화적 상황으로 옮겨질 수 있다."[20] 그러므로 예수 그리스도의 성육신은 특수성을 넘어 보편성을 지니며 모든 선교 현장에 적용할 수 있는 모델이 된다.

더 나아가 성육신은 선교의 방법론적 모델이 되기도 하지만 본질적으로 선교하는 그리스도인 또는 교회의 존재론적 성품이 어떠해야 하는지를 가르쳐 주기도 한다는 점을 지적할 필요가 있다.[21] 지금까지 선교 활동은 종종 특정 집단의 성과주의에 기초한 목표를 달성하는 수단과 방법으로 전락하였다. 이런 선교 방법들이 근대선교를 이끌어나갔다. 그러나 성육신적 관점은 성과주의와 방법론주

19 Orlando Costas, *Christ Outside the Gate*, 10.

20 Craig Van Gelder, *The Ministry of the Missional Church* (Grand Rapids, MI: Baker Books, 2007), 62.

21 최동규, "선교적 실천의 작용구조와 방식," 「선교신학」 제37집 (2014): 391-394.

의를 비판한다. 선교는 수단과 방법, 프로그램 또는 프로젝트이기 이전에 그리스도인의 존재론적 성품에서부터 나오는 자연스러운 행위다. 이것은 신앙공동체인 교회의 경우에도 마찬가지다. 스탠리 하우어워스(Stanley Hauerwas)는 다음과 같이 성육신의 의미를 설명한다. "성육신이란 인간에 대한 하나님의 긍정이 아니라, 하나님께서 예수 안에서 새롭고도 성품 형성에 영향을 주는 인간개념을 주시기 위해 사람들이 지닌 인간개념의 경계선을 뚫고 들어오신 사건이라고 하는 이유가 여기 있다."22 하우어워스는 성육신이 예수 내러티브 안에서 개인과 신앙공동체의 성품 형성을 지향하고 있음을 말한다. 선교는 근본적으로 성품으로부터 시작되어야 한다. 방법론보다 중요한 것이 선교의 동기다. 만약 그렇지 않을 경우에 선교는 자칫 상처뿐인 영광으로 끝날 수도 있다. 그리스도인들이 예수의 진정한 제자가 되고자 할 때 예수의 사역뿐만 아니라 근본적으로 그분의 인격과 성품에 집중해야 할 이유가 바로 여기에 있다.

3. 성육신적 선교

그렇다면 성육신적 선교가 내포하고 있는 구체적인 의미는 무엇인가? 성자 예수께서는 성부 하나님께로부터 보내심을 받았고, 그분은 다시 제자들을 세상에 보내셨다(요 17:18; 20:21). 이 점에서 예수의 선교 패턴과 제자인 우리들의 선교 패턴은 동일한 DNA

---

22 스탠리 하우어워스, 문시영 옮김, 『교회됨』 (서울: 북코리아, 2010), 106.

를 가질 수밖에 없고, 따라서 우리의 선교는 근본적으로 예수의 성육신적 선교를 본받아야 한다.

성육신적 선교는 기본적으로 하나님의 선교를 위해 부르심을 받고 보내심을 받은 자들이 복음을 들어야 할 사람들의 문화 속으로 들어가 그들과 하나가 되고 그들이 하나님 나라의 통치를 경험하도록 만드는 것을 의미한다. 앨런 허쉬(Alan Hirsch)와 랜스 포드(Lance Ford)는 선교적 운동의 4단계로 사명의 자각(move out), 문화속으로 들어감(move in), 우정의 형성(move alongside), 변화로의 도전(move from)을 제시하면서 두 번째 단계를 성육신의 단계로 설명한다. "문화 속으로 깊이 들어가는 것은 성육신적 선교의 사상을 진지하게 받아들이는 것을 뜻한다. 이것에 대해서 우리는 하나님께서 인간의 형태를 취하시고 우리의 이웃에게로 들어가셨다는 사실로부터 실마리를 얻을 수 있다. 하나님은 인간의 완전한 실체를 입으시고 우리와 동일하게 되셨으며 같은 경험을 가지고 우리에게 말씀하셨다."[23] 그러나 이들은 성육신을 예수께서 세상으로 '들어가심'이라는 뜻으로만 사용함으로써 그 의미를 제한하고 있다.

포괄적인 차원에서 볼 때 '성육신적'(incarnational)이라는 단어는 '선교적'(missional)이라는 단어와 거의 같은 의미를 지니고 있다.[24] 조금 양보한다고 하더라도 '성육신적'이라는 개념은 '선교적'

---

23 Alan Hirsch & Lance Ford, *Right Here Right Now: Everyday Mission for Everyday People* (Grand Rapids, MI: Baker Books, 2011), 38.

24 Alan Hirsch, *The Forgotten Ways: Reactivating the Missional Church* (Grand Rapids, MI: Brazos, 2006), 128.

이라는 개념의 핵심을 이룬다고 말할 수 있다. 진정한 선교는 성육신적이어야 한다. 따라서 이 세상에서 하나님의 선교를 추구하는 선교적 교회(the missional church)는 성육신적 방식으로 복음을 증언한다. 성육신적 방식(the incarnational approach)은 끌어들이고 빼내는 방식(the attractional-extractional approach)과 크게 대조를 이룬다.25 성육신적 방식은 사람들이 살아가는 삶의 세계 속으로 들어가 그들의 문화적 조건 안에서 복음을 경험하게 하는 것을 뜻한다. 목만수의 말처럼 "복음은 문화 안에서 수용될 수밖에 없다."26 반면에 끌어들이고 빼내는 방식은 사람들로 하여금 특정한 시간과 장소에 고정된 교회로 불러들이는 것을 선교라고 규정한다.

그렇다면 성육신적 선교는 구체적으로 어떤 특성들을 내포하고 있는가? 앨런 허쉬는 성육신적 선교에 담긴 의미를 4개의 P로 시작하는 단어들로 설명하고 있다. 그것은 현존, 근접성, 무력함, 선포다.

- 현존(Presence): 영원하신 하나님은 예수 안에서 우리에게 충분히 소개된다. 예수께서는 단지 하나님께로부터 보내심을 받은 대리인 또는 예언자가 아니셨다. 그분은 육신을 입은 하나님이셨다(요 1:1-15; 골 2:9).
- 근접성(Proximity): 하나님은 예수 안에서 우리가 이해할 수

---

25 Michael Frost & Alan Hirsch, *The Shaping of Things to Come: Innovation and Mission for the 21st-century Church* (Peabody, MA: Hendrickson, 2003), 41-42.

26 목만수, "조상제사와 상황화, 세계관, 그리고 성육신 선교,"「선교신학」제40집 (2015): 113.

있는 방식으로 우리에게 다가오셨을 뿐만 아니라 우리가 접촉할 수 있는 방식으로 다가오셨다. 그분은 단지 사람들에게 회개하라고 요구하고 하나님의 직접적인 임재를 선포(마 1:15)하기만 하지 않고 버림받은 사람들의 친구가 되어주셨으며 깨어진 자들, '잃어버린 자들'과 가깝게 지내셨다(눅 19:10).

- 무력함(Powerlessness): '우리 가운데 하나'가 되심으로써 하나님은 우리를 지배하는 자가 아니라 종의 형태를 취하신다(빌 2:6ff; 눅 22:25-27). ··· 그분은 모든 강압적인 힘의 관념을 멀리하시고 사랑과 겸손(무력함)이 어떻게 하나님의 참된 본성을 반영하며 그것들이 어떻게 인간사회를 변혁하는 핵심적인 수단이 되는지를 보여주신다.
- 선포(Proclamation): ··· 그분은 하나님의 통치를 알려주었을 뿐만 아니라 사람들을 회개와 믿음으로 부르셨다. 그분은 사람들을 복음으로 초대하는 일을 시작하셨으며, 그 일은 지금까지도 계속되고 있다.[27]

종종 보수적인 입장을 견지하는 교회들 가운데 복음의 증언을 단지 구두 복음 전도에 국한하는 교회들이 있다. 물론 구두 복음 전도가 예수 그리스도의 복음이 전파되는 중요한 방식임은 틀림이 없지만 엄밀한 의미에서 복음의 증언은 구두 복음 전도의 차원을 뛰어넘는다. 르네 파딜라(C. René Padilla)에 따르면 "신약성경의 관

---

27 Alan Hirsch, *The Forgotten Ways*, 132.

점에서 교회는 예수 그리스도 안에서 하나님의 위대한 목적을 드러내는 증거이기 때문에 그것은 구속사의 중심에 있다. 그러나 교회의 증언(witness)은 단지 말에 제한되지 않는다. 교회의 증언은 본질적으로 성육신적이다."[28] 이는 교회의 증언이 말로만 하는 복음전도에 머물러서는 안 된다는 것을 뜻한다.[29] 더 나아가 교회의 선교는 동정하듯 베푸는 시혜(施惠)가 되어서도 안 된다. 복음을 증언하는 사람들은 메시지를 전하는 메신저일 뿐만 아니라 예수 그리스도의 복음을 드러내는 메시지 자체가 되어야 한다. 찰스 크래프트(Charles H. Kraft)가 언급한 바와 같이 "하나님은 한 인간으로서 자신의 수령자(受領者)들과 상호작용하시고 그들에게 연약한 존재가 되셨다. 결국 하나님이 메시지가 되셨다. … 성육신―하나님께서 수용자들의 삶에 인격적으로 참여하는 것―은 그분의 불변하는 방법이다."[30] 따라서 앞에서 언급한 교회의 존재론적 성품의 중요성이 여기에서 다시 한번 강조될 필요가 있다. 복음의 증인인 그리스도인들과 교회는 전 인격과 삶을 통해서 복음을 드러내야 한다.

---

28 C. René Padilla, "Introduction: An Ecclesiology for Integral Mission," in *The Local Church, Agent of Trnaformation*, eds. Tetsunao Yamamori & C. René Padilla (Buenos Aires: Kairos, 2004), 34.

29 올란도 코스타스는 '성육신적 증언'(incarnational witness)이라는 표현을 사용하는데, 그는 "성육신적 증언의 개념은 삶의 구체적인 상황에 참여하는 것 곧 그리스도인들의 비언어적 증언과 관련이 있다."라고 말함으로써 성육신적 사역을 다소 좁은 의미로 한정한다. Orlando Costas, *The Church and Its Mission* (Wheaton, IL: Tyndale House, 1974), 138.

30 Charles H. Kraft, *Communication Theory for Christian Witness*, revised edition (Maryknoll, NY: Orbis, 1991), 17.

IV. 성육신적 사역을 위한 상황화 과정

예수 그리스도의 성육신 곧 신의 세계로부터 인간의 세계로 들어오신 사건은 문화적 경계를 넘어 복음을 전하기 위해 다른 문화 속으로 들어가고자 하는 모든 그리스도인과 교회가 본받아야 할 좋은 모델이다. 전해야 할 복음의 본질은 변하지 않지만, 복음의 전달자들이 처한 문화적 상황은 끊임없이 변화하기 때문에 현지 상황에 맞게 복음을 전달하려는 노력이 필요하다. 이 목표를 이루는 선교 과정은 흔히 상황화(contextualization)라는 용어로 표현된다. 이 관점에서 루이스 루츠베탁(Louis J. Luzbetak)은 상황적 지향성의 개념을 성육신과 거의 같은 의미로 사용한다.[31] 실제로 성부 하나님은 세상을 구원하기 위해서 아들을 보내 인간들이 살아가는 삶의 방식을 선택하지 않을 수 없었다. 결국 그리스도의 구원 사역에는 필연적으로 성육신적 선교 곧 상황화의 과정이 요구되었던 것이다. 성육신과 상황화의 관계에 관해서 에디 깁스(Eddie Gibbs)는 이렇게 말한다.

성육신은 쉽게 활용하거나 접근할 수 있는 문제가 아니다. 그것은 불안을 조성하는 실재(實在)로서 많은 반응을 만들어 낸다. 그것은 고질적인 태도를 표면으로 끌어내며, 궁핍한 자들의 울

---

31 Louis J. Luzbetak, *The Church and Culture* (Maryknoll, NY: Orbis, 1988), 69; Darrell L. Guder, *The Incarnation and the Church's Witness*, 51.

부짖음을 불러일으키며, 하나님께 자발적인 헌신을 촉발시킨다. 진정한 성육신은 부활하신 주님의 이름을 증언하는 사람들에 의해 입증된 신적 현존의 영역에 들어온 사람들의 삶에 중요한 변화를 일으킨다.

하나님은 매우 직접적이고도 구체적으로, 때로는 놀라운 방식으로 당신을 드러내시기 때문에 성육신에는 반드시 상황화가 수반된다.[32]

사실 깁스가 말한 바와 같이 성육신은 모든 그리스도인들에게 뜨거운 감자와 같다. 그것은 원하는 것이기는 하지만 쉽게 잡을 수 있는 것이 아니다. 그러나 그렇다고 해서 성육신적 사역을 단순히 막연하게 말하는 것은 사역 자체를 뜬구름 잡는 그 무엇으로 만들고 말 것이다. 그러므로 성육신적 사역은 반드시 상황화의 개념과 결합될 필요가 있다.

상황화에 대한 명쾌한 정의를 찾기는 쉽지 않은 상황에서 팀 켈러(Tim Keller)의 설명이 가장 무난해 보인다. 그에 따르면 상황화는 "특정 시기와 지역에 사는 사람들이 묻는 삶에 관한 질문에 대해서 그들이 이해할 수 있는 언어와 형태로, 비록 그들이 그것들을 거부할지라도 그들이 강하게 느낄 수 있는 호소와 논증을 통해서 그리고 그들이 듣고 싶어 하지 않을지라도 그 질문들에 대해서 성

---

32 Eddie Gibbs, *Church Next: Quantum Changes in How We Do Ministry* (Downers Grove, IL: IVP, 2000), 149.

경의 답을 주는 것이다."33 이 정의는 상황화가 단순히 해당 문화의 가치와 풍습에 적응하는 과정을 뜻하는 문화화(enculturation)나 서로 다른 두 문화가 접촉함으로써 문화가 변화되는 과정을 뜻하는 문화접변(acculturation)을 넘어서는 개념임을 암시하고 있다. 상황화는 근본적으로 예수 그리스도의 복음에 대한 이해와 경험을 목표로 하고 있기 때문에 단순한 문화적 적응을 넘어서 해당 문화를 비판적으로 대면하기도 한다.

그렇다면 성육신적 사역을 가능하게 하는 상황화는 어떻게 실천될 수 있는가? 상황화라는 개념 자체가 시간과 공간에 의존하는 특수한 상황을 전제로 삼고 있기 때문에 매뉴얼과 같은 실천 방안을 제시하는 것은 여기에서 의미가 없다. 오히려 필요한 것은 구체적인 실천 방안을 도출해낼 수 있는 원리일 것이다. 필자는 여기에서 칼 바르트(Karl Barth)가 그의 『교회 교의학』(Church Dogmatics)에서 제시한 세 가지 통찰에 주목한다. 그는 "세상을 위한 공동체"를 다루는 부분에서 세상으로 보내심을 받은 기독교공동체의 임무를 세 가지 곧 이해, 연대, 책임적 행동으로 제시하였다.34 이 세 가지 개념은 그리스도인들과 교회가 하나님의 선교에 참여하기 위해 어떻게 세상에 접근해야 하는지를 말해준다. 필자는 비록 바르트 자신이 이 세 가지 요소를 성육신 또는 상황화의 과정으로 설명하고 있지는 않지만, 이 개념들이 상황화의 과정을 설명하는 중요한

---

33 Timothy Keller, *Center Church: Doing Balanced Gospel-Centered Ministry in Your City* (Grand Rapids, MI: Zondervan, 2012), 89.

34 Karl Barth, *Church Dogmatics*, vol. Ⅳ/3-2 (Edinburgh: T. & T. Clark, 1962), 769-779.

틀이 될 수 있다고 본다. 따라서 필자는 바르트의 세 가지 개념 자체를 설명하기보다 그 개념들을 틀로 삼아 성육신적 사역을 위한 상황화 과정을 해명하는 데 초점을 맞추고자 한다.

1. 이해

성육신의 정신을 가지고 자신이 선택한 대상에게 복음을 들고 가려는 그리스도인들과 교회는 가장 먼저 그들을 이해해야 한다. 이런 태도는 자기중심적인 관점을 버리고 "상대방의 입장에서 생각하고 판단하는 것"을 가리킨다.[35] 팀 켈러(Tim Keller)는 그의 책 『센터 처치』(Center Church)에서 적극적인 상황화의 첫 번째 단계로 전도하고자 하는 사람들에 대한 이해를 꼽았다. "그것은 그들의 사회적, 언어적, 문화적 현실에 최대한 정통해지기 위해서 부지런히 노력하는 것으로부터 시작된다."[36] 예수께서는 선한 목자의 비유를 통해서 자신이 구원하고자 하는 이 세상 사람들에 대한 이해를 표현하셨다. "나는 선한 목자라. 나는 내 양을 알고 양도 나를 아는 것이 아버지께서 나를 아시고 내가 아버지를 아는 것 같으니 나는 양을 위하여 목숨을 버리노라"(요 10:14-15). 이 본문에서 예수는 희생과 헌신 이전에 대상에 대한 분명한 이해가 전제되어야 함을 말씀하셨다. 바르트는 교회가 세상을 정확하게 알지 못한다

---

35 장남혁, "지역 사회에 대한 선교적 교회의 접근법,"「선교신학」제36집 (2014): 243.
36 Timothy Keller, Center Church, 120-132.

면 그 세상을 위해서 아무것도 행할 수 없다고 말한다. 그런데 "세상을 아는 것은 구체적으로 인간을 아는 것이며, 인간들이 누구이며 무엇이며 어디에 있고 어떻게 존재하는지를 자유롭고 솔직하게 보는 것을 뜻한다."[37] 여기에서 세상을 아는 것은 인간이 처한 실존과 삶의 상황을 제대로 파악하는 것을 의미한다.

누군가 또는 어떤 사람들을 이해한다는 것은 일차적으로 그들이 처한 삶의 환경과 조건을 이해한다는 것을 뜻한다. 사람들은 저마다 정치적, 경제적, 사회적, 문화적 조건을 포함하는 다양한 삶의 환경에 처해 있다. 그들은 사회를 구성하는 다양한 모자이크 가운데 어느 하나에 속해 있다.[38] 따라서 그들에게 복음을 전하기 위해서는 반드시 그들이 처한 삶의 자리(Sitz im Leben)를 이해해야 한다. 이를 위해서 필요하다면 일정한 사회과학적 분석기법의 도움을 받을 필요가 있다.[39] 복음을 들어야 할 사람들은 구체적으로 어떤 민족이며, 어떤 사회정치적 환경에 처해 있는가? 그들을 구속하고 있는 경제적 조건은 무엇인가? 그들이 속한 동질집단(homogeneous unit)은 어떤 특징들을 가지고 있는가? 또한 그들은 어떤 필요를 느끼고 있는가?

사람들의 삶을 이해하는 데 가장 기본적인 방법은 관찰과 경청이다. 성육신적 관점에서 이루어지는 관찰은 선교사역의 특성상

---

37 Ibid., 770.

38 Donald A. McGavran, *Understanding Church Growth*, 3rd edition (Grand Rapids, MI: Eerdmans, 1990), 45-46.

39 얼 바비, 고성호 외 9인 공역,『사회조사방법론』(서울: 그린, 2002) 참조.

대체로 참여 관찰(participant observation)이 될 가능성이 높다.[40] 관찰이 해당 문화와 사람들의 삶과 분리된 채 이루어진다면 자칫 그 이해가 피상적인 수준에 그칠 수도 있다. 하지만 관찰자가 어느 정도로 상황에 참여해야 하는지는 사안에 따라 달라질 수밖에 없을 것이다. 일정한 사회문화적 조건에 속한 사람들을 이해하려고 할 때 관찰이 다소 시각 중심적인 방법이라면 경청은 청각 중심의 방법이라고 말할 수 있다. 사람들의 삶을 정확하게 이해하기 위해서는 '적극적인 경청'(active listening)의 자세가 필요하다.[41] 여기에서 경청이란 해당 문화에 속한 사람들의 의견을 청취함으로써 그들의 생각과 필요를 파악하는 것을 말한다.

그러나 사람들을 정확히 이해하기 위해서는 관찰과 경청의 행위가 문화에 대한 심층적인 인식에 바탕을 두고 이루어져야 한다. 문화는 다양한 층으로 구성된 복합적인 체계를 가지고 있다. 일반적으로 사람들이 문화라고 생각하는 언어, 음식, 의복 등과 같은 것들은 문화의 표피에 불과하다. 문화를 하나의 빙산에 비유한다면 그것들은 수면 위로 보이는 작은 부분에 해당하며, 수면 아래에는 훨씬 더 큰 빙산이 있듯이 실제로 문화를 형성하는 주요 부분은 매우 거대하고 심층적인 영역에 존재한다.[42] 수면에서 가장 가까운 부분에는 법과 질서, 행정체계 등과 같은 제도들이 존재하며,

---

40 Ibid., 351-353.

41 George G. Hunter Ⅲ, *How to Reach Secular People* (Nashville, TN: Abingdon, 1992), 98.

42 Deena R. Vevine & Mara B. Adelman, *Beyond Language: Cross-cultural Communication*, 2nd edition (Englewood Cliffs, NJ: Prentice Hall Regents, 1993), xvii.

그 아래에는 무엇이 참되고 선하고 아름다운지에 관한 가치들이 있으며, 가장 깊은 곳에는 우주와 세계와 인간에 대한 신념체계를 뜻하는 세계관이 존재한다.[43] 문화에 대한 이런 일반적인 설명을 넘어서 폴 히버트(Paul Hiebert)는 좀 더 심층적으로 문화가 내포하고 있는 차원들에 대해서 말한다. 그는 문화에는 세 가지 차원 곧 지식과 관련된 인식적 차원, 감정과 관련된 감성적 차원, 가치판단과 충성을 가리키는 평가적 차원이 있다고 말한다.[44] 문화에 대한 이런 설명과 이론들은 선교에 참여하는 자들이 이해해야 할 사람들의 삶 곧 문화가 그렇게 단순하지만은 않다는 점을 말해준다.

성육신적 관점에서 일정한 문화에 속한 사람들을 이해하는 과정은 충분한 시간을 필요로 한다. 처음에는 외부자의 관점에서 사람들을 바라보겠지만 점차 그들의 문화에 동화되면서 내부자의 (emic) 관점을 이해하고 자신이 가졌던 편견을 떨쳐낼 것이다. 그러면서 객관성과 보편성의 수준에서 해당 문화와 다른 문화를 비교하고 분석할 수 있는 외부자의(etic) 관점을 얻게 될 것이다.[45] 이 과정에서 복음의 전달인인 외부자의 한계는 쉽게 극복되지 않는다. 그렇게 되려면 오랜 시간이 필요하다. 어떤 경우에는 너무 쉽게 동화됨으로써 복음의 본질을 잃어버리기도 한다. 따라서 시간이 지남에 따라 최대한 해당 문화에 동화되면서도 동시에 복음

---

43 Timothy Keller, *Center Church*, 90.

44 Paul G. Hiebert, *Anthropological Insights for Missionaries* (Grand Rapids, MI: Baker Book House, 1985), 30-34.

45 Ibid., 94.

의 본질은 놓치지 않으려는 노력이 필요하다.

2. 연대

두 번째로, 성육신적 사역에 참여하는 그리스도인과 교회에게
필요한 것은 복음을 들어야 할 사람들과의 연대다. 바르트에 따르
면 세상과의 연대는 자신의 체면과 특권을 내려놓고 담대하게 그
삶의 세계로 들어가 그들이 있는 곳에 함께 있을 때, 그들과 마음
이 이어지는 진솔한 대화를 나눌 때, 그들의 아픔과 고통을 함께
공유할 때 가능하다. "세상과의 연대는 참으로 경건한 자가 세상의
자녀들을 그 모습 그대로 대하며, 참으로 의로운 자가 불의한 자들
과 친구로서 함께 식탁에 앉는 것을 부끄러워하지 않으며, 참으로
지혜로운 자가 어리석은 자들 가운데서 어리석은 자로 보이는 것
을 두려워하지 아니하며, 참으로 거룩한 자가 지나치게 선하거나
깨끗하지 않으며, 매우 세속적인 방식으로 '지옥에' 내려가기를 두
려워하지 않는 것을 의미한다."[46] 이는 가면을 벗고 "즐거워하는 자
들과 함께 즐거워하고 우는 자들과 함께" 울며(롬 12:15), 그렇게 함
으로써 그들과 하나임을 느끼는 것을 말한다.

앞에서 말한 바와 같이 선교기지접근방식으로는 진정한 선교의
동력을 얻을 수 없다. 이미 우리의 모범이 되신 예수 그리스도께서
선교기지에 머물러 오고 가며 복음을 전하지 않고 직접 이 땅에 오

---

46 Karl Barth, *Church Dogmatics*, vol. Ⅳ/3-2, 774.

셔서 사람들 가운데 거주하시면서 복음을 전하셨다.[47] 물론 진정한 연대는 단지 공간과 시간을 물리적으로 공유한다고 해서 형성되는 것이 아니라 함께 살아가는 중에 서로 깊은 우정과 동류의식을 느낄 때 가능하다. 그것은 근본적으로 상대방에게 연민을 느끼고 자신을 그와 동일시하는 태도를 의미한다. 우리는 예수께서 자신에게 나오는 무리들을 불쌍히 여기셨다는 사실을 기억한다(막 1:41; 5:19; 6:34; 9:2). 그들에게 복음을 전하고 가르치는 예수의 사역은 그들에 대해 애틋한 마음을 가지고 그들과 자신을 동일시하는 그분의 마음과 분리될 수 없었다. 바울이 빌 2:5-8에서 말하는 "그리스도 예수의 마음"은 그분이 구원하고자 하셨던 바로 그 인간들과의 연대를 가리키는 것이었다. 앞에서 허쉬와 포드가 제시한 선교적 운동의 네 단계 중에서 우정의 형성(move alongside)이 이 연대에 해당한다고 볼 수 있다.[48] 그것은 그들의 삶을 이해하고 그들과 같은 마음을 갖는 것을 말한다.

이런 연대는 먼저 일정한 지역에서 살아가는 사람들과 함께 거주하며 죄가 되지 않는 범위 내에서 그들의 문화를 수용하는 용기에 의해 가능하다. 영국성공회의 한 사역 그룹은 사람들과 함께 하며 그들을 있는 그대로 받아들이는 것이야말로 성육신적 패턴이라고 말한다.[49] 마이클 프로스트(Michael Frost)와 앨런 허쉬(Alan

---

47 이상훈, "하나님 백성의 선교적 사명과 책무,"「선교신학」제36집 (2014): 194.

48 Alan Hirsch & Lance Ford, *Right Here Right Now*, 50.

49 Church Planting and Fresh Expressions of Church in a Changing Context, *Mission-shaped Church* (London: Church House Publishing, 2004), 12.

Hirsch)가 그들의 책에서 제시하는 성육신의 네 가지 의미들—동일시, 지역성, 함께 거함, 인간의 형상을 입음— 중에서 지역성과 함께 거함이 여기에 해당한다고 볼 수 있다.[50] 누군가에게 제대로 하나님 나라의 복음을 알게 하려면 먼 곳에서 간헐적으로 방문하는 방식으로는 곤란하다. 마치 예수께서 나사렛에 거주하시면서 그들 중의 한 사람이 된 것처럼 그들과 일정한 영역 내에 함께 거주하며 삶을 나누어야 한다. 로버트 콜먼(Robert E. Coleman)이 주님의 제자훈련 과정으로 제시한 원리들 중에서 '동거'(association)가 연대를 창조하는 기본적인 방법이 된다. 동거는 함께 지냄으로써 서로를 알게 되고 상호학습을 통해 성장할 수 있게 만든다. 이 과정에서 비형식적인 교육의 원리가 진가를 발휘한다.[51] 진정한 복음 전도는 결코 판매기술과 같은 방법을 익힌다고 해서 잘 이루어지는 것이 아니다. 그것은 함께 살아가면서 인격과 인격이 만나고 복음을 증언하는 사람에게서 예수 그리스도의 형상을 볼 때 가능해진다.

이렇게 일정한 지역 내에 함께 거주하면서 삶을 공유하는 성육신적 접근방식은 최근에 다양한 형태로 구체화되고 있다. 프로스트와 허쉬는 이런 성육신적 선교의 모델로 근접 공간(proximity spaces), 공동 프로젝트, 영리 사업, 토착적 신앙공동체를 제시한다.[52] 이 모델들은 세상 사람들과 함께 삶을 나누고 공유하는 방식들이다. 특별히 여기에서 근접 공간에 주목할 필요가 있는데, 이것

---

50 Michael Frost & Alan Hirsch, *The Shaping of Things to Come*, 36-37.
51 로버트 콜먼, 홍성철 옮김,『주님의 전도계획』, 2판 (서울: 생명의 말씀사, 1993), 38-49.
52 Michael Frost & Alan Hirsch, *The Shaping of Things to Come*, 24-28.

은 아직 복음을 알지 못하는 사람들과 친밀한 관계를 형성할 수 있는 공적인 공간을 말한다. 예를 들면 그리스도인들이 카페나 스포츠 팀을 만들어 불신자들과 접촉할 수 있는 기회를 만드는 것이 이것에 해당한다. 이런 공간을 '제1의 장소'인 가정, '제2의 장소'인 일터와 구분하여 '제3의 장소'(third place)라고 부르기도 한다.[53] 그러나 이런 공간을 그리스도인들이 주도한다는 점에서 근접 공간에 의한 접근방식이 충분히 성육신적이지 않다는 비판이 제기될 수도 있다. 제프 아이오그(Jeff Iorg)는 이 수준을 넘어 그리스도인들이 불신자들이 주도하는 세속적인 영역에 들어가 그들 가운데서 본을 보이며 그리스도의 향기가 되어야 한다고 주장한다.[54] 아이오그는 이것을 침투 전략이라고 말하는데, 필자가 볼 때 아이오그의 인식은 제3의 장소 전략이 가진 한계를 극복할 수 있는 것으로서 그리스도인의 성육신적 사역에 매우 중요한 통찰을 제공한다고 본다.

아이오그의 의견에 덧붙여서 한 가지만 더 언급하자. 진정으로 성육신적 사역을 가능케 하는 에너지는 어디에서 오는가? 한 마디로 그것은 복음을 전하는 자의 삶에서 온다. 그가 예수처럼 살 때 그 삶은 연대를 가능하게 하고 그들의 삶을 변화시키는 힘으로 작

---

53 Michael Frost, *Exiles: Living Missionally in a Post-Christian Culture* (Peabody, MA: Hendrickson, 2006), 56-57.

54 제프 아이오그, 손정훈 옮김, 『선교사처럼 살라』(서울: 토기장이, 2012), 155-167. 아이오그는 그리스도인들의 선교 방식을 초청, 참여, 침투로 구분한다. 여기에서 초청은 교회가 직접 기독교적인 프로그램이나 행사를 만들어 초청하는 전략을 말하고, 참여는 종교적이지 않은 프로그램이나 행사를 만들어 초청하는 전략을 말하며, 침투는 그리스도인들이 불신자들이 주도하는 영역으로 들어가 그곳에서 복음의 증인으로 사는 전략을 말한다.

용한다. 선교의 능력은 결코 예수의 메시지를 육화하는 것에 그치지 않고 오히려 메시지를 전하는 자기 자신이 메시지를 구현하며 사는 것 자체에 있다. 이런 점에서 성육신적 사역은 "메시지를 상황화하는 것 또는 좀 더 탁월한 문화적 적절성을 목표로 하는 것 이상을 뜻한다."[55] 매체 자체가 메시지라는 명제는 이미 널리 알려진 상식에 속한다. 복음을 전하는 자들이 주어진 상황 속에서 마치 작은 예수와 같이 겸손할 뿐만 아니라 주변의 사람들을 진정으로 사랑하고 섬길 때 사람들은 그들과 그들이 말하는 메시지를 신뢰하게 된다.

3. 책임적 행동

세 번째로, 성육신적 사역의 마지막 과정은 책임적 행동이다. 바르트는 그리스도의 교회는 "세상에 대한 책임을 지기 위해 존재하는 공동체"라고 규정한다. 이때 그가 말하는 세상에 대한 책임은 세상의 실존과 현실 앞에서 하나님이 원하시는 "세상의 미래"(what is to become of it)에 대한 책임, 다시 말해서 하나님의 진정한 통치가 실현될 수 있도록 세상을 "갱신"(renewal)해야 할 책임을 말한다. 바르트는 이 책임을 다하기 위해서 그리스도인들과 교회는 행동해야 하고 고난을 감수해야 한다고 말한다.[56] 이런 관점에서 보면 성육신은 결코 천진난만한 그 무엇이 아니다. 성육신적 사역

---

55 Michael Frost, *The Road to Missional: Journey to the Center of the Church* (Grand Rapids, MI: Baker Books, 2011), 126.

56 Karl Barth, *Church Dogmatics*, vol. IV/3-2, 776-777.

은 단지 세상 사람들을 이해하고 그들의 아픔과 고통에 공감하는 것에 머물지 않는다. 그것은 세 번째 단계로 변혁을 꾀한다. 그것은 복음 또는 하나님 나라의 관점에서 세상 사람들과 그 사회의 잘못되고 왜곡된 현상과 문제들을 고치기 위해 그리스도인들에게 적극적인 참여와 행동을 요구한다.

이런 책임적 행동에는 문화적 상황을 초월하는 하나님의 계시에 대한 인식이 전제되어 있다. 구체적으로 하나님의 계시를 담고 있는 성경은 모든 인간의 문화와 인식에 내포되어 있는 한계를 노출시킨다. 히브리서 기자는 이와 같은 성경의 역할을 분명하게 밝혀주고 있다. "하나님의 말씀은 살아 있고 활력이 있어 좌우에 날선 어떤 검보다도 예리하여 혼과 영과 및 관절과 골수를 찔러 쪼개기까지 하며 또 마음의 생각과 뜻을 판단하나니"(히 4:12). 폴 히버트와 엘로이즈 히버트 메네시스(Eloise Hiebert Meneses)가 말한 바와 같이 성육신의 목표는 변화에 있다. "성육신적 사역의 목적은 사람들이 복음을 이해하는 것이 아니다. 그것은 그들로 하여금 하나님의 초대에 응답하고 그분의 능력으로 그들이 변화되는 데 있다."57

물론 그리스도인들은 일차적으로 세상에 속한 사람들의 문화를 존중할 필요가 있다. 그들은 그들 나름대로의 문화를 형성하며 살아간다. 이들에게 복음을 전하기 위해서 그들의 삶의 세계로 들어가는 그리스도인들은 먼저 그들의 문화를 이해하고 그것에 적응해야 한다. 그러나 진정한 성육신적 사역은 그 단계에 머물러서는 안

---

57 Paul G. Hiebert & Eloise Hiebert Meneses, *Incarnational Ministry* (Grand Rapids, MI: Baker Books, 1995), 373.

된다. 하나님의 계시를 담고 있는 성경에 근거해 볼 때 "하나님의 이상과 수신자들의 이상 사이에는 어떤 부조화"가 존재하고 있으며, 하나님께서는 그들이 성경적 이상에 맞도록 그들의 삶이 변화되기를 원하신다는 점을 인식해야 한다.[58] 예수께서는 세리와 창녀들조차도 사랑으로 포용하시고 그들이 겪는 삶의 애환에 깊은 공감을 표현하셨다. 그러나 그렇다고 해서 그분이 그들이 죄를 짓는 것까지 용납하시지는 않았다. 오히려 그들이 죄를 떨쳐버리고 하나님 나라에 참여하도록 촉구하셨다. 사도 바울 역시 아레오바고 광장에서 아덴 사람들에게 복음을 전할 때 먼저 그들의 종교심을 인정하고 칭찬했지만, 그 다음에 그들의 신앙이 가진 한계와 문제점을 지적하며 전능하신 하나님을 믿고 회개할 것을 촉구하였다 (행 17:16-31). 이와 같이 성육신적 사역에 참여하는 그리스도인들과 교회는 세상 사람들에 대한 이해와 연대를 넘어 그들의 변화와 변혁을 추구해야 한다.

그런데 성육신적 사역의 관점에서 세상을 향한 그리스도인들과 교회들의 책임적 행동은 단지 하나님의 원하시는 바에 미치지 못하는 모든 세상적인 한계와 죄악 그리고 그것들의 덫에 빠져 있는 사람들과 세력에 맞서는 것 이상을 뜻한다. 책임적 행동을 통한 변화와 변혁은 궁극적으로 모두가 함께 기뻐하고 생명을 누리는 것을 목표로 삼아야 한다. 팀 켈러는 적극적인 상황화를 세 단계 곧 문화 속으로 들어가기(entering), 문화에 맞서기(challenging), 듣는 자에게

---

58 Charles H. Kraft, *Christianity in Culture* (Maryknoll, NY: Orbis, 1979), 245, 248.

호소하기(appealing)로 구분하는데,59 이 중에서 세 번째 단계에 주목할 필요가 있다. 일반적으로 문화에 접근할 때 켈러가 말하는 두 번째 단계 곧 하나님의 시각에서 벗어난 문화를 변화시키기 위해 그것에 직면하며 맞서는 것을 최종 목표로 설정하기 쉬운데, 켈러는 그것을 넘어 세 번째 단계 곧 청중을 위로하며 호소하는 것을 말한다. 이것은 자칫 변혁적 관점을 가진 그리스도인들이 놓치기 쉬운 부분이다. 성육신적 사역의 궁극적인 목표는 대결과 전복에 있지 않다. 만약 그것으로 기독교 선교 사역이 종결된다면 상처뿐인 영광만 남게 될 것이다. 성육신적 사역은 예수 그리스도께서 우리에게 보여주셨듯이 변화를 통해 하나님 나라의 새로운 현실 곧 생명을 누리고 기뻐하는 삶에 참여하도록 이끄는 데 있다. 따라서 켈러가 지적한 바와 같이 진정한 성육신적 사역은 직면과 대결을 넘어 위로와 호소를 필요로 한다.

V. 나가는 글

필자는 종종 선교적 교회가 전통적인 기존 교회와 무엇이 다르냐는 질문을 많이 받는다. 여러 가지를 말할 수 있겠지만 그리스도인과 교회의 성육신적 삶과 사역에서 그 답을 찾을 수 있을 것이다. 예수 그리스도께서 신적 특권을 모두 내려놓고 이 세상에 오셔서

---

59 Timothy Keller, *Center Church*, 120-132.

인간의 몸을 입고 사역하셨다는 사실, 그것은 단순히 은유로 치부할 사안이 아니라 그리스도인과 교회의 전체 실존이 근거하고 있는 역사적 현실(reality)이다. 그러나 그것은 모든 그리스도인과 교회에 엄청난 축복과 선물을 가져다주기도 하지만 동시에 엄청난 부담을 안겨주기도 한다. 왜냐하면 그리스도인이라면, 그리고 그리스도의 몸 된 교회라면 반드시 성육신적인 삶을 살아야 하기 때문이다. 누가 이 도전 앞에 자유로울 수 있겠는가!

우리에게 던져지는 구체적인 도전은 이런 것들이다. 당신은 과연 복음이 필요한 자들에게 다가가는가? 그들은 단지 자신과 동일한 부류의 사람들인가, 아니면 사회문화적 경계를 넘어가야만 만날 수 있는 가난한 자들과 상처받은 자들인가? 당신은 과연 자신이 누리고 있는 삶의 안락함을 얼마나 포기할 수 있는가? 불편함과 희생은 어느 정도로 생각하고 있는가? 이런 질문들은 단지 개별적인 그리스도인에게만 주어지는 것이 아니라 교회공동체에도 동일하게 주어진다. 이런 질문들 앞에서, 위대하신 예수 그리스도의 성육신적인 삶 앞에서 우리는 한없이 움츠러들 수밖에 없다.

그러나 필자는 이런 질문 앞에서 고민하는 그 자체에 희망이 있다고 본다. 그것은 그리스도의 성육신이 의도하고 있는 바이기도 하다. 현재의 부족함과 연약함을 극복하고 좀 더 진정한 성육신적 사역으로 나아가려는 몸짓은 변화를 수반하고 그 변화의 끝에 십자가와 부활의 축복이 있기 때문이다. 그런데 그 변화의 몸짓은 단순히 행위의 관점에서 평가되지 않는다. 본질적인 변화는 성육신의 모델을 보여주신 예수 그리스도와의 인격적 교제 안에서 일어난다. 말씀의 인격화, 그것이 바로 선교의 사건이 일어나는 조건이다. "그러므로 로고스의 성육신 사건을 통해 우리는 말씀을 더욱 인격적이며 총체적으로 만나게 되는 것이며, 인격이신 하나님과 영원한 교제의 삶을 누릴 수 있게 되는 것이다."[60] 성육신적 사역은 무엇보다도 각 그리스도인과 교회의 중심으로 임재하시는 그리스도를 경험하는 것으로부터 시작되어야 한다. 그 경험은 인격적인 만남과 대화를 포함한다.

필자가 본 논문에서 성육신의 의미와 그것이 상황화의 과정속에서 어떻게 전개되어야 하는지 길게 논의했지만 결국 그 모든 것은 사랑으로 모아진다. 진정한 사랑이 있을 때 가장 높은 수준의 성육신적 사역이 가능해진다. 예수 그리스도가 우리에게 이 점을 정확하게 실증하지 않았는가! "너희 모든 일을 사랑으로 행하라"(고전 16:14). 행위보다 중요한 것이 사랑의 마음이다. 따라서 누군가에게 성육신하려고 하기 전에 먼저 그리스도께서 내 삶 가운데 성육신하시는 것을 경험하고 누려야 한다. 우리가 이 경험을 얼마나 하느냐에 따라서 타인을 향한 이해와 연대와 책임적 행동이 가능해질 것이다.

---

60 김선일, "복음전도와 하나님의 말씀," 홍성철 편, 『전도학』(서울: 세복, 2006), 161.

참고문헌

김광식. "성육신의 현재적 의미." 「기독교사상」 420권 (1993년 12월): 10-17.

김균진. 『기독교조직신학』, Ⅱ권. 서울: 연세대학교 출판부, 1987.

김선일. "복음 전도와 하나님의 말씀." 홍성철 편, 『전도학』. 서울: 세복, 2006.

로버트 콜먼, 홍성철 옮김. 『주님의 전도 계획』. 2판. 서울: 생명의 말씀사, 1993.

목만수. "조상제사와 상황화, 세계관, 그리고 성육신 선교." 「선교신학」 제40집 (2015): 111-142.

문병호. "개혁주의 신학을 통해 본 성육신 이해." 「신학지남」 76권 2집 (2009. 6): 123-144.

스탠리 하우어워스, 문시영 옮김. 『교회됨』. 서울: 북코리아, 2010.

얼 바비, 고성호 외 9인 공역. 『사회조사방법론』. 서울: 그린, 2002.

에른스트 케제만, 박재순 외 2인 옮김. 『로마서』. 국제성서주석 34권. 서울: 한국신학연구소, 1982.

윤철호. 『예수 그리스도 (상)』. 서울: 한국장로교출판사, 1998.

이상훈. "하나님 백성의 선교적 사명과 책무." 「선교신학」 제36집 (2014): 165-203.

장남혁. "지역 사회에 대한 선교적 교회의 접근법." 「선교신학」 제36집 (2014): 237-262.

제프 아이오그, 손정훈 옮김. 『선교사처럼 살라』. 서울: 토기장이, 2012.

존 힉, 변선환 옮김. 『성육신의 새로운 이해』. 서울: 이화여자대학교 출판부, 1997.

최동규. "선교적 실천의 작용구조와 방식." 「선교신학」 제37집 (2014): 371-406.

크레이그 밴 겔더 · 드와이트 J. 샤일리, 최동규 옮김. 『선교적 교회론의 동향과 발전』. 서울: CLC, 2015.

C. K. 바레트, 번역실 옮김. 『고린토후서』. 국제성서주석 36권. 서울: 한국신학
연구소, 1986.

J. 그닐카, 김경희 옮김. 『빌립비서/필레몬서』. 국제성서주석 39권. 서울: 한국
신학연구소, 1988.

Barth, Karl. *Church Dogmatics*. vol. Ⅳ/3-2. Edinburgh: T. & T. Clark,
1962.

Church Planting and Fresh Expressions of Church in a Changing Context.
Mission-shaped Church. London: Church House Publishing, 2004.

Costas, Orlando. *Christ Outside the Gate: Mission beyond Christendom*.
Maryknoll, NY: Orbis, 1982.

_____. *The Church and Its Mission*. Wheaton, IL: Tyndale House, 1974.

Frost, Michael. *Exiles: Living Missionally in a Post-Christian Culture*.
Peabody, MA: Hendrickson, 2006.

_____. *The Road to Missional: Journey to the Center of the Church*. Grand
Rapids, MI: Baker Books, 2011.

Frost, Michael, & Alan Hirsch. *The Shaping of Things to Come: Innovation
and Mission for the 21st-century Church*. Peabody, MA:
Hendrickson, 2003.

Gibbs, Eddie. *Church Next: Quantum Changes in How We Do Ministry*.
Downers Grove, IL: IVP, 2000.

Guder, Darrell L. *Be My Witnesses: The Church's Mission, Message, and
Messengers*. Grand Rapids, MI: Eerdmans, 1985.

_____. *Incarnation and the Church's Witness*. Harrisburg, PA: Trinity
Press International, 1999.

Hiebert, Paul G. *Anthropological Insights for Missionaries*. Grand Rapids,
MI: Baker Book House, 1985.

Hiebert, Paul G., & Eloise Hiebert Meneses. *Incarnational Ministry*.
Grand Rapids, MI: Baker Books, 1995.

Hirsch, Alan. *The Forgotten Ways: Reactivating the Missional Church*. Grand Rapids, MI: Brazos, 2006.

Hirsch, Alan, & Lance Ford. *Right Here Right Now: Everyday Mission for Everyday People*. Grand Rapdis, MI: Baker Books, 2011.

Hunter, George G. Ⅲ. *How to Reach Secular People*. Nashville, TN: Abingdon, 1992.

Keller, Timothy. *Center Church: Doing Balanced Gospel-Centered Ministry in Your City*. Grand Rapids, MI: Zondervan, 2012.

Kraft, Charles H. *Christianity in Culture*. Maryknoll, NY: Orbis, 1979.

_____. *Communication Theory for Christian Witness*. revised edition. Maryknoll, NY: Orbis, 1991.

Luzbetak, Louis J. *The Church and Culture*. Maryknoll, NY: Orbis, 1988.

McGavran, Donald A. *The Bridges of God: A Study in the Strategy of Missions*. revised edition. New York: Friendship, 1981.

_____. *Understanding Church Growth*. 3rd edition. Grand Rapids, MI: Eerdmans, 1990.

Neely, Alan. "Incarnational Mission." In *Evangelical Dictionary of World Missions*. ed. A. Scott Moreau. Grand Rapids, MI: Baker Books, 2000.

Padilla, C. René. "Introduction: An Ecclesiology for Integral Mission." In *The Local Church, Agent of Trnaformation*. eds. Tetsunao Yamamori & C. René Padilla. Buenos Aires: Kairos, 2004.

Van Gelder, Craig. *The Ministry of the Missional Church*. Grand Rapids, MI: Baker Books, 2007.

Vevine, Deena R., & Mara B. Adelman. *Beyond Language: Cross-cultural Communication*. 2nd edition. Englewood Cliffs, NJ: Prentice Hall Regents, 1993.

선교적 영성(Missional Spirituality)에 대한 소고: 대안공동체로서, 일상에서, 하나님의 선교에 참여하는 영성*

정승현 | 주안대학원대학교, 선교학

I. 시작하는 말

장로회신학대학교는 1998년부터 목회학석사(M.Div.) 과정의 학생들에게 새로운 영성 훈련 프로그램을 도입했다. 그해에 입학했던 연구자는 한 학기 의무적으로 기숙사에 입사하여 영성 훈련에 참여했었다. 그 기간 학교 채플에서 진행되는 새벽기도에 출석했고, 의무적으로 주말에 한 번 은성수도원에서 이루어지는 3박 4일 프로그램에도 참여했다. 이러한 영성 훈련의 경험과 더불어 신학교 정규과목을 통해서 접한 기독교 영성은 2008년부터 인도네시아에서 사역하면서 그 중요성을 새삼 깨닫게 되었다. 단일 국가로는 가장 많은 무슬림이 살고 있는 인도네시아에는 전국에 이슬람

---

* 이 글은 「선교와 신학」 53(2021): 391-417에 게재된 글이다.

사원들이 가득하다. 마치 크리스텐덤(Christendom) 유산을 간직한 국가의 도시 중심부에 웅장한 기독교 성전이 존재하는 것처럼, 인도네시아 대부분의 도시에는 그 중앙에 거대한 이슬람 사원이 자리 잡고 있다. 또한 중앙의 모스크를 중심으로 일정한 반경 내에는 크고 작은 이슬람 사원들이 존재하여 하루에 다섯 번씩 어김없이 아잔 소리가 스피커를 통해 울려 퍼진다. 이에 비해 현지인 교회들은 간혹 예외가 있기는 하지만, 무슬림들의 종교 활동과는 견주기 어려운 실정이었다. 타문화권 선교사였던 연구자는 현지어가 아직 익숙하지 않은 상태에서 현지인 교회에 참여하기에 어려움이 있었고, 개인 신앙생활을 위해 한인 교회를 계속 방문하는 것도 그리 환영받을 일은 아니었다. 그동안 교회 중심적으로 신앙생활을 했던 연구자는 갑자기 영성 활동의 플랫폼을 상실했음을 느꼈고, 그것이 선교와 영성에 대해 고민하게 된 계기가 되었다.

선퀴스트(Scott Sunquist)의 주장처럼, "선교학에 있어서 영성이 가장 최후의 (그리고 최초의) 단어가 되어야"[1] 마땅하지만, 그동안 선교학에서 영성을 주요 주제로 다룬 경우는 드물다. 이러한 경향은 기독교 영성학에서도 나타나는데, 지난 2,000년의 기독교 역사 가운데 수많은 영적 거장과 공동체가 존재했지만, 그중에 영성과 선교를 밀접하게 연관시켜 조명한 경우는 두드러지지 않는다.[2] 이

---

1 Scott Sunquist, *Understanding Christian Mission*, 이용원·정승현 역,『기독교 선교의 이해』(인천: 주안대학원대학교출판부, 2015), 300.

2 최근에 관련 서적들이 출간되고 있는데, 그중에 John Amalraj , Geoffrey W. Hahn and William D. Taylor, ed. *Spirituality in Mission: Embracing the Lifelong Journey* (Pasadena, CA:

것은 다른 크리스텐덤 신학의 특징과 마찬가지로 기독교 영성학에
서도 '하나님의 선교'(missio Dei)의 부재를 볼 수 있는 부분이다. 그
러나 예수 그리스도에 초점을 맞추어본다면 선교와 영성은 절대로
분리될 수 없음을 인지하게 된다. 그분의 모든 선교는 그분의 영성
을 드러낸다. 만약 예수 그리스도의 선교가 영성과 불가분의 관계
라면, 모든 기독교인과 기독교공동체에서도 선교와 영성은 분리될
수 없다.

연구자는 본격적으로 선교적 영성을 논하기에 앞서서, 먼저 영
성, 기독교 영성, 영성학, 그리고 영성신학이 무엇을 의미하는지
검토하고자 한다. 유해룡은 영성학을 연구하는 모든 이들에게 가
장 우선시되어야 하는 것이 '영성'의 올바른 정의라고 강조한다. 만
약 영성을 협소하게 정의하면 기존의 연구와 연계성에서 어려움을
겪을 수 있고, 반대로 광의적으로 정의를 내린다면 기독교와 연관
된 일련의 모든 활동들이 영성으로 간주될 수 있어서 논의를 진전
시키기 힘들게 한다.3 그러므로 이러한 용어들의 정의가 적절하게
이루어질 때 연구자가 궁극적으로 논구하고자 하는 선교적 영성
(missional spirituality)에 이르게 될 것이다.

연구자는 선교적 영성의 특성을 하나님의 선교적 본성, 일상에
서의 실천 그리고 대안공동체로서의 영성이라는 세 가지 측면에서

William Carey Library Publishing, 2018)과 Roger Helland and Leonard Hjalmarson.
Missional Spirituality: Embodying God's Love from the Inside Out (Downers Grove, IL: IVP,
2012)등이 있다.

3 유해룡, "영성학의 연구방법론 소고,"「장신논단」15(1999): 449.

논하고자 한다. 이것은 물론 선교적 영성의 특성이 세 가지만 존재한다는 의미는 아니다.4 그러나 본고에서는 선교적 영성을 선교적 교회(missional church)의 근간이 되는 하나님의 선교(*missio Dei*)와 크리스텐덤 세계관의 맥락에서 검토하고, 이와 밀접하게 연관되는 세 가지 특성에 초점을 맞추고자 한다. 즉 선교적 영성은 크리스텐덤의 이분법적인 구분에 바탕을 둔 영성을 거부하고 하나님의 선교에 그 근거를 두는 영성이다. 또한 선교적 영성은 교회나 수도원 안에서, 혹은 선교 현장에서 사역하는 선교사나 목회자만의 영성이 아니고, 장소가 어느 곳이든지 일상에서 부름 받고 보냄 받은 모든 기독교인에게 필요한 영성이다. 마지막으로 선교적 영성은 개인적인 경건 생활의 차원을 넘어서, 기독교공동체가 이 땅에서 하나님의 선교에 참여하는 대안공동체로서의 역할을 감당케 하는 영성이다. 본고를 통해 하나님의 선교와 기독교 영성이 통합적으로 이해되고, 선교학과 기독교 영성학의 간학문적인 연구가 계속해서 이루어지기를 기대한다.

---

4 예를 들어, 프랭클린(Kirk Franklin)은 선교적 영성을 리더십과 제자도 그리고 문화적 상황과 연결시켜 다룬다. 자세한 내용은 Kirk Franklin, "Mission and Spirituality," in Amalraj, Hahn and Taylor, ed. *Spirituality in Mission*, 23-28을 참고하라.

II. 선교적 영성의 정립을 위한 선행연구

1. 영성과 기독교 영성의 정의

오늘날 영성이라는 용어는 기독교 밖에서도 매우 다양한 의미로 사용되고 있다. 유해룡은 일반적으로 영성이 적어도 네 가지 측면을 포함하고 있음을 설명한다.

> 영성은 첫째, 인간의 중심이라고 믿어오고 있는 영 그 자체를 말하고 있다. … 둘째는 영이 지니고 있는 초월적 속성을 다루고 있는 영역으로 이해하고 있다. 셋째는 살아 있는 실재와 관련된 말이다. 즉 자신이 믿고 있는 궁극적인 가치를 향하여 추구하고 그것이 현실적 삶으로 통합됨으로 성숙된 삶을 낳게 하는 과정들을 영성이라고 믿는다. 넷째는 학문적 영역으로 영성을 연구할 수 있다.[5]

다시 말해, 영성은 인간과 동물을 구별하는 존재론적 의미에서 사용되기도 하고, 인간의 초월적인 특성을 의미하기도 하며, 초월적인 존재와의 관계에서 성숙해가는 과정을 나타내기도 한다. 맥그래스(Alister McGrath)에 의하면, 영성은 하나의 생각이나 관념에 그치는 것이 아니고, 삶에서 구체적으로 신앙이 드러나는 방식이

---

5 유해룡, "영성과 영성신학," 「장신논단」 36(2009): 325-326.

다. "영성은 믿음의 삶에 관한 것이다 … 영성은 한 사람의 종교적 믿음의 실생활에서 수행되는 일이다. 이것은 아이디어에 관한 것이 아니고, … 그것은 그리스도인의 삶이 잉태되고 실행되는 방식에 관한 것이다."6

맥그래스와 같은 맥락에서, GTU(Graduate Theological Union)의 영성신학 교수인 홀더(Arthur Holder)는 기독교 영성을 물질세계와 반대되는 이분법적인 개념으로 이해하지 않았고, 대신 기독교인의 삶이 성령과 어떤 관계를 맺고 있는지 그리고 그것이 삶에서 어떻게 반영되는지에 초점을 맞추었다.

> 기독교 영성의 학문적 분야가 관여하고 있는 체험은 "물질적인"(material) 혹은 "육신적인"(embodied) 것과 반대되는 개념으로서의 "영적인"(spiritual) 것을 의미하는 것은 아니다. 이 방면의 학자들은 바울의 용어에서 "영적인"(*pneumatikos*, "프뉴마티코스") 것은 "성령의 영향권" 아래에 있다는 것을 의미한다는 것을 잘 알고 있다. 그것은 "육신"(body/*soma*, "소마")과 대조되는 개념이 아니라 "육"(flesh/*sarx*, "사륵스"), 육의 이기적 욕망들과 대조되는 개념이라는 것이다. … 모든 이원론에 제안들을 탈피하기 원하며, 명시적으로 나타나는 종교적 현상들은 물론, 정치, 경제, 예수, 성(sexuality), 과학 등 삶에 관계되는 요소들을 총체적으로 영성에 포함시키기를 원한다."7

6 Alister E. McGrath, *Christian Spirituality* (Malden, MA: Blackwell Publishing, 1999), 2.

쉘드레이크(Philip Sheldrake)도 "신령한 사람"(the spiritual man, 고전 2:14-15)이란 "하나님의 영이 그 안에 거하고, 하나님의 영의 영향력 아래 사는 사람을 의미하는 것"[8]으로 정의하면서, 기독교 영성은 하나님과의 관계 안에서 이루어지는 인간의 여러 측면들을 다루는 것으로 보았다. 김경은도 기독교 영성을 "끊임없이 자신에게 몰두하려고 하는 경향에서 벗어나 하나님을 지향하고 그리스도를 닮아 인격과 삶의 변화를 이루는 데 관심을 두는 것"[9]으로 설명하면서, 그것이 기독교인의 '영적인' 부분만을 다루는 것이 아니고, 기독교인 '삶'의 전반적인 부분과 연결되어 있음을 알려준다.

종합하면, 기독교 영성은 인간과 삼위일체 하나님의 관계에 관한 것이다. 그것은 기독교인의 초자연적인 능력에 최고의 가치를 두는 것이 아니고 또한 육신(body)을 하찮은 것으로 여기는 것도 아니다. 대신 기독교 영성은 인간이 성령의 사람으로 살고 있는지 아니면 하나님과의 연관성이 없이 육적인 사람으로 사는지에 초점을 맞춘다. 즉 기독교 영성은 세상과 고립된 장소에서 오직 하나님과의 수직적인 관계에만 치중하는 영성이 아니고, 오히려 그것은 예수께서 "네 마음을 다하고 목숨을 다하고 뜻을 다하여 주 너의 하나님을 사랑하라"(마 22:37)와 "네 이웃을 네 자신같이 사랑하

---

7 Arthur Holder, ed. *The Blackwell Companion to Christian Spirituality*. 권택조 외 4인 옮김. 『기독교 영성 연구』(서울: CLC, 2017), 20.

8 Philip Sheldrake, *Spirituality: A Brief History*, 정병준 옮김, 『미래로 열린 영성의 역사』(서울: 한국장로교출판사, 2020), 17.

9 김경은, "개신교 영성훈련의 현재와 전망: 관계적·통전적 경험의 내면화를 지향하며," 「한국기독교신학논총」 102(2016): 199.

라"(마 22:39)는 말씀을 일상에서 실천하는 것이다. 이러한 기독교 영성은 단번에 완성될 수 없기에, "영성은 … 한 인간이 하나님의 부름을 받은 자로서 어떻게 반응하며, 그 과정에서 인간이 어떻게 성장해 가는지의 문제와 관련"[10]되어 있다. 정리하면, 기독교 영성은 인간이 "신령한 자"(고전 2:14-15)로서 삼위일체 하나님과 수직적인 관계를 맺고, 그것을 일상에서 수평적으로 구현하는 것이다.

2. 영성학과 영성신학의 최근 동향

유해룡은 영성을 개인 혹은 공동체의 주관적인 경험으로만 국한시키지 않고, "보편적인 특성을 드러내 주고 또 다른 경험들을 야기하도록 안내해 주는 학문의 대상"[11]으로 삼고 학문적으로 연구하는 것이 영성학이라고 정의하고, 이 영성학이 기독교 전통과 만나서 논의되는 것을 영성신학으로 규정한다. 쉘드레이크는 기독교에서 영성을 학문의 분야로 발전시키기 시작한 것을 20세기로 보았다. 영성은 기존의 수덕신학과 신비신학을 대체하여 기독교인의 삶 전반을 지칭하는 포괄적으로 의미로 발전되었는데, 쉘드레이크는 그것을 다섯 가지로 정리했다.

첫째, 초자연적이고 영적인 삶과 순전히 자연스러운 일상을 구

---

10 유해룡, "영적성장에 대한 진정성이란 무엇인가?"「장신논단」44(2012): 192.
11 유해룡, "영성과 영성신학," 326.

별하는 과거의 방식에 반대했다. 둘째, '영적 삶'이란 대개 개인
적이기보다는 본질상 공동체적이라는 이해를 회복했다. 셋째,
개인 내면에 국한되지 않고 인간 경험의 모든 측면을 통합했다.
넷째, 주류 신학, 특히 성경 연구와 다시 관련을 맺는다. 다섯째,
그것은 여러 기독교 전통 사이의 경계를 넘나드는 성찰의 영역
이 됐고, 종종 에큐메니칼 성장을 위한 매개가 됐다.[12]

유해룡도 쉘드레이크의 의견에 동의하면서, "전통적으로 이해
해 왔던 영성신학은 한 개인의 내면적인 삶이나 그 삶에 대한 단계
적 등급을 구분하는 등의 역할을 한다는 인상을 주었지만, 현대적
의미의 영성은 그러한 전통적인 이미지를 완전히 배제하지 않으면
서, 그 경험이나 폭이나 깊이에 있어서 인간의 삶 전면모를 다루는
경향이 있다"[13]고 현대 영성신학의 흐름을 설명한다. 다음 장에서
자세히 다루겠지만 선교적 영성은 특히 현대 영성신학의 처음 세
가지 경향과 밀접한 연관성을 가진다. 선교적 영성은 기독교인의
초자연적인 삶뿐만 아니라 일상의 삶과 밀접하게 연관되어 있고,
그것은 개인뿐만 아니라 공동체의 행동으로 나타나며, 기독교인의
내면과 외면의 모든 경험과 연관되어 있다.
    현대 영성신학의 또 다른 특징은 간학문적이다.[14] 유해룡은 영
성(신)학이 필연적으로 간학문적으로 연구가 진행되어야 하는 이

---

12 Sheldrake,『미래로 열린 영성의 역사』, 18.
13 유해룡, "영성과 영성신학," 311.
14 유해룡, "영성학의 연구방법론 소고," 441.

유에 대해서 설명한다. "영성학에서 다루어야 하는 것은 경험적인 차원의 내용들을 표현하고 해석하고 그 내적인 의미를 찾아내는 작업을 한다. 그렇기 위해서 영성학은 간학문적인 접근을 하지 않을 수 없다. 즉 성경적이고, 신학적이고, 역사적이고, 사회적이며, 심리학적인 비교방식을 사용하게 된다."[15] 바루스(Armand Barus)는 "영성이 성경 본문과 밀접한 연관성이 있다는 것은 신학적인 측면을 보여주는 것"[16]이라고 사전적으로 정의하면서, 영성신학이 본질적으로 성서신학과 밀접하게 연관되어 있음을 밝힌다.

영성학의 이러한 간학문적인 특성은 자연스럽게 선교학과도 대화를 가능하게 한다. 쉘드레이크는 이냐시오의 『영신수련』에서 이미 "그리스도의 본을 따른다는 개념은 세상을 향한 하나님의 선교를 적극적으로 나누는데, 특별히 어려운 사람을 섬기는 데 초점을 맞추고 있다."[17]고 평가하면서, 영성과 선교의 대화는 오래전부터 있었음을 보여준다. 또한 미국 휘트워스대학교(Whitworth University)의 기독교 영성학 교수인 싯처(Gerald Sittser)는 기독교가 선교적 신앙으로 시작했다고 주장하는데, 이는 "그리스도의 전 사역은 유대인이라는 내부인뿐 아니라 이방인이라는 외부인을 향한 것"[18] 이었기 때문이다. 그러나 아직 선교학과 영성신학의 간학문적인 연구는 걸음마 단

---

15 유해룡, "영성과 영성신학," 322.

16 Armand Barus, "Sprituality," in A. Scott Moreau, ed., *Evangelical Dictionary of World Missions* (Grand Rapids, MI: Baker Books, 2000), 372.

17 Sheldrake, 『미래로 열린 영성의 역사』, 205.

18 Gerald L. Sittser, *Water from a Deep Well*, 신현기 옮김,『영성의 깊은 샘: 고대 교회에서 현대까지 영성으로 읽는 기독교 역사』(서울: IVP, 2018), 399.

계에 있다. 본고에서는 영성신학이 본격적으로 발전하게 된 20세기 후반기 이후의 문헌들을 중심으로 선교적 교회와의 연관성을 탐구하고자 한다.

Ⅱ장을 종합하면, 첫째, 기독교 영성은 삼위일체 하나님과의 관계에서 일어나는 것이고 인간의 영적인 부분만이 아니라 전인적인 부분에 연관된 것이다. 하나님과의 수직적인 관계로 기독교 영성이 마무리되는 것이 아니고 그것은 인간과 피조물과의 수평적인 관계에서 구체적으로 나타난다. 둘째, 기독교 영성은 점차적으로 초자연적인 세계는 거룩하고 이 세상은 영적이지 않고 속된 것이라는 과거의 이분법적인 세계관에서 벗어나고 있다. 셋째, 기독교 영성은 현대 영성의 흐름 안에서 본질적으로 공동체적인 것으로 이해한다. 예수 그리스도께서는 하나님의 아들임에도 불구하고, 공생애의 가장 초기부터 공동체를 형성하셨고, 이를 통해 사역하셨으며, 부활 후에도 공동체를 찾아가셨고, 승천 직전까지도 공동체가 함께 성령강림을 준비할 것을 말씀하셨다. 이제 이러한 기독교 영성의 특징을 바탕으로 선교적 영성의 특성을 모색해 보자.

Ⅲ. 선교적 영성의 세 가지 특성

1. 하나님의 선교에 근거하는 영성

선교학에서는 1952년 빌링겐IMC 이후 하나님의 선교(*missio*

Dei)에 관한 폭넓은 스펙트럼이 존재한다. 호켄다이크(Johannes C. Hoekendijk)와 같이 급진적인 학자는 하나님께서 '세상'을 사랑하셔서 독생자를 보내셨고, 그분의 경륜 안에서 그분이 선교를 주도하고 계시므로, 교회는 하나님의 선교의 전초기지인 것은 사실이지만, 교회가 없다고 해서 하나님께서 선교를 못 하시거나 하지 않으시는 것은 아니라고 주장했다.[19] 호켄다이크에게 교회는 하나님의 선교의 필수적인 요인이 아닐 수 있다.[20] 그러나 빌링겐의 핵심은 더 이상 교회나 선교단체가 주도적으로 선교를 계획하고 진행하는 것이 아니고, 선교는 삼위일체 하나님의 본성에서 흘러나온다는 것이다. 즉 선교의 출발점은 교회가 아니고 삼위일체 하나님이고, 그분이 선교의 주체이며 교회는 그분의 선교의 객체이며 참여자이다.[21]

전술한 바와 같이, 기독교 영성은 삼위일체 하나님 안에서 그분과의 지속적인 관계를 통해 형성되는 것인데, 그렇다면 모든 기독교 영성은 반드시 하나님의 선교적 본성과 연결되어야 한다. 이것은 선교사 개개인이 올바른 선교를 위해 영성 생활에 부지런해야 한다는 차원을 넘어서, 기독교 영성의 보다 근본적인 문제에 관한

19 Johannes C. Hoekendijk, *The Church Inside Out*. Isaac C. Rottenberg trans. (Philadelphia, PA: The Westminster Press, 1966), 40.

20 이 부분에 대한 자세한 내용은 정승현.『하나님의 선교와 20세기 선교학자』(인천: 주안대학원대학교출판부, 2014), 253-257을 참고하라.

21 이 주제에 관해 연구자의 첫 번째 연구는 "하나님의 선교(The Missio Dei)와 선교적인 교회(The Missional Church) 빌링겐 IMC를 중심으로." 「선교와 신학」 20(2007): 185-212 인데, 본고에서는 그 이후에 개진된 논의들에 초점을 맞추어 논구하고자 한다.

것이다. 그것은 선교가 부재한 크리스텐덤의 유산으로[22] 기독교 영성도 삼위일체 하나님의 선교적 본성에 주목하지 못했다는 점이다. 종종 기독교 영성에서 선교를 다루는 경우가 있었지만, 그것은 대부분 해외 선교사들의 영성에 관한 것이었다.

그러나 최근 학계에서는 삼위일체 하나님의 선교적 본성에 대해 심도 있는 논의들이 진행되고 있다. 하나님의 선교에 대한 성서학자들의 연구가 두드러지고,[23] 특히 선교학과 조직신학에서도 삼위일체 하나님의 선교적 본성에 관해 다양한 시도들이 있음을 볼수 있다. 선교학자 가운데, 선퀴스트는 삼위일체 하나님을 그분의 선교 관점으로 재해석한다. "선교란 성자 하나님의 사역을 통하여, 성령 하나님의 능력 안에서 이루시는, 성부 하나님의 사역으로 이해되어야만 한다."[24] 특히 선퀴스트는 요한복음 20장 21-23절을 다루면서, 이 본문에는 세 가지의 하나님의 보내심(*missio Dei*)이

---

22 선교부재의 크리스텐덤 신학에 관한 자세한 내용은 Darrell L. Guder, *Called to Witness*, 허성식 역,『증인으로의 부르심』(서울: 새물결플러스, 2015), 12-18, 340-342과 정승현, "크리스텐덤의 이해와 선교적 교회론,"「선교신학」43(2016): 187-220을 참고하라.

23 여러 책들을 언급할 수 있지만, 가장 초기 작품으로는 Georg F. Vicedom, *The Mission of God: A Introduction to a Theology of Mission*. Gilbert A. Thiele and Dennis Hilgendorf trans. (Saint Louis, MO: Concordia Publishing House, 1965)가 있고, 2000년 이후 주목할 만한 저서로는 Christopher Wright, *The Mission of God*, 홍병룡, 정옥배 옮김,『하나님의 선교』(서울: IVP, 2010) 등이 있다. 신약성경에서는 Michael Gorman, *Becoming the Gospel: Paul, Participation, and Mission*, 홍승민 옮김,『삶으로 담아내는 복음』(서울: 새물결플러스, 2019)과 GOCN의 연구물로는 Michael Goheen, ed., *Reading the Bible Missionally* (Grand Rapids, MI: Eerdmann, 2016)등이 있다.

24 Sunquist,『기독교 선교의 이해』, 449-450.

기록되어 있음을 강조한다.

> 하나님 아버지께서 예수를 보내셨고, 예수께서는 성령을 보내
> 시거나 "그들에게" 성령을 불어넣어 주신다. 그리고 예수께서는
> "같은 방식으로" 우리를 보내신다. 만일 우리가 기독교 선교를
> 이해하려 한다면, 우리는 반드시 예수의 사역, 메시지, 그리고
> 본질에서 그분의 "보내심"의 본성을 이해해야 한다. 그리고 우
> 리는 예수께서 그분을 따르는 모든 사람을 어떻게 보내시는지
> 이해할 필요가 있다. 그래서 예수는 선교사로서, 메시지로서 그
> 리고 보내시는 메시아(sending Messiah)로서 하나님의 선교
> 의 틀 안에서 숙고되어야 한다. 우리는 그분으로부터 배우고, 그
> 분으로부터 파생된 선교사로서 보냄을 받는다. 보내심을 받은
> 메시아로부터 우리의 목적과 능력이 파생되어 나오는 것이다.[25]

조직신학자 가운데서는 플렛(John G. Flett)의 연구가 돋보인다.
그는 하나님의 선교에 관한 중대한 연구를 통해, 삼위일체 하나님
의 존재(being)와 인류를 향한 행동(acting)은 분리되지 않고 선교
적이라고 주장한다. "하나님은 선교적인 하나님이다. 왜냐하면 인
류를 향한 사도적인 움직임에서 볼 수 있는 그분의 주의 깊은 행동
(acting)은, 완전하게 거룩한 그분의 존재(being)와 마찬가지로 부
차적인 것이 아니다."[26] 플렛은 기독교 영성과 연관해서 중요한 통

---

25 Sunquist, 『기독교 선교의 이해』, 393.

찰력을 제공한다.

언급한 바와 같이, 영성은 인간의 영적인 부분에만 해당하는 것이 아니고 전인적으로 연결되어 있다. 삼위일체 하나님은 형이상학적이고 추상적이어서 오로지 영적으로 고도로 훈련받은 사람들만 접근할 수 있는 분이 아니고, 오히려 주도적으로 그분이 선교적 본성과 행동으로 인간 세상에 들어오신다. 예수 그리스도께서 성육신하시면서 이 땅에 오셨고 "우리가 아직 죄인 되었을 때에 그리스도께서 우리를 위하여 죽으심으로 하나님께서 우리에 대한 자기의 사랑을 확증하셨다"(롬 5:8). 성령 하나님께서는 오순절에 강림하신 후 "우리의 연약함을 도우시나니 우리는 마땅히 기도할 바를 알지 못하나 오직 성령이 말할 수 없는 탄식으로 우리를 위하여 친히 간구"하신다(롬 8:26). 이와 같이 기독교 영성은 인간의 역사 가운데 보내시고 보냄 받으시는 하나님의 선교적 본성으로 인해 가능해지는 것이다. 그분께서 먼저 인간에게 오심으로 모든 사람들이 하나님과 관계를 맺을 수 있게 된다. 기독교 영성은 인간이 주체적으로 수련하여 하나님과 어떤 관계를 맺는 것이 아니고, 하나님께서 보내심으로 또 보냄 받으심으로 시작되고 가능하게 되는 선교적 영성이다. 만약 기독교 영성을 이러한 선교적 영성으로 이해한다면 그것은 자연스럽게 일상에서의 영성이 되어야 한다.

---

26 John G. Flett, *The Witness of God: The Trinity, Missio Dei, Karl Barth, and the Nature of Christian Community* (Grand Rapids, MI: Eerdmans, 2010), 197.

2. 일상에서의 영성

구더(Darrell L. Guder)는 서구 기독교가 "복음을 축소하고 길들여 복음의 급진성을 제거하는 일을 해왔다"라고 주장하면서 "심지어 복음을 전복시키는 이분법을 제안하기까지 했다"[27]고 냉철하게 비판한다.

> 성직자와 평신도의 구별을 교회론적으로 정당화시키는 것, 개인적인 구원의 메시지와 하나님 나라를 분리시키는 것, 먼저 구원을 베풀고 교인들의 구원상태를 유지하는 기관으로 교회를 바꿔버린 것, 현대적인 맥락에서 대부분의 주요 교단들을 괴롭히는 전도와 사회정의의 양극화 같은 것이다.[28]

이러한 서구 기독교의 이분법에는 성(聖)과 속(俗) 그리고 크리스텐덤(Christendom)과 히텐덤(Heathendom)도 포함된다. 기독교인들에게 세상은 시험에 들지 않도록 유의해야 하는 곳이고, 기독교 영성을 잃어버리지 않도록 경계해야 하는 위험한 곳이다. 그곳에서 하나님의 거룩함을 발견하는 것은 거의 불가능하고, 기독교 영성은 교회와 같이 거룩한 곳에서만 형성이 가능하다. 이러한 서구 기독교의 이분법적인 세계관은 기독교인들로 하여금 세상에서

---

27 Guder, 『증인으로의 부르심』, 342.
28 Guder, 『증인으로의 부르심』, 342.

빛과 소금의 역할을 적극적으로 감당하도록 하기보다는, 단지 죄에 물들지 않기 위해서 수동적으로 행동하게 한다. 안타깝게도 구더가 지적했듯이, 여전히 오늘날에도 많은 기독교인들이 이러한 이분법적인 세계관에 적지 않은 영향을 받고 있다.

그러나 예수 그리스도의 선교적 삶과 사역에 초점을 맞춘다면, 세상에 대해 적극적이고 긍정적인 관점을 갖게 된다. 보쉬(David Bosch)에게 기독교 영성은 위와 같은 이분법적인 구분 가운데서 하나를 택하는 것이 아니고, 대신 이 땅에서 철저히 예수 그리스도의 십자가를 따르는 것이다. "한편으로, 십자가는 세상과 완전히 동일시하는 표징이다: 예수께서는 십자가에서 가장 세상적이었다(worldly). 다른 한편으로 십자가는 세상으로부터 급진적인 분리의 표징이다: 예수께서는 십자가에서 가장 분명하게 세상에 저항했다."[29] 예수 그리스도께서는 세상 안에 계셨지만, 세상에 지배받지 않으셨다. 예수께서는 삶의 터전에서 물러나서 동굴 안에서 거룩한 삶을 추구하지 않으셨지만, 동시에 세상에 안주하며 이 땅에서의 영광을 추구하지도 않으셨다. 예수의 영성은 이 땅에서의 현존과 분리되지 않았고 이 땅의 가치에 영향받지도 않았다.

예수의 십자가와 공생애에 기반을 둔 영성은 세상 밖으로 물러나는 것이 아니고, 일상에서 이루어지는 것이다. 쉘드레이크는 "상업 세계에서 영성을 향한 전환이 일어나는 현상의 중심에는 노동이 단순한 실용적 필요라기보다 소명이라는 사고의 회복이 있다"[30]

---

29 David J. Bosch, *A Spirituality of the Road* (Eugene, OR: Wipf and Stock Publishers, 1979), 15-16.

라고 말하면서, 현대 사회에서는 영성을 일상과 분리시키지 않고 있음을 알려준다. 이러한 영성은 일상에서 하나님의 선교에 참여할 때 형성된다. 삼위일체 하나님은 거룩한 예배당 안에만 존재하시는 분이 아니고, 오히려 세상을 사랑하셔서 독생자를 보내셨고 그곳에서 선교를 주관하신다. 그러므로 세상은 속되고 피해야 할 곳이 아니고, 오히려 하나님의 선교 내러티브가 펼쳐지고 있는 무대인 것이다. 선교적 하나님께서 교회와 마찬가지로 세상에도 존재하시므로 기독교인의 일상은 하나님의 선교에 참여할 귀중한 기회이다. 선교적 영성은 교회 안에서뿐만 아니라 기독교인들이 대부분의 시간을 보내는 일상에서 선교적 하나님과의 관계를 통해 형성되고 발전하는 것이다.

쉘드레이크는 이런 맥락에서 도시를 하나님의 진정한 화해(reconciliation)가 일어날 수 있는 장소로 이해한다.[31] 오늘날 도시, 특별히 대도시에는 매우 다양한 민족, 언어, 문화, 이념 등이 공존한다. 또한 정치적 성향과 종교가 다르고 경제적 격차도 매우 크다. 이로 인해 도시에는 많은 경쟁과 갈등 그리고 분열이 존재하는 것이 사실이다. 또한 상업적인 논리에 의해서 비윤리적인 현상들도 흔히 볼 수 있다.[32] 이로 인해 쉘드레이크는 도시에서 '타자성'(otherness)

---

30 Sheldrake, 『미래로 열린 영성의 역사』, 329.

31 Philip Sheldrake, *The Spiritual City: Theology, Spirituality, and the Urban.* 김경은 옮김, 『도시의 영성』(서울: IVP, 2018), 204.

32 현대 도시의 장점과 단점에 대한 자세한 연구는 이광순·이향순, "도시의 발달과 도시 선교," 「선교와 신학」 10(2002): 29-34를 참고하라.

을 배제하려는 경향이 농후하다고 말한다. 나와 다른 사람들에 대한 두려움과 분노는 그들을 회피하고 방치하며 심지어 제거하려고까지 한다.[33]

이러한 경향을 최근 국내의 무슬림 난민 문제에서도 볼 수 있는데, 기독교인들 가운데서 두 가지 건설적인 의견이 제기된 것은 고무적인 일이다. 어느덧 국내에 거주하는 무슬림이 25만 명을 넘은 것으로 추정되지만,[34] 아직도 그들에 대한 일반 국민의 이해도는 높지 않은 편이라 할 수 있다. 김아영은 500명의 난민 신청을 받았던 60만 명의 제주도민 90%이상이 무슬림 난민과 함께 사는 것은 위험하므로 그들을 받아들여서는 안 된다는 견해를 소개했고, 심지어 국민의 70만 명 이상이 '가짜 난민'을 되돌려 보내라고 청원했던 현실을 상기시킨다.[35] 이에 대해 김아영은 예수 그리스도께서 "십자가에서 인류를 위한 자리를 마련하였고 그러한 환대의 은혜

---

33 Sheldrake, 『도시의 영성』, 208-211.

34 국내 무슬림 인구에 대한 통계는 20만에서 40만에 이르기까지 다양하게 제시되고 있다. 그 가운데 명지대학교 안정국 교수는 종합적인 분석을 통해, 2015년 당시 국내에 약 20만 명의 무슬림들(외국인 무슬림 145,000명, 한국 무슬림 35,000명, 무슬림 2세대 7,000여 명)이 거주했다고 주장한다. 한편, 한국이슬람교중앙회는 2018년 한국 무슬림의 인구가 60,000명을 넘었고, 국내 거주하는 무슬림들이 모두 26만 명을 상회한다고 매일경제와의 인터뷰에서 밝혔다. 이 두 통계의 차이점을 감안하더라도 2021년 현재 약 25만 이상의 무슬림들이 국내에 거주하고 있는 것으로 보인다. 좀 더 구체적인 통계와 내용은 안정국, "한국 이슬람의 현황과 종파 분화: 시아 무슬림을 중심으로," 「인문과학연구논총」 36(2015): 179과 매일경제, https://www.mk.co.kr/news/culture/view/2020/10/1071727/ (접속일: 2021년 1월 31일)을 참고하라.

35 김아영, "십자가의 환대의 관점에서 본 국내 무슬림 난민 사역," 「선교신학」 58 (2020): 56-57.

에 대한 기독교인들의 적절한 반응은 자신의 삶 속에서 그것을 구현해 내는 것이다"[36]라고 주장하면서, 한국 사회의 일상에서 만나게 되는 타자들에 대한 환대의 중요성에 대해 강조한다. 현한나는 한걸음 더 나아가서, 환대는 한국인들이 호스트의 우월한 위치에서 '베푸는' 것이 아니고 "우리가 섬기는 이들이 곧 그리스도를 모심의 자리라는 것을 잊지 않도록 '환대'의 자리는 이미 '하나님의 초청에서 시작됨'을 기억하는 것이 환대 선교의 핵심"[37]이라고 역설한다.

삼위일체 하나님의 선교가 교회와 세상에서 공히 진행되고 있다면, 기독교인들은 국내와 국외, 교회와 세상, 성직자와 평신도 같은 크리스텐덤의 이분법에서 벗어나야 한다. 대신 일상에서 선교적 하나님과의 동행이 필수적이다. 일상을 벗어나서 수련회, 사경회 혹은 단기 선교 같은 특별한 시간을 통해서 하나님과 관계를 형성할 수도 있지만, 그보다 중요한 것은 일상에서 선교적 하나님과 동행하고 그분의 선교에 참여하는 것이다. 이제 국내에는 전체 인구의 5%에 해당하는 250만 명 이상의 외국인들이 도시뿐만 아니라 교외에도 체류하고 있다. 한국은 단일민족으로 이루어져 있다는 말이 갈수록 낯설어지고 있고, 다문화가정과 연관된 다양한 이슈들이 한국 사회에 존재한다. 기독교인도 단일민족이라는 관점으로 외국인을 '타자'로만 대할 것인지, 아니면 일상에서 그들을 환대할 것인지는 진정한 선교적 영성의 문제이다.

---

36 김아영, "십자가의 환대의 관점에서 본 국내 무슬림 난민 사역," 74.
37 현한나, "'이주와 난민 신학' 기반 세우기: 그루디(Daniel G. Groody)의 신학과 메타포로서 '환대적' 선교." 「선교신학」 55(2019): 451.

3. 대안공동체의 영성

앞서 쉘드레이크가 기독교 영성은 본질적으로 공동체적이라고 지적한 것은 매우 적절하다. 왜냐하면 선교적 삼위일체 하나님은 언제나 공동체로서 완전하게 존재하고 계시기 때문이다. 선퀴스트는 삼위일체 하나님의 선교적 본성과 공동체의 특성을 부르심과 연결하여 설명한다.

> 하나님께서는 스스로 공동체 안에 계시며, 우리를 개인적이거나 사적으로 자유하게 하는 것이 아니고 하나님 나라의 공동체로 부르시는 것이다. 이것은 우리의 영적인 삶이 선교적 형태를위해서는 다른 사람에게 순복함 안에서 양육되어야 한다는 것을 의미한다. 하나님의 선교에 있어서 독단적인 선교사나 영적권위자는 설 자리가 없다.[38]

예수 그리스도께서는 공생애 초기부터 공동체를 형성하시고 사역하셨다. 싯처는 초대교회 공동체가 로마제국의 특징이었던 성별, 민족, 계급의 명백한 분리를 극복하고 사람들을 차별 없이 환대하는 공동체였음을 보여준다.[39] 특히 교회는 당시 사회적으로 하위계층이었던 과부들에 대한 구제에 적극적이었다. "예컨대 주후

---

38 Sunquist,『기독교 선교의 이해』, 746.
39 Sittser,『영성의 깊은 샘』, 85.

250년에 이르러 로마 교회는 1,500여 명의 "과부와 곤궁한 사람들"을 도와주었고, 주후 400년에 콘스탄티노플에서는 3천 명 이상의 과부들이 교회의 보조금 명부에 등록되어 있었다."[40] 이러한 초대교회의 영성은 특별히 주후 150~250년에 있었던 전염병 시기에 더욱 두드러지게 나타났다. 안희열은 기독교인들이 이교들과는 전혀 다른 방식으로 전염병에 대처했었던 사실을 보여준다. 전염병으로 인해 로마제국 인구의 무려 1/4 정도가 사망했을 당시, 기독교인들은 이교도들처럼 위험으로부터 숨거나 피한 것이 아니고 오히려 병자를 간호하고 병으로 숨진 자들을 매장해 주었다.[41] 이런 맥락에서 플랫은 기독교공동체는 반드시 선교적 공동체이어야 한다고 역설한다. "하나님의 사도적 선교는 영원하신 그분에 비추어볼 때 부차적인 조치가 아니므로, 교회의 존재를 정의할 때 선교적인 활동은 부차적인 것이 아니라고 말해야 한다. 기독교공동체는 선교적인 공동체이고, 그렇지 않으면 그것은 기독교공동체가 아니다."[42]

그러나 크리스텐덤 전통의 교회들은 선교적 공동체가 아니더라도 아무런 문제가 없는 것처럼 지낸다.

---

40 Sittser, 『영성의 깊은 샘』, 88.

41 안희열, "초대교회 시기의 전염병 창궐에 따른 기독교인의 대응에 관한 평가," 「선교와 신학」 52(2020): 55-56.

42 John G. Flett, "Missio Dei: A Trinitarian Envisioning of a Non-Trinitarian Theme," *Missiology: An International Review* 37(2009/1): 6.

많은 교회들이 권세들을 비판하는 능력을 상실했는데, 그 이유는 교회가 북미의 실용적 기독교 세계의 형태들을 지니고 있기 때문이다. 비록 북미와 캐나다에서 어떤 교단도 공식적으로 설립되지 않았지만, 대부분의 교회들이 국교회의 사고방식을 가지고 일을 수행한다. 그들은 마치 교회의 목표들과 국가의 목표들이 전적으로 양립하는 것처럼 행동한다.[43]

남아공에서는 1948년 아파르트헤이트(Apartheid)를 법률로 공식화했다. 화란개혁교회(Dutch Reformed Church, DRC)는 이 인종차별정책을 세상의 제도로써 그대로 받아들였다. 보쉬는 DRC의 소속된 목회자로 평생을 지냈지만, 아파르트헤이트를 거부했고, 남아공에서 기독교공동체는 반드시 세상 안에서 세상과 구별되는 대안공동체(alternative community)가 되어야 한다고 주장했다. "교회는 세상 안으로(in) 부름 받았지, 세상의(of) 부름을 받은 것은 아니다."[44] 예수의 공동체와 초대교회는 세상으로부터 은둔해서 지내지 않았다. 로마제국의 억압과 핍박 가운데서 세상 안에 존재했지만, 세상의 규칙이나 방식을 거부하고 하나님의 나라에 궁극적인 가치를 두었다. 선퀴스트는 "기독교는 세속적인 힘과 권력을

---

43 Darrell L. Guder, ed., *Missional Church: A Vision for the Sending of the Church in North America*, 정승현 역, 『선교적 교회: 북미 교회의 파송을 위한 비전』(인천: 주안대학원 대학교출판부, 2013), 173.

44 David J. Bosch, "The Church as the 'Alternative Community'," *Journal of Theology for Southern Africa* 13(1975/Dec), 4.

누리는 곳에서는 약해지고 사회에서 소외된 사람들과 가난하고 힘 없는 사람들이 사는 지역에서는 발전한다."[45]고 말했는데, 이것은 초대교회의 공동체 모습에서 명확히 나타난다.

그렇다면 기독교공동체가 세상에서 대안공동체로서 역할을 감당하기 위해서 가장 중요한 것은 무엇인가? 먼저 교회가 그리스도의 복음 앞에서 바로 서는 것이다. 이 부분에 대해서 구더는 중요한 통찰력을 제공한다. "우리는 역사를 주의 깊게 살핌으로써 교회가 복음을 문화에 편안하게 어울리도록 지속적으로 축소하였다는 것을 알고 있다. 그러므로 우리는 이러한 축소주의를 회개해야 함을 알고 있다."[46] 크리스텐덤 시대에는 그리스도의 복음에 서구문화의 옷을 덧입혔고, 결과적으로 구원은 가시적인 교회 안의 성직자들이 관리하는 것이 되었고, 신자들의 신앙의 깊이는 교회의 출석 여부로 대체되었으며, 하나님의 나라는 로마제국의 영토로 축소되었다. 또한 계몽주의 시대에는 그리스도의 복음을 개인의 구원에 초점을 맞추었고 세상에서 그리스도의 증인이 되는 것은 선택사항이 되었다.[47] 교회가 세상에서 대안공동체의 역할을 감당하는 것은 이전과 다른 새로운 방식의 사역을 시작하는 것이 아니다. 고아원, 양로원, 노숙자를 위한 쉼터, 카페, 식당 등 교회가 많은 일들을 할 수 있지만, 그것을 하면 대안공동체가 되고 그것을 하지

---

45 Scott Sunquist. *Explorations in Asian Christianity: History, Theology and Mission.* 이용원 역, 『아시아 기독교 탐구: 역사 신학 선교』(서울: 미션아카데미, 2018), 181.

46 Guder, 『선교적 교회』, 382.

47 정승현, "대럴 구더의 선교적 신학과 교회론," 「선교신학」 36(2014): 300-303.

않으면 전통적인 교회로 머물러 있는 것이 아니다. 핵심은 기독교 공동체가 무엇보다도 먼저 그리스도의 복음 앞에서 스스로를 돌아보고 "반드시 교회가 복음의 온전함을 축소한 것으로부터 지속적으로 회심하는"[48] 것이 우선시되어야 한다.

이렇게 그리스도의 복음에 의해 교회가 지속적으로 회심하게 된다면, 세상에서 그리스도의 복음을 증거하는 일에 적극적이고 창의적이 될 수 있다. 왜냐하면 그리스도의 복음은 기독교인들로 하여금 교회 안에서만 머물고 주로 교회 자체의 존립이나 개인의 구원에만 초점을 맞추게 하지 않기 때문이다. 오히려 그리스도의 복음은 부름 받고 보냄 받은 모든 이들로 하여금 세상에서 진행되고 있는 하나님의 선교에 눈을 돌리게 한다. "세상에서의 참여는 우리로 하여금 하나님께 의존하고 그분과의 관계에 절실하게 되어야 하고, 그러한 관계는 반드시 세상에서의 참여가 증대하는 것으로 이어져야 한다."[49] 그리스도의 복음은 기독교공동체가 교회 안에서뿐만 아니라 세상에서 하나님의 선교에 참여하면서 선교적 영성을 형성하고 성장하도록 하는 원동력이다. 기독교공동체가 세상에서 대안공동체가 될 수 있는 것은 오직 그리스도의 복음에 의해 지속적으로 회심하고 세상에서 그리스도의 복음대로 살고자 몸부림칠 때 가능한 것이다.

---

48 Darrell L. Guder, *The Continuing Conversion of the Church* (Grand Rapids, MI: Eerdmans, 2000), 206.

49 Bosch, *A Spirituality of the Road*, 13.

IV. 맺는말

본고의 결론은 한국의 두 엘리트 종교학자들의 대담에서 시작해 보고자 한다. 사제지간이었던 이들은 모든 종교를 표층 종교와 심층 종교로 구분하면서 종교가 심층 종교에 이르는 핵심을 '체험'이라고 보았다.[50] 두 학자는 계몽주의 세계관처럼 체험을 이성보다 아래에 두고 주관적인 것으로 치부한 것이 아니고, 체험을 통해 인간에게 어떤 변화가 올 수 있는지 설명한다. 한 학자가 체험을 네 종류로 분류하는데, 그것은 궁극적인 것과의 체험, 인간의 전존재와 연관된 체험, 포괄적이고 역동적인 체험 그리고 행동을 불러오는 체험이다.[51] 이 두 학자의 종교는 알 수 없지만, 그들이 종교 일반에 관해 나누는 대화들은 무척이나 기독교와 연관성을 가지고 있음을 볼 수 있다. 본고에서 기독교 영성은 반드시 선교적 삼위일체 하나님과의 관계를 통해 선교적 영성이 되어야 한다고 논구했고, 그것은 인간의 전존재에 해당하는 것이며, 일상에서 행동을 일으키는 것이어야 한다고 주장했다.

한국 개신교는 2020년에 코로나19로 인해 그 어느 때보다도 힘든 시간을 보냈다. 대부분의 지역 교회들이 1년 내내 거의 정상적인 예배와 모임을 갖지 못했고, 전 세계의 수많은 선교사들도 전염병에 취약한 현지 사정으로 인해 사역을 지속하는 데 많은 어려

---

50 오강남·성해영,『종교, 이제는 깨달음이다』(서울: 북성재, 2011), 31-35.
51 오강남·성해영,『종교, 이제는 깨달음이다』, 31.

움에 봉착했다. 다른 측면에서, 한국 개신교는 그 어느 때보다도 국내 미디어에 많이 노출되었던 한 해이기도 했다. 그 절대다수가 부정적인 내용이었고 국민들의 공분을 사는 경우도 적지 않았다. 그 뉴스의 진위를 구별하기에 앞서 한 가지 분명한 사실은 이제 개신교는 미디어라는 플랫폼을 통해 한국사회의 전면에 드러나 있다는 점이다. 한 교단의 결정, 한 지역 교회의 상황 그리고 한 목회자의 모습에 이르기까지 연일 미디어를 통해 보도되고 있다. 오늘날 기독교인들은 세상에서 벗어나 은신하거나 무엇인가를 은폐할 수 없는 시대에 살고 있는 것이다.

그러므로 그 어느 때보다 일상에서의 기독교 영성이 중요해졌다. 두 종교학자의 주장처럼 일반인들에게 기독교가 '심층 종교'로서 인지되려면, 무엇보다도 기독교인들 각자의 참된 '체험'이 필요하다. 만약 기독교인들이 하나님이심에도 불구하고 "하나님과 동등 됨을 취할 것으로 여기지 아니하시고 오히려 자기를 비워 종의 형체를 가지사 사람들과 같이 되셨고 사람의 모양으로 나타나사 자기를 낮추시고 죽기까지 복종하셨던"(빌 2:6-8) 예수 그리스도를 체험하고 대안공동체로서 일상에서 그분의 선교에 참여한다면, 선교적 영성으로 충만하게 될 것이다. 2021년에는 이러한 주님의 종들로 인해 대한민국과 한국 개신교의 어려움이 극복되기를 소망한다.

참고문헌

김경은. "영성지도의 역사: 영성지도자의 정체성과 역할을 중심으로." 「선교와 신학」 45(2018): 11-41.

김아영. "십자가의 환대의 관점에서 본 국내 무슬림 난민 사역." 「선교신학」 58(2020): 42-78.

안정국. "한국 이슬람의 현황과 종파 분화: 시아 무슬림을 중심으로." 「인문과학 연구논총」 36(2015): 155-181.

안희열. "초대교회 시기의 전염병 창궐에 따른 기독교인의 대응에 관한 평가." 「선교와 신학」 52(2020): 39-69.

오강남 · 성해영. 『종교, 이제는 깨달음이다』. 서울: 북성재, 2011.

유해룡. "영적성장에 대한 진정성이란 무엇인가?" 「장신논단」 44(2012/1): 187-211.

_____. "영성과 영성신학." 「장신논단」 36(2009): 303-331.

_____. "영성학의 연구방법론 소고." 「장신논단」 15(1999): 428-450.

이광순 · 이향순. "도시의 발달과 도시 선교." 「선교와 신학」 10(2002): 13-39.

정승현. 『하나님의 선교와 20세기 선교학자』. 인천: 주안대학원대학교출판부, 2014.

_____. "크리스텐덤의 이해와 선교적 교회론." 「선교신학」 43(2016): 187-220.

_____. "대럴 구더의 선교적 신학과 교회론." 「선교신학」 36 (2014): 295-325.

_____. "하나님의 선교(The Missio Dei)와 선교적인 교회(The Missional Church) 빌링겐 IMC를 중심으로." 「선교와 신학」 20(2007): 185-212.

현한나. "'이주와 난민 신학' 기반 세우기: 그루디(Daniel G. Groody)의 신학과 메타포로서 '환대적' 선교." 「선교신학」 55(2019): 428-458.

Amalraj, John, Geoffrey W. Hahn and William D. Taylor, ed. *Spirituality in Mission: Embracing the Lifelong Journey*. Pasadena, CA: William Carey Library Publishing, 2018.

Balia, Darryl and Kirsteen Kim, Edinburgh 2010, *Volume II: Witnessing to Christ Today*. Oxford, UK: Regnum Books, 2010.

Barus, Armand. "Sprituality." in A. Scott Moreau, ed., *Evangelical Dictionary of World Missions*. Grand Rapids, MI: Baker Books, 2000, 371-373.

Bosch, David J. *A Spirituality of the Road*. Eugene, OR: Wipf and Stock Publishers, 1979.

_____. "The Church as the 'Alternative Community'." *Journal of Theology for Southern Africa* 13(1975/Dec): 3-11.

Flett, John G. *The Witness of God: The Trinity, Missio Dei, Karl Barth, and the Nature of Christian Community*. Grand Rapids, MI: Eerdmans, 2010.

_____. "Missio Dei: A Trinitarian Envisioning of a Non-Trinitarian Theme." *Missiology: An International Review* 37(2009/1): 5-18

Franklin, Kirk. "Mission and Spirituality." in John Amalraj, Geoffrey W. Hahn and William D. Taylor, ed. *Spirituality in Mission: Embracing the Lifelong Journey*. Pasadena, CA: William Carey Library Publishing, 2018, 21-30.

Guder, Darrell L. *Called to Witness*. 허성식 역,『증인으로의 부르심』. 서울: 새물결플러스, 2015.

_____. ed. *Missional Church: A Vision for the Sending of the Church in North America*. 정승현 역.『선교적 교회: 북미 교회의 파송을 위한 비전』. 인천: 주안대학원대학교출판부, 2013.

_____. *The Continuing Conversion of the Church*. Grand Rapids, MI: Eerdmans, 2000.

Helland, Roger and Leonard Hjalmarson. *Missional Spirituality:*

  Embodying God's Love from the Inside Out. Downers Grove, IL: IVP, 2012.

Hoekendijk, Johannes C. *The Church Inside Out*. Isaac C. Rottenberg trans. Philadelphia, PA: The Westminster Press, 1966.

Holder, Arthur., ed. *The Blackwell Companion to Christian Spirituality*. 권택조 외 4인 옮김.『기독교 영성 연구』, 서울: CLC, 2017.

McGrath, Alister E. *Christian Spirituality*. Malden, MA: Blackwell Publishing, 1999.

Moreau, A. Scott, ed. *Evangelical Dictionary of World Missions*. Grand Rapids, MI: Baker Books, 2000.

Sheldrake, Philip. *Spirituality: A Brief History*. 정병준 옮김,『미래로 열린 영성의 역사』, 서울: 한국장로교출판사, 2020.

_____. *The Spiritual City: Theology, Spirituality, and the Urban*. 김경은 옮김, 『도시의 영성』, 서울: IVP, 2018.

Sittser, Gerald L. *Water from a Deep Well*. 신현기 옮김.『영성의 깊은 샘: 고대 교회에서 현대까지 영성으로 읽는 기독교 역사』, 서울: IVP, 2018.

Sunquist, Scott. *Explorations in Asian Christianity: History, Theology and Mission*. 이용원 역,『아시아 기독교 탐구: 역사 신학 선교』, 서울: 미션 아카데미, 2018.

_____. *Understanding Christian Mission*, 이용원·정승현 역,『기독교 선교의 이해』, 인천: 주안대학원대학교출판부, 2015.

매일경제, https://www.mk.co.kr/news/culture/view/2020/10/1071727/ (접속일: 2021년 1월 31일).

코로나문명 전환기, 약대동 통합 돌봄 마을 가는 길

이원돈 | 부천 새롬교회 담임목사

I. 코로나 시대의 의미: 산업 물질문명의 붕괴와 생태문명의 등장

코로나라는 전대미문의 사건 이후 우리는 모든 분야에서 코로나 이전으로 돌아갈 수 없다고 말한다. 지금은 코로나가 현대 문명을 전환하고 있는데 중세에는 흑사병이 중세 문명을 무너뜨리고 근대 문명을 탄생시켰다. 흑사병은 신과 사제가 고칠 수 있는 게 아니라 위생과 소독, 방역 즉 근대 과학으로 고칠 수 있다는 것을 보여주면서 신 중심의 중세 문명을 뒤흔들면서 이성 중심의 근대를 태동시키게 된다. 흑사병 이후 계몽주의 사상과 과학이 유입되면서 이성의 시대가 도래했다. 사제 중심의 중세가 붕괴하고 르네상스와 계몽사상이 일어났다. 과학이 발달하고 학교와 병원이 등장하면서 근대 계몽주의 시대가 열린 것이다.

이처럼 근대 산업물질문명은 중세 봉건적인 문명 즉 미신과 주술에 물들어 있는 신 중심의 중세 문명을 근대 이성의 힘으로 타파하고 들어섰다. 근대 이성은 신 중심의 세계에서 사람 중심의 인권과 평등을 부르짖으며 과학기술 문명과 결합하여 물질적 풍요를 구가했다. 근대 사회를 연 인간의 이성이 중세 시대 인간과 자연을 지배한 신 중심의 세계 즉 중세적 미신과 주술을 타파하고 이성으로 인간의 자아와 인권을 찾는 것까지는 좋았다. 그런데, 근대 이성이 과학기술과 결합하면서 신을 몰아내고 계몽이라는 이름으로 다시 자연과 인간을 구속, 착취하기 시작했다. 2021년 최고 49.6도를 기록한 캐나다의 폭염, 160명 이상의 사망자를 낸 서유럽 홍수 대참사, 지구촌 곳곳이 기후재앙으로 인해 신음하고 있다. 우리는 지금 지구를 멸망으로 몰아가며 저물어 가는 산업물질문명과 새로운 대안으로 떠오르는 생태문명의 전환기 속을 살고 있다. 산업물질문명의 대량생산, 대량소비, 대량폐기의 생태계가 전 지구적으로 확산되고 자연과 인간에 대한 수탈로 기후위기가 심해지면서 지구가 붕괴될 지경에 이르렀다. 이 문명 전환기의 대재앙의 원인은 무엇인가?

"연애하는 여인들과 기술 시대"(『DH 로런스의 현대 문명관』)에서 영문학자 백낙청 교수는 로런스가 산업계의 거물인 제럴드를 통해 1914년 영국의 현대 산업문명을 이렇게 그려내고 있다고 한다. "기계적 무한 반복을 통한 무한대의 생산적 반복, 이것이 바로 신적인 운동이었고, 문자 그대로 기계에서 나온 신이었고, 사람들은 이러한 무한대의 생산 반복에 따른 생산 의지에 감탄하고 급기야는 신적 종교적 만족감을 느끼게 되었다. 그것은 자기 힘의 화신이요 거대하고 완벽한 기계이며 하나의 영원하고 무한한 것이었다. 이 생산력은 그들의 제사장이었다. "이 생산력"이 그들이 진짜 느끼는 종교를 대표하고 있었다. 그들은 정말 신과 같은 이 위대하고 초인적인 체제에 속함으로써 드높아 짐을 맛보았다."

지금 우리의 상황을 한마디로 요약한다면 대량생산 대량소비 대량폐기라는 산업물질문명의 무한대의 생산적 반복, 이것을 신으로 섬기는 우상숭배의 모습이다. 그런데 오늘 이러한 무한 생산력에 대한 맹목적 우상숭배가 자연과 산업 노동자는 물론 서비스 노동자들까지도 우울, 불안, 조울, 중독, 탈진 등 자살 충동에 시달리게 하고 있다. 특히 플랫폼 노동자들은 데이터가 초 단위로 물어다 주는 수량에 맞추어 작업을 하다가 죽음으로 내몰려가는 상황을 맞이하고 있다. 이러한 상황의 중심에 바로 이 무한생산에 대한 숭배가 있는 것이다. 이 모든 것이 응축되어 터진 것이 바로 코로나 재난이다. 사람과 자연을 이토록 수탈하여 지구를 멸망으로 끌고 가던 산업물질문명은 지금 코로나로 저물어 가고 있고 우리는 새로운 문명적 전환과 영적 회심과 결단을 요청받고 있다.

서구 사회는 인간의 자아를 존중하는 인권이 발달한 선진국으로 흠모되어 왔다. 그러나 이번 코로나로 인해 서구 선진국의 실체가 만천하에 드러났다. 개인의 자유만을 지나치게 존중함으로 타인을 위해 마스크 쓰는 것을 거부하는 등 타인을 배려하고 존중하기보다는 개인의 이기심 중심으로 움직이는 모습, 개인의 자유와 소유, 효율을 지나치게 강조함으로 공동체를 붕괴시키는 모습을 보인 것이다. 코로나 재난은 산업문명이 자연과 사회적 약자에 대한 야만에 가까운 폭력, 약탈로 이루어진 문명이라는 것을 분명히 드러내고 있다. 특별히 오늘 지구촌의 모든 야만의 원인이 되고 있는 양극화와 불평등의 상황은 개인의 이기심을 중심으로 한 무한 경쟁 승자독식이라는 산업물질문명의 탐욕적 약탈을 기초로 하고 있다. 이런 의미에서 코로나 재난은 산업물질문명의 야만과 폭력성을 폭로하면서 서구 선진 문명에 대한 경고와 새로운 문명의 도래를 재촉하고 있다.

그러므로 낡은 산업물질문명 이후에 들어서야 할 하나님 나라의 새로운 문명이란, 개인의 자유와 더불어 타인은 물론 자연도 배려하고 존중함으로 양극화와 불평등이 해소되고 상생 공존하는 평등한 세상을 의미한다. 근대 산업물질문명의 가장 큰 문제는 신과 자연으로부터 해방된 인간의 자아가 너무 자기중심적인 소아(개인 구원)였다는 것이다. 이기적인 소아란 타인과 자연을 수탈하는 소아이다. 이러한 자아로는 멸망에 이를 수밖에 없기에 새로운 문명은 자연, 타인(이웃)과 함께하는 새로운 신과 공존하는 생태문명으로 전환과 회심을 요청하고 있는 것이다. 그러므로 코로나 이후 인간이 나가야 할 길은 우리 인간이 개인과 자아 중심의 개인 구원을 넘어 인간과 지역과 마을 그리고 지구 생태계 모두가 상생 공존할 수 있는 생태적 구원이며, 이는 대아적 생태적 세계관으로의 전환과 회심일 것이다. 이 문명 전환기에 산업물질문명의 소아(개인구원)를 넘어서 생태문명이라는 대아(생태적 구원)로 넘어가는 길을 배울 곳은 마을밖에 없다. 마을 목회와 선교에서 새로운 가능성을 찾아 나서야 하는 오늘의 코로나 재난 상황에서 자연과 인간 그리고 인간들 사이의 새로운 생태계로서 돌봄교회와 돌봄 마을을 강조하지 않을 수 없는 것이다.

II. 코로나 이후 문명 전환의 방향: 디지털 온라인 시대(메타버스)와 생태 돌봄 문명

코로나 이후 세상에 대해 두 가지 경향을 상상할 수 있는데, 하나는 지금까지 살펴본 생태 돌봄 시대의 도래이고, 다른 하나는 디지털 시대로 온라인 시대의 본격적 도래이다. 경향신문은 메타버스에 대해 이렇게 보도하고 있다. "예전에도 가상 생활은 존재했지만, 경계가 분명했다. 현실에서 열심히 일해 아이템을 사는 소비의 공간이던 가상이 이제 새로운 직업을 찾고 돈을 버는 세계가 됐다." 메타버스는 "가상과 현실 간 경계의 소멸"이다. 산업혁명 당시 인클로저(enclosure) 운동으로 많은 농촌 사람들이 도시로 이농했듯이 이제 온라인 메타버스의 시대가 열리면서 대면 오프라인 세상에 있던 사람들이 온라인 가상 세계로 대거 이동했다. 그곳에서 집도 짓고 상점도 내고 사업과 강의도 하고, 예배도 드리고 학교도 만드는 세상이 오고 있다는 것이다.

한국교회는 코로나 이전에는 온라인 예배를 인정하지 않았다. 건물에 나와서 예배드리는 교회 중심의 주일성수가 강조되어왔는

데, 코로나 재난을 거치면서 온라인 예배를 인정하지 않을 수 없는 상황에 이른 것이다. 얼마 전 메타버스에 대해 공부하는 모임에서 한 목사님이 코로나 이전에 온라인 예배가 가능하다, 가능하지 않다 라는 말이 많았지만, 지금은 아무도 그런 이야기를 하지 않는다. 확신하건대 조만간 메타버스 교회의 시대가 올 것이라고 이야기하셨다.

이 부분에 대해서『바이러스 걸린 교회』라는 책에서는 "하나님이 특정 건물에 거하는 것일까? 화려한 교회 건축을 하나님이 기뻐할까? 성서를 통해서 볼 때, 하나님은 건물 안에 갇혀 있는 존재가 전혀 아니다. 코로나19는 장소적 교회의 종말을 예고하고 있다. 코로나는 종교 건물에서 벗어난 종교적 경험의 가능성이 확인되면서 건물 중심의 신앙이 무너지고 있다"라며 건물의 규모가 주던 안정감과 소속감이 아니라 관계가 중요하다고 말한다. 그 관계 맺기는 '온라인'으로도 가능하다. "온라인 예배라는 새로운 접근이 긍정적인 영향을 미칠 수 있다"라고 지적하기도 했다.

코로나는 오늘날 신자들의 신앙에도 큰 변화를 주고 있다. 예배는 당연히 예배당에 모여서만 드려야 한다는 상식은 코로나19 이후 비대면 예배가 일상화되는 것으로 변하였다. 특히 코로나 시기에 이웃과 지역공동체에 대한 배려 없이 대면 예배를 강행하여, 한국교회의 맹목적인 신념과 통속적인 관행에 기초한 비합리적이고 비이성적인 신앙에 대해 사회의 비난과 신자들의 회의가 대규모로 확산되었다. 그리하여 코로나 이후 한국교회는 교회 안팎으로부터 사랑과 봉사, 배려와 존중, 연대와 공감의 실천을 강력히 요구 받고 있다. 이제 코로나19 이후 한국교회는 새로운 신앙의 길을 가지 않을 수 없게 되었다. 이러한 상황 속에서 비대면 온라인 예배는 건물과 공간 중심의 예배를 넘어서면서 새로운 형태의 선교적 교회와 영적 예배가 나올 가능성을 열어 놓기 시작하였다.

이러한 문명 전환기에 사도바울의 서신을 다시 읽어 볼 필요가 있다. 바울의 서신은 당시 로마 사회와 초대교회에 퍼져 있는 황제 숭배 신앙이라는 가짜뉴스와 경쟁하며 이를 바로잡는 바이러스 퇴치제 역할을 했다고 한다. 또한 바울이 교회라 칭한 에클레시아는 원래 당시 헬라의 도시 시의회를 부르는 언어였는데, 자신이 개척한 이방인과 노예와 여성에게 열린 지역 교회를 부를 때 쓰기 시작하였다. 바울의 에클레시아는 남과 여, 주인과 노예, 유대인과 헬라인이 차별과 배제 없이 예배하며 기도하는 이방인들의 에클레시아(교회)였다. 그런데 이상하게도 사도행전과 제자들이 쓴 후기 바울 서신에는 이방인들과의 연대와 동맹의 상징인 에클레시아라는 말을 의도적으로 쓰지 않은 것을 목격하게 된다고 한다. 바울도 로마서에는 의도적으로 이 에클레시아라는 말을 대놓고 쓰지 못하고 있다.[1] 그 이유는 무엇일까? 바울 생전에는 예루살렘 중심의 유대 크리스천들이 아직 살아 있었다. 이방 지역에서 이방인들과 연대하며 이방 선교에 크게 성공한 것을 상징하는 에클레시아 교회라는 말에는 아직도 건물 중심적인 유대 기독인들의 반발이 있었기 때문에 이 에클레시아라는 말을 적극적으로 수용하지 않았다는 것

---

1 박영호, "에클레시아".

이다. 그러나 요한계시록에 와서 에클레시아라는 말이 보편적으로 쓰이고 받아들여지면서 바울의 남과 여, 노예와 주인, 유대인과 이방인 모두가 차별과 배제 없이 함께 예배드렸다. 피부색과 장소, 건물을 넘어 이방인을 받아들이는 에클레시아 시대가 도래하였던 것이다. 이처럼 바울의 에클레시아가 초대교회에서 보편적으로 받아들여지면서 예루살렘이라는 공간과 장소, 건물 중심에서 이방인 선교라는 피부와 장소와 공간을 넘어서는 새로운 영역으로 복음이 급속히 퍼졌다. 바로 초대교회의 에클레시아 성령 사건이다. 이 사건과 함께 온라인 시대에 주의 깊게 살펴보아야 할 복음 이야기가 또 하나 있다. 요한복음에서 예수님이 사마리아 여인에게 이제 사마리아 그리심산에서도 아니고 예루살렘도 아닌 곳에서 신령과 진정으로 예배드릴 것이라 하신 장면이다(요 4 : 21). 즉 장소와 건물의 문제가 아니라 신령과 진정으로 예배를 드리는 때가 바로 지금이라는 말씀이다. 그러자 사마리아 여인의 놀라운 자립적이고 주체적인 활동이 시작된다. 요한복음 4장 30절에서 사마리아 여인은 "내가 메시아를 만났다"라며 물동이를 잊은 채 마을로 들어가 사마리아 사람들에 "와서 보라"고 말한다.

　신령과 진정으로 드리는 예배란 무엇인가?? 장소와 공간, 건물을 넘어서는 예배를 의미한다. 사마리아 여인이 물동이를 놓고 마을에 들어가 "내가 메시아를 만났다!", "와서 보라!"고 한 것은 일상생활 자체를 살아 있는 예배로 드리라는 말씀일 뿐만 아니라 지금 여기의 삶의 현장을 와서 함께 보며, 함께 전도적, 선교적 삶을 실천하며, 함께 성령을 체험하는 시간으로 만들어 가자는 제안이다.

이제 우리는 교회당 안에서 신령과 진정으로 예배를 드릴 뿐 아니라, 지역과 마을로 나가 "와서 보라!" 하며 마을의 선교적 미디어로서, 이웃 사랑과 선교적 실천을 함께 나누는 올라인 예배를 꿈꾸며 기도해야 할 때인 줄로 믿는다.2

III. 새로운 생태문명의 탐색을 위해 우선 한국교회 지역과 마을 돌봄의 역사를 탐색하고 기억하자3

한국교회의 마을 돌봄 이야기를 본격적으로 하기 위해서 1986년부터 1997년까지 한국교회의 괄목할 만한 마을 운동 중 하나인 지역 사회 탁아소 연합과 지역공부방 운동을 살펴보면서 한국교회

---

2 9월 1일 한결 문고 20주년이 있던 날 새롬 카톡방에 오세향 선생이 '친환경 먹거리 응원합니다'라는 글과 부천신문 기사를 올렸습니다. 이 기사를 김현자 꿈터장님이 약대 건강 리더들 카톡방에 기사를 올리시고 "기사 보시고 아는 의원들 계시면 문자 보내주세요. 조례가 통과될 수 있게 시민의 소리를 전달해 주세요-"하고 글을 보내니, 많은 약대동 도시농부들과 건강 리더들이 시의회 의원들에게 문자를 보냈습니다. 오늘 아침 양00 의원께서 문자를 보내 왔습니다. 친환경 먹거리 조례가 오늘 통과되었다고!!--"이제 우리 교회의 예배는 교회 안에만 영향력이 있는 것이 아니라 약대동 마을과 부천 지역과 소통하는 대안 미디어적 예배가 되어야 합니다. 이제 우리의 예배는 부천 친환경 먹거리 조례 통과 이야기처럼 교회 안에만 영향력이 있는 것이 아니라 친환경 먹거리를 발의하고 토론하는 약대동 마을과 부천 지역의 대안 미디어 즉 에클레시아가 되었다는 것입니다. 이것이 바울 서신과 요한계시록의 에클레시아의 의미인 것입니다." 9월 5일 새롬 교회 주일 말씀 "새하늘과 새땅의 에클레시아"(계 21:1-8).
3 "코로나 이후 한국교회의 복지선교, 돌봄복지와 돌봄 마을로!", 「기독교사상」, 9월호 (2021년).

의 지역과 마을 돌봄 역사의 출발점을 삼고자 한다.

1) 1980년대 공단과 빈곤 지역에서 만들어지기 시작한 탁아소들은 가난한 아이들도, 노동자의 자식들도 건강하게, 즐겁게, 생활하고 배울 권리가 있다는 꿈에서 시작되었다. 이것이 지역 탁아소연합(영유아보육법)으로 연결되어 70~80년대의 한국 아동복지에 지대한 영향을 끼쳤다. 지역 탁아소에서 성장한 아이들이 초등학교 들어갈 무렵 방과 후 프로그램을 제공하는 '공부방'이라는 것도 출현했다. 지역 탁아소연합과 공부방 운동은 한국 지역 사회 복지와 교육의 가장 중요한 전달체계를 확보하는 큰 영향력을 끼쳤다. 이 꿈과 운동을 이끈 분들은 지역 여성, 작은 교회 그리고 신념으로 뭉친 탁아소와 공부방 교사들로서 주로 기독교 여성 신앙인들의 열정의 산물이었다. 특히 IMF 이후 2000년대 지방자치 시대로 진입하면서4 부천 지역아동센터의 경우 지역과 시민사회와 서로 많은 것을 배우고 나누면서 동네마다 60여 개의 공부방과 15개의 작은도서관이 세워졌다. 부천의 시민사회를 통해 마을과 지역을 살리는 가장 중요한 교육과 복지 전달자가 누구인지를 분명히 드러내 보이는 사회복지 활동이 되었다. 지금 전국의 마을과 동네에는 약 4천 개의 지역아동센터가 있다. 그러나 지역아동센터의 시작이 가난한 마을과 동네의 작은 교회에서 세워지고 운영되었다는 사실을 아는 이들은 그리 많지 않다. 1980년대 도시의 서민과 공

---

4 이원돈, "마을이 꿈을 꾸면 도시가 춤을 춘다", 동연, 119.

단 지역에 작은 교회가 우후죽순으로 생겨나기 시작했을 때 교회, 목회자와 함께 서민 지역에 들어간 기독 여성들은 공부방 운동을 활발하게 전개했다. 공부방이 설립되는 곳마다 아이들에게 교육과 함께 복지와 문화가 전달됐으며 복음이 들어갔다. 이러한 50~60군데의 작은 서민 지역의 공부방 움직임이 IMF를 지나고 2000년대 들어서면서 지역아동센터로 변화하기 시작했다. 곧 지역아동센터는 방과후 학습, 급식, 학생 인권의 최대 지원체계로 부각되기 시작했다.

2) 1990년대 IMF와 실업 극복 국민 운동, 자활 운동과 지방자치의 본격화

1997년 말에 발생한 외환위기 이후에 대량실업 문제가 발생하고 신자유주의 체제가 우리 사회에 깊이 뿌리를 내리면서 고용 불안과 빈곤 문제가 심각하게 대두하자 이들을 해결하기 위해서 국가와 시민사회의 주도로 사회적 경제가 본격적으로 논의되기 시작한다. 부산장신대 황홍열 교수는 이러한 실업 극복 운동과 자활 사업은 당시 지역에 뿌리를 내리고 있던 민중교회들을 통해 IMF이후 한국교회의 지역복지 운동에 커다란 전환의 계기를 마련하였다고 평가한다. "당시 지역과 마을에서 민중교회를 중심으로 전개된 민중 선교의 흐름과 방향은 다음과 같다. 첫째로 IMF 체제 이후 생긴 사회적 관심사인 실직자, 노숙자 선교 활동을 전문적으로 제대로 하고 있다는 점이다. 이런 과정에서 그동안 사회 봉사나 사회 선교에 대한 관심이 부족했던 교회들과의 연대 활동이 늘어나 도움을 주고받고 나눌 수 있었다. 둘째로 민중 선교가 다양화 될 뿐 아니라 전문화되어 가는 추세다. 노동상담소, 노숙자 쉼터, 실직자 재활, 자활센터, 장애인 재활훈련원, 외국인 이주노동자상담소, 이주여성인권센터, 세계선교대학 등으로서 전문성을 갖고자 노력하고 있다. 셋째로 산업 사회, 자본주의의 대안적 세계관으로 공동체 목회 등을 통해 생명을 제시하고 있다. 넷째 우리 사회 노동자의 56%에 해당하는 비정규직, 임시직, 계약직 노동자를 위한 활동을 꾸준히 하고 있다. 다섯째 산업 선교의 경험을 아시아 그리스도인과 나누고자 아시아 URM 디아코니아 훈련원을 만들어 아시아 농어촌 선교 실무자들을 지도자들로 양성하고 있었다. 한국종교사회학회 정기학회에서 발표한 논문에서 김민아 박사는 이렇게 이야기하고 있다. "한국 진보적 개신교 진영은 1970, 80년대 민주화 운동과 민중 생존권 운동에서 주도적인 역할을 담당했다. 1987 민주화이전에는 주민 교회나 노동 교회들이 단체의 기능을 대신하기 위해 활용되었으나 민주화 이후에는 지역성을 갖고 있는 민중교회를 중심으로 진보적 개신교 사회 운동이 전개된 것"이라고 덧붙였다.[5]

---

5 김민아, "진보 개신교, 민주화 이후 사회 운동 주도권 상실", (서울: 한국종교사회학회 정기학회).

3) 한국교회의 마을만들기 운동의 전통과 복지 활동

김학철 교수(연세대 신학과)는 "지금 코로나 이후 한국인들이 가장 목말라하는 것은 '사회적 연대'이며 이것이 부족한 시대를 살고 있다"라며 "오늘날 도시에 사는 사람들은 더 이상 공동체의 정서적 지지나 삶의 지지를 받을 곳이 없어졌다. 이들이 정서적으로 연대할 곳이 교회가 돼야 한다"6라고 말한다. 한국기독교 사회복지 실천학회에서 유장춘 교수는 "복음이 교회에서 나와서(탈교회) 마을로 들어가고, 교리에서 나와서(탈교리) 주민들의 생업과 삶으로 들어가며, 종교에서 나와서(탈종교) 구성원들의 성품과 관계 속으로 들어가는 것이 마을 목회"라고 정의하고, "이것이 바로 신앙의 진정성, 영성이다"라고 강조했다.7

이러한 관점에서 한국교회 마을복지 활동의 발자취를 다시 한 번 살펴보면 "1968년 빈민선교실무자훈련으로 시작되어 1971년 9월 수도권 도시선교위원회의 창립과 활동으로 본격화된 연세대 도시문제연구소의 신설동, 광주대단지등 20여 곳의 빈민 지역 선교활동을 중요한 한국교회의 마을 운동의 출발점으로 꼽을 수 있겠다. 이러한 도시 선교 활동은 80년대 민중교회의 탁아소, 공부방 등 마을 운동으로 이어졌다. 1990년대와 2000년대에는 교회와 마을의 어린이집과 도서관, 지역아동센터를 연결하며 마을 전체를

---

6 김학철, "공허함 채우고 '사회적 연대' 이루는 교회 문화 만들어야", 아이굿 뉴스.
7 "기독교 사회복지, 마을로 들어가자", 「한국기독공보」.

학습, 문화, 복지 등 통전적 생명망으로 짜나가는 마을만들기의 꿈으로 이어져 나갔다. 이러한 마을 교회 운동은 2016년 3월 11일 예장 총회 지역 마을 목회 컨퍼런스에 참여한 예장 마을만들기 네트워크 목회자 일동으로 마을 목회 선언문이 발표되기에 이르렀다. 그 결과 예장교단의 102회 총회(2018년) 주제가 마을 목회로 지정되기도 하였다.[8]

IV. 코로나 시대, 부천 약대동 새롬교회 돌봄 이야기

새롬교회는 35년 전 약대동에 교회를 개척하면서 가장 먼저 맞벌이 부부를 위한 탁아소와 공부방을 세웠다. 새롬어린이집과 마을 공부방을 세운 이후 IMF 시기에는 마을도서관의 이름을 '신나는 가족도서관'으로 지었다. 이는 IMF 시기 지역의 가족이 해체되는 것을 보면서 해체된 가정을 돌보기 위해 지은 이름이다. 2013년에는 새롬교회와 약대동 주민들이 힘을 합쳐 '달나라 토끼'협동조합이 세워졌고 이곳에서 달토 마을 카페가 운영되기 시작하였다. 이러한 흐름을 타고 '꼽사리 영화제'라는 약대동 마을의 이야기를 모아 마을 축제를 만들면서 본격적으로 약대동 마을만들기의 시대를 열었다.

---

8 "한국적 작은 교회론", 대한기독교서회, 245.

1) 약대동 여름마을학교 이야기 "마을 전체가 배움터다!"

약대동의 여름마을학교는 10년의 전통을 가진 교육 프로그램이다. 마을공동체 교육의 시대에 약대동의 어린이집, 지역아동센터, 마을 가족도서관, 마을합창단, 꿈이 마을방송국, 꿈이 심야식당의 꿈텔스 친구들과 드루와 마실터의 어르신들이 함께 어우러져 마을 교육공동체를 이루는 2016년 약대동의 여름이 되었다.

2) 부천 약대동 세대공감 마을합창단, '새어림'의 신나는 마을 이야기

2016년부터 약대동 마을 드루와 마실터에서 선이정 집사님이 어르신 국악 교실을 시작하고 청소년과 어르신들을 대상으로 장구와 합창을 지도하였는데, 새롬교회 찬양대와 함께 마을합창단을 만들어 보자는 의견이 모아졌다. 마침 경기도교육청에서 진행하는 꿈의 학교 사업신청서에 세대 공감 마을합창단 사업 계획서를 넣어 통과되면서 구체화되었다. 또한 명실공히 약대동의 마을합창단으로 자리매김을 하기 시작한 세대공감 마을합창단은 2016년 8월 15일에 부천통일음악회에 약대동의 다양한 단체들이 참여하면 좋겠다는 의견을 제안했다. 새롬교회와 드루와 마실터 이외에 약대동가족도서관, 달나라 토끼협동조합, 무한리필 동호회, 꿈이 청소년 심야식당과 함께 8월 15일에 부천통일음악회 참가하여 한반도 평화상(2등)을 타는 등 멋진 마을합창단으로 성장하여 갔다.

3) 새롭게 지역 생명망을 짜는 마을 돌봄심방과 살림구역예배

(1) 말씀과 중보기도로 준비하는 약대동 마을 심방 이야기

새롬교회 교인들은 지역 사회를 섬기는 교회가 되기 위해 먼저 지역 사회와 한국, 세계를 위한 중보기도를 드리고 그 기도에 따라 실천적인 활동과 삶을 살아가는 훈련을 받는다. 이러한 과정을 통해서 교인들은 신앙의 관심사 변화에 따라 기도의 내용이 변화되고 있음을 스스로 깨닫고 있다.[9]

"오늘도 주님 앞에 나와 예배드릴 수 있게 하심을 감사드립니다. 올해 초등학교 신입생 오티 중 건물 붕괴 사고로 많은 사상자가 발생한 지 얼마 지나지 않아 4월 16일 세월호 사고는 한 지역, 한 고등학교, 한 학년 아이들 대부분을 잃고 말았습니다. 인간의 이기심, 무지막지함, 부도덕함, 무신경함, 정부의 무능함을 지켜볼 수밖에 없었던 가족들과 국민이었습니다. 그리고 얼마 지나지 않아 우리 기억 속에서 점점 희미해져 가고 있는 것이 새삼 두렵습니다. 우리로 우리 가정, 우리 아이는 괜찮다는 생각에서 벗어나게 하여주시옵고 우리 기억 속에서 잊히지 않도록 하여 주옵소서! 주님! 교회는 올 한해 많은 일을 이루어냈고 또 새로운 일의 시작점에 있습니다. 미리 계획한 일이 아님에도 마치 기다렸던 것처럼 척척 진행되는 것이 놀라우면서도 모든 일에 주님의 인도하심이 느

---

9 한국일, "선교적 교회의 이론과 실제", (장로회신학대학교출판부, 2016), 262-263.

껴집니다. 간절히 바라옵기는 협동조합이나 꿈이 포차, 마을방송
국 등 수고하는 모든 이들에게 영육 간에 강건함을 허락하여 주시
옵소서! 그리하여 협동조합, 카페는 점점 더 탄탄하게 자리잡혀지
길 원하오며 꿈이 포차나 마을방송국 팀에게도 힘주시고 모든 일
에 항상 주님이 살아 움직임을 잊지 않게 하소서! 주님, 새롬교회
가 약대동에 터를 잡고 지역복지, 지역 선교, 마을만들기 사업 등
에 많은 사람들의 수고와 노력으로 27년이 지나고 있는 올해에는
유난히 외부 손님의 약대동 마을 탐방이 많았습니다. 비로써 열매
가 맺히고 꽃이 피는 것 같습니다. 이 모든 일에 감사드리며 오늘
이 예배의 시작과 끝을 주님께 맡기옵니다. 모든 말씀 예수님 이름
으로 감사하며 기도드립니다. 아멘!"(부천새롬교회, 2014년 마지막 주
일 대표기도: 이춘림 집사 4구역).

(2) 약대동 마을 심방의 출발

새롬교회는 봄에는 교인들을 심방하고, 가을에는 교인만 심방
하는 데서 벗어나, 지역의 어려운 이웃들의 상황을 조사하고, 교회
밖의 어려운 사람들도 심방하며 기도하는 마을 심방의 전통을 가
지고 있다.

새롬교회는 사회적 심방 기간이 있다. 교회 출석에 상관없이 돌
봄이 필요한 분을 찾아가 기도해드리고 얘기도 나누는 기간이
다. 새롬교회 지역 선교 기관에서 추천하여 교회의 권사님들이

같이 방문한다. 마을 떡방인 달나라 토끼가 생산한 떡과 식혜를 가지고 가서 같이 얘기를 나누면 무척 좋아하신다. 절을 다녀도 성당을 다녀도 같이 기도하는 것을 반기신다. 관심과 사랑이 좋아서다. 심방 기간에 00 어르신을 추천했다. 반찬을 좀 들고 가서 같이 밥을 먹으면서 얘기를 나누었다. 방 한 칸에 침대 하나 놓으니 걸어갈 공간도 없다. 노인복지가 발달했다는 것은 동네에 돌봄 연결망이 얼마나 구성되어 있는지 보면 알 수 있다. 노인과 장애인은 그저 멀리 떨어진 공기 좋은 곳에 가두려 한다. 그들은 공기 좋은 곳을 좋아하지 않고 사람 많은 곳을 좋아한다. 이 문제는 마을이 구체적으로 나서고, 국가가 밀어야 해결할 수 있는 것이리라. 00 어르신은 시간이 흘러 치매가 심해졌다. 문제가 발생하자 아들이 재빨리 요양원으로 모셨고 우리 어르신들의 예상대로 석 달 후 머나먼 곳으로 떠나셨다. 처음으로 우리 고객이 되어주셨던 00 어르신을 절대 잊을 수 없을 것이다. 00 어르신의 삶에는 여성, 아내, 엄마 그리고 버림받은 노인의 삶이 묻어 있다. 그것이 곧 나와 우리 모두의 문제인 것이다. 00 엄니, 이제 아프지 말고 걱정 없는 그곳에서 편안하세요(약대동 마을 심방 이야기: 오세향 선생).

(3) 중보기도회의 사회적 기도를 통해 마을 심방위원회 구성

약대동에서 지역 사회 선교가 활발하게 전개되던 시기에 약대동 마을 선교에 적극적으로 참여하시던 김현자 권사님이 한참 중보기도를 통해 개인과 교회와 선교 사역에 대해 기도하면서 함께 할 교우들을 찾던 중 최희정 권사님이 오시고 최 권사님이 마 집사님을 전도해 오시면서 중보기도회에 합류하셨다. 기도의 응답을 받은 것이다.

이처럼 김현자, 최희정 권사님과 마순임 집사님이 모여 중보기도회할 때 교인들과 교회를 위해서는 물론 교회의 지역 선교를 위해 기도했다. 그러던 중에 어느 때부터인가 마을의 선교 현장을 위해 마을 심방 팀을 꾸리기 위해 기도하였는데, 그 기도도 응답을 받아 중보기도회 지역 선교회 권사회가 연결이 되어 마을 심방 팀이 만들어졌다. 지금은 마을 심방을 7년째 지속하고 있는데 우리는 이 마을 심방의 기초적 힘이 바로 지역 사회와 마을을 위해 기도한 사회적 중보기도에 있다고 생각한다.

이제 중보기도회를 통해 매해 가을마다 이루어지는 마을 심방이 있기 전에 교역자들과 마을의 선교 일꾼들 그리고 권사님과 집사님들로 이루어진 마을 심방위원회가 함께 모여서 올해 심방 할 가정을 선정한다. 이때 주로 지역 선교위원 어린이집, 지역아동센터, 가족도서관, 가정지원센터에서 심방이 필요하다고 추천한 가정 중 5~7가정 정도를 선정하여 마을 심방을 시작하게 되는 것이다.

"주님 오늘 우리 교회 집사님, 권사님들이 그동안 약대동에서 지역 선교로, 중보기도와 마을 심방으로 교회에서 갈고닦은 신앙이 마을 속에서 전개되기 시작하자 마을 곳곳에서 서로 식탁을 펴고 음식을 나누고 서로 위로하고 격려하고 응원을 하는 마을 이야기가 전개되면서 마을 곳곳에서 성령의 역사가 일어나고 있음을 우리는 믿습니다. 이제 코로나 이후 교회가 있는 마을 곳곳에서 지역 선교와 사회적 중보기도와 마을심방이 3위일체로 결합되어 돌봄 마을이 들불처럼 일어나기를 간절히 기도드립니다"(코로나 기간 중 새롬 중보기도회 기도문).

〈지역아동센터, 어린이집, 다문화가정 심방〉

남OO 가족입니다. 둘째가 새롬어린이집을 다니고 있어 어린이집 원장님과 김현자 권사님이 마을 심방을 갔습니다. 어머니가 한국 온 지 5년 되었는데 무엇보다 의사소통이 안 돼서 아이들 교육이나 사회생활에 큰 어려움이 있었습니다. 거의 매일 집에서 아이들만 보고 주변 어느 이웃도 알지 못하는 고립의 상태였습니다. 이야기할 사람도, 힘든 일을 나눌 아무도, 전화번호 하나 알지 못한다는 말씀에서 가슴이 아팠습니다. 당장은 마을공동체에 가볍게 아이들과 나들이할 수 있도록 여성 안전망 삐뽀삐뽀와 세어림 마을합창단을 소개했는데, 아이들과 한 번 방문하시겠다고 하네요.

오늘 대림절 새벽기도회에 참여하신 우리 어린이집 원장님이 귀화한 다문화가정 자모님이 삐뽀삐뽀 여성 안전망 모임에 참여한다고 하셨는데 혹시 오셨냐고 OOO 선생님께 물었더니 "오늘 오셨어요. 노래도 하고 갔어요. 앞으로 잘 어울려서 할 수 있을 것 같아요. 인원이 계속 늘어나서 좋네요"하고 대답해 주시면서 "교회에서 마을의 분들을 찾아주시면 저희는 너무 좋아요. 이처럼 약대동에 여성 안전망 뻬뽀뻬뽀가 있어서 너무 감사하고 이 뻬뽀뻬뽀에서 도시재생 사업으로 뮤지컬을 준비하고 있다니 너무 반가운 일입니다. 이러한 마을의 세대 공감, 다문화 공감을 중심으로 마을 돌봄의 이야기가 계속 신게개 전개되길 기도합니다(대림절 새벽기도회 이야기).

4) 약대동 돌봄심방과 돌봄영성의 성장 청소년 밥상 꼽이심야 식당으로

2016년 3월 문을 연 꼽이 심야식당은 지역 청소년의 놀이터와 같은 곳이다. 매주 금요일 오후 6~10시 청소년에게 무료로 식사를 제공한다. 짜장밥, 떡볶이, 소고기덮밥 등 메뉴는 매번 다르다. 매주 100여 명의 청소년이 이곳을 찾는다(꼽이 심야식당/ 새롬교회 이승훈 목사).

"꼽이는 2013년 약대동에서 '꼽사리영화제'를 개최할 때 주민들이 만든 캐릭터의 이름이다. 경기도 부천 약대동에 있는 새롬교회(이원돈 목사), 약대중앙교회(이세광 목사), 약대감리교회(송규의 목사) 성도들은 청소년들을 섬기기 위해 이 식당을 만들었다. 각각 예장통합, 예장합동, 기독교대한감리회 소속으로 교단은 다르지만, 초교파적으로 힘을 모았다. 매주 성도들이 교회별로 돌아가며 장보기, 음식 만들기, 배식 등의 봉사를 한다."[10]

꼽이 심야식당의 사례는 지역과 마을과 같은 바닥으로부터의 지역 에큐메니컬 연대가 출발할 수 있다는 지역 에큐메니즘에 기초한 마을 목회와 선교의 새로운 생태계의 탄생을 예고하고 있다. 그러던 중 2017년에는 부천의 대표적인 청소년 청년들의 밥상인 청개구리와 약대동 꿈이 만났다. 부천의 꿈이 심야식당에서 자원봉사하는 새롬 청년들과 부천역을 중심으로 청소년 밥상공동체에 참여하는 청개구리 청년 활동가들의 연합 모임으로 만난 것인데 초기에 마을과 도시의 청소년 밥상공동체에서 함께 밥을 먹던 청소년들이 이제 청년이 되어 동생들을 만난 것이다. 청개구리가 낳은 스타의 노래도 들으며 꿈청과 청꿈이 연합해서 신나고, 태풍 피해가 있었던 필리핀 타클로반 봉사 활동 같은 멋진 일들을 생각하는 청년 이웃공동체가 탄생하고 있다는 감격이 있었다. 그래서 우리 약대동 마을에 꿈이 하나 생겼다. 우리도 이처럼 청년들을 중심으로 이웃공동체를 만들어 나가고 마을에서 옥상 텃밭을 함께 만들어 가며 그곳에서 좋아하는 친구와 식탁을 나누는 옥탑방 청춘 만찬을 만들어 보자는 꿈이다.

이처럼 청소년과 어르신들이 꿈이 심야식당에서 음식을 준비하고 나누는 청년들의 밥상공동체인 청춘 만찬과 함께, 마을 카페 달토에서는 한 접시(포틀락) 만찬으로 약대동 표 밥상공동체 운동이 진행되어왔다. 이러한 흐름 속에서 2019년에는 새롬교회에서도 새롬 구역의 다음과 같은 시도가 시작되었다.

"어제 1구역 예배는 달토에서 텐트를 치고 하는 청소년 하루 캠

---

10 "부천 3개 교회 아름다운 연합, 다음 세대에 '따뜻한 밥상'", 「국민일보」 (2016. 08. 01).

프와 연결하여 돼지고기 쌈과 닭볶음탕으로 시작하여 그야말로 풍성한 구역예배를 드렸습니다. 1구역 예배 때 나온 이야기를 요약해본다면 우리의 구역예배가 풍성해지려면 첫 번째로 우리의 모이는 것이 피곤치 않은 삶에 여유가 생겨야 하는데, 모여라 모여라 하는 것이 아니라 삶의 여유를 위해 가장 필요한 것이 바로 기본 임금제입니다. 필요하다면 우리 공동체에서부터 기본 임금제를 시작해서 함께 나눌 수 있는 기본 시간제를 시작해야 할 줄로 믿습니다. 두 번째로 구역예배에서 음식을 함께 나누어야 합니다. 풍성한 예배를 위해 우리 구역은 달토와 같은 협동조합 카페와 포틀락 한 접시 형태의 밥상공동체 형식을 잘 활용할 필요가 있다는 이야기가 나왔고 마지막으로 이렇게 서로 충분히 친숙해졌고 준비된 구역부터 구역을 살림공동체로 전환의 실험도 해볼 수 있다는 이야기도 있었습니다. 부천Y 황주석 총무가 부천Y의 생협을 시작하면서 촛불 등대를 시도한 사례가 있는데, 우리 구역도 이러한 촛불 등대 모임처럼 말씀을 나눌 뿐만 아니라 달토협동조합과 연대하여 살림꾸러미를 공동구매하고 이웃도 초청하여 삶과 살림을 함께 나누는 소박한 살림 마당을 꿈꾸어 볼 수도 있겠습니다. 우리 공동체의 가장 기초단위인 우리 구역부터 이러한 풍성한 밥상공동체가 시작되어 우리 구역부터 이러한 도시 돌봄공동체의 가능성을 마을의 기초 밥상공동체로 꿈꾸어 보는 2019의 아침이 되길 기도해 봅니다."

_「새롬」 2월 구역예배 자료

그리고 놀라운 것은 이러한 지역과 마을 에큐메니컬 연대 운동은 지금 약대동 마을의 세 교회가 연합하여 "마을공동체에서 희망을 찾다!"라는 6주짜리 강좌와 돌봄 마을 커뮤니티 케어 운동으로 번져나가고 있다. 아래글은 약대동에 돌봄 마을의 필요성을 나누기 위해 인하대 임종한 교수님이 쓰신 "마을공동체에서 희망을 찾다"라는 약대동 커뮤니티 케어 강좌 초청장이다.

> 마을이 사라지고 있습니다. 가족과 마을공동체가 약화되어 사람과 사람의 관계망은 파괴되고 도시에서 1인 1가구 홀로 사는 사람이 늘고 있습니다. 빈 마을의 자리에 저출산, 급속한 고령화와 고독사 증가, 건강 불평등, 소득 불평등, 기후변화의 위기, 에너지 고갈의 위기가 찾아들고 있습니다. 국가나 기업도 감당하기 어려운 이러한 변화 속에서, 시민들의 삶이 이루어지는 가장 작은 단위인 이곳 마을에서 새 희망을 찾으려 합니다. 협동과 연대로 이루어지는 마을에서의 새 희망 찾기에 여러분을 초대합니다.

V. 코로나 이후 약대동 통합 돌봄 마을로 가는 길

지금까지 우리는 코로나 재난을 경험한 이후의 새롬교회와 약대동의 미래를 전망하기 위해 약대동 지역아동센터를 비롯해 마을 도서관, 마을 협동조합, 어르신 쉼터 등과 같은 그동안의 마을 목회와 지역 사회 선교의 이야기를 정리해보았다. 이제 코로나 이후는 이러한 새롬교회의 마을 목회와 지역 선교의 역량을 약대동 마을의 생명적 돌봄망으로 통합해 나갈 시기를 맞이하고 있다.

코로나 재난 이후 우리 스스로가 마을 단위에서 서로 돌보는 공동체와 마을을 만들지 못한다면 우리는 모두 재난의 여파로 붕괴될 수도 있을 것이다. 코로나 이후 우리는 돌봄 마을로 서로 도우며 살 수밖에 없다. 이러한 상황에서 정부에서도 고령화의 심화, 가족 기능의 약화, 사회적 약자의 삶의 질 향상을 위해 2025년까지는 지역 사회 통합 돌봄의 실행기반을 구축한다는 계획을 하고 있다고 한다.[11]

이처럼 코로나 재난 상황 속에서 극심한 경제적 위기와 심리적으로 고립, 불안, 피곤 가운데 있는 사람들을 돌보는 문제는 더 이상 개인적 차원의 문제가 아니라 사회적, 정치적 차원의 문제가 되어 가고 있다. 다시 말해 코로나 이후 돌봄 문제는 가족 윤리나 개인 관계에 국한되지 않고 공적이고 국가적 영역으로 확장될 수밖에 없는 문제가 되어가고 있다는 것이다.[12] 코로나 이후 한국교회는 교인 수 20%, 재정 20%가 감소할 것이라는 추세와 교회의 생존이 지역과의 새로운 상호 돌봄적 연대와 상생의 네트워크를 어떻게 형성하느냐가 관건이 되는 상황 속에서 지역과 마을 돌봄의 실천이 교회의 가장 중요한 목회적, 선교적 실천의 과제로 다가오

---

11 임종한, "[항동에서] 지역 사회 통합 돌봄, 이제부터 시작이다", 「인천일보」(2021. 04. 01).

12 심성보, "코로나 시대, 마을교육공동체 운동과 생태적 교육학", 「살림터」(2021. 2. 28).

고 있다는 것이다.

KBS 다큐온 프로그램인 '감염병 시대, 사회적 의료를 말하다'에서 지역 사회 통합 돌봄을 취재하면서 코로나 이후 고령화된 어르신들을 병원이라는 시설로 오라고 하는 것이 아니라, 어르신들이 사는 마을과 가정으로 왕진하여 치유하는 방문 치료의 모습을 보여주었다.

이 프로그램은 코로나 이후 우리 자신이 사는 집과 마을에서 치유 받는 것이 불가능하냐는 질문을 하면서 코로나 이후에는 병원이라는 시설 중심이 아니라 우리가 사는 마을 스스로가 서로 돌보고 치유하는 커뮤니티 케어 즉 마을공동체 돌봄과 치유 시대가 도래하고 있음을 암시하고 있다.[13] 커뮤니티 케어라는 통합 돌봄 복지의 내용을 보면 어르신들이 시설에서 치유를 받는 것이 아니라 살던 집에서 돌봄을 받고, 코로나와 같은 재난 가운데서도 교회공동체와 건강 문화 생태 리더들과 동네에 함께 살면서 질병 예방과 치료를 준비하며 돌봄 마을을 준비하자는 취지인 것이다. 코로나 이후 한국의 마을 교회들이 나아갈 길이 바로 이 길이다. 이제 코로나 이후 한국교회는 건물 중심의 모이는 교회를 넘어 마을 곳곳으로 움직이고 이동하면서 마을의 돌봄 캠프가 되어 마을의 생태적 건강적 문화적 영적 돌봄공동체(커뮤니티 센터)로 변화되어야 할 때라는 것이다.

새롬교회는 2021년 코로나 상황 속에서 1986년 부천 최초의

---

13 '감염병 시대, 사회적 의료를 말하다', kbs 다큐온, 2021년 1월 9일(토) 밤 11시40분 KBS 1TV.

종일 탁아 시설로 지난 35년간 약대동 마을의 어린이 복지 및 선교를 감당해온 새롬 어린이집이 저출산 시대와 코로나 재난으로 말미암아 소임을 다하고 폐원을 결정하는 상황을 맞이하게 되었다. 그리하여 새롬교회 교우들과 마을 선교 일을 감당하던 교우들과 약대동 마을 주민들이 함께 모여 기도하고 머리를 맞대며 6개월간 치열한 토론을 한 결과 새롬 어린이집이 사용하던 교회 건물 1층과 2층을 약대동 생태 문화 돌봄 공간으로 전환하기로 하였다. 1층은 마을 공동 부엌과 어르신 건강 카페, 2층은 마을 문화와 교육 공간, 옥상 전체는 마을 생태 치유 텃밭으로 내어놓았다.

약대동 건강 리더, 마을 부뚜막, 돌봄 학당 이야기

2020년, 갑자기 코로나 재난을 맞이한 약대동 마을은 약대동 꿈이 마을 박물관 개소 준비를 해 나가면서 약대동 신중년들을 중심으로 도시농부들이 마을을 녹색으로 가꾸고, 마을 어르신들이 자신의 인생 이야기를 나누며 자부심과 자존감을 높이는 마을 인생박물관을 준비 하기 시작하였다. 그리고 이 공간에서 어르신들이 자신이 사는 집에서 돌봄을 받을 수 있는 마을 중심의 '녹색 건강 돌봄' (커뮤니티 케어)이라는 생태적 선교가 출발하기를 꿈꾸었다. 약대동의 신중년 도시농부와 건강 리더들 중심으로 코로나 재난기에 약대동 마을 중심으로 토론되고 전개되는 통합 돌봄 마을 시대의 약대동의 미래에 대해 몇 개의 사례를 중심으로 살펴보고자 한다.

최근 약대동에서는 마을 새롬가정지원센터의 은빛날개와 부천의 의료사회협동조합과 연결하여 9회의 "약대동 마을 건강 리더 교육"(2021. 6. 25.)을 시작하였다. 이는 통합 돌봄 시대 커뮤니티 케어의 찾아가는 의사들과 간호사와 마을 건강 리더들의 방문 치유 개념을 새롬교회가 그동안 해왔던 마을 심방 개념과 적극 통합하면서 탄생한 프로그램이다.[14]

의사의 왕진 개념과 새롬교회의 마을 심방을 커뮤니티 케어의 영적 육적 돌봄망의 개념으로 통합해서 생각해보니 의료-복지-돌봄-주거-환경 분야를 통합하는 통합 돌봄적 마을 건강 리더 양성 교육의 가능성이 보인 것이다. 이러한 커뮤니티 케어에 기초한 영적 육적 통합 돌봄망이라는 개념은 그동안의 "교회 밖 마을에서 이루어져 왔던 지역 선교와 교회 안의 사회적 중보기도와 마을 심방과 같은 영적 생태계"를 통합적 생명 돌봄망으로 묶어서 이제는 통합 돌봄 마을 시대로 나가자는 뜻을 담고 있다.

---

14 야고보서 5장은 합심기도를 통한 치유와 건강복지공동체의 가능성을 제시하는데 야고보서에 5장의 치유기도는 하나님을 향한 전적인 신뢰로서의 믿음과 건강한 복지에 대한 적극적인 신념으로서의 믿음이 만나는 자리라고 합니다. 이는 신앙 치유가 의료적 치유와 배치되지 않고 그 병자의 건강복지를 극대화하는 방향으로 서로 공조하고 있다는 점에서 또 다른 중요한 의의라고 할 수 있습니다. 여기서 공동체의 치유 기도를 병든 자를 구하는 믿음의 기도로 규정하고 있음은(약5:15-16) 야고보서의 배후에 작동된 건강복지의 원리를 추출해볼 수 있을 것입니다. 다시 말해 그 치유 활동이 한 개인의 카리스마에 의존하기보다 공동체 전체의 관심과 배려 하에 이루어졌다는 점에 착안하며 그 의미를 우려낸다면(사회 양극화와 평화에 대한 신약성서적 통찰 : 한일장신대 차정식 교수), 오늘날 약대동 마을의 중보기도와 마을 심방이 건강 리더들의 치유 사역으로 이어지고 있는 이 선교 현장을 "마을 심방과 돌봄 치유 마을"로 연결할 수 있는 중요한 신학적 시사점을 발견할 수 있는 것입니다. "지금은 믿음을 행하고 실천할 때"(약 2;14-18), 10월10일 새롬교회 주일말씀.

장기적으로 약대동 마을은 건강 문화 생태 리더 등 돌봄 마을 리더들을 육성하며 마을 공유 부엌과 마을 부뚜막을 의논하기 시작하고 있고, 학교 밖 청소년들을 위해 부천 실내체육관에서 급식을 하던 꿈이 심야식당은 코로나 재난 이후 지역 아동과 청소년을 구분하지 않고 도시락을 직접 배달하는 것으로 전환하면서 마을 전체가 서로 돌보고 공유 공감하는 새로운 통합 복지와 통합 돌봄 마을의 길을 모색하려 하고 있다.[15]

예를 들면 최근 지역의 마을 부뚜막과 같은 통합 돌봄 마을 준비모임에서는 다음과 같은 것들을 공부하기 시작했다. ① 코로나 이전의 낡은 산업문명에서 탈출하여 우리는 다르게 살기로 하자! 우울, 불안, 고립, 분노, 중독의 낡은 산업물질문명에서 탈출하여 생태문명으로 다르게 살기로 하자! ② 지역과 마을에서 더불어 사는 생태문명과 문화 창조하기 위해 스스로 마을의 미디어가 되자! 지역과 마을 단위에서 무한경쟁과 승자독식이라는 가짜뉴스를 퇴치하고 협동, 소통, 돌봄, 공감, 공유의 새 문명의 복된 소식을 전하는 새로운 마을 미디어들이 되자!! ③ 코로나 시기 스스로 새로운 생태계가 되고 작은 마을 되어, 산업문명에서 생태문명의 전환기에 살면서 일주일에 4일 하루 6시간의 일을 꿈꾸며 나머지 시간을 마을의 평생학습 생태계에서 함께 공부하고, 마을 기업과 사회적

---

15 "우리는 마을주민들과 학교 안팎 청소년의 다양한 어려움과 위기 상황에서 돌보는 일을 위해 생겨났다. 올해 마을공동체 돌봄 거점을 만들고 있고 이웃한 자매단체들과 연대해 청소년을 비롯해 향후 마을주민(아동, 청년, 어르신 등)의 먹거리 기본권 보장하는 사업을 목표로 삼는다"(꿈이 심야식당 이승훈 대표 페이스북에서).

기업을 창업하며 유기농 생태 마을 축제를 기획하는 신나고 아름다운 꿈을 함께 키워 나가자![16] 이처럼 이제 한국교회의 마을 목회와 선교 활동은 지역과 마을 단위로 복지와 건강, 생태, 문화를 통합적 돌봄의 관계망과 생명망으로 짜들어 가는 통합 돌봄과 문화 복지의 생태계로 나가기 시작하고 있고 이것이 바로 코로나 이후 한국 교회가 나아가야 할 길이 될 것이다.

VI. 나오면서

부천 원미구 약대동 마을은 1986년도 이후부터 어린이집, 마을 도서관과 지역아동센터 등이 있었다. 2013년부터는 꼽사리 마을 영화제와 마을 협동조합 카페 등이 세워지면서 마을의 학습문화복지 생태계가 살아 움직이는 마을이었다. 특별히 2018년에는 "약대동 돌봄 커뮤니티 협의회"를 세워 마을 단위의 돌봄 커뮤니티를 세우기도 했다. 이러한 분위기 속에서 코로나가 시작된 2019년부터는 마을 도시농부들이 자발적으로 조직되었고 마을 텃밭을 가꾸며 기후위기에 대응하여 녹색 생명의 씨앗을 뿌리기 시작하였다. 그해 가을에는 코로나 재난 기간임에도 불구하고 꼽이 마을 인생박물관으로 열매 맺었다. 2021년부터는 약대동 마을과 부천 의료사회협동조합이 공동주최로 마을의 건강 리더 교육이 6월 25일 시작

---

16 약대동 마을 부뚜막 모임 강의와 토론 요약한 내용.

하여 9월 3일까지 총 9회를 대면과 줌으로 동시에 진행되었다. 또 다른 한편에서는 돌봄 마을과 마을 공유 부엌과 마을 부뚜막을 의논하기 시작하면서 서로 협력하고 소통하고 돌보고 공유 공감하는 새로운 통합 복지와 통합 돌봄 마을의 길을 모색하고 있다. 이처럼 약대동 마을은 돌봄 마을을 목표로 이미 건강 리더 교육을 마쳤고 2022년부터는 환경 생태 교육의 출발을 준비 중이다. 마을 주민들 가운데 이러한 교육을 다 마치고 마을의 건강 생태 문화 리더들이 함께 사회적 협동조합을 만들어 일자리 문제를 해결하는 교육이 시급하다는 의견이 활발히 전개되는 가운데 2021년 가을에는 행안부의 주민 자치 교육 프로그램에 약대동 마을 프로그램을 제안하기도 하였다.

10월 중에는 세대 공감 돌봄 문화 마당(약대말 역사 문화 공간 세대 공감) 공사가 마치면 11월부터는 이곳에서 약대동 건강 리더들과 문화 리더 그리고 도시농부(생태 리더)들의 활동이 시작된다. 이곳에서 마을 축제와 도시농부, 건강 리더 교육세미나 등 주민들이 직접 참여할 수 있는 다양한 소그룹 사역을 진행할 뿐만 아니라 주일을 제외한 평일에는 어르신과 청소년, 지역민을 위한 통합적 마을 돌봄 문화 센터 활동이 시작될 예정이다.[17]

결론적으로 코로나 이후 한국교회의 나갈 길은 단순히 크기가

---

17 "새롬교회 코로나 시절에 이 교회를 돌봄과 문화 공간으로 마을에 내놔야 되겠다. 11월 정도 되면 이 공간을 오픈할텐데 코로나 이후에 마을 교회들이 어떻게 나가야 할 것인가 하는 방향성이 여기서 나오지 않을까 하는 기대감과 꿈을 가지고 있습니다. 세상 가운데 하나님의 나라를 세워가고 있는 교회들의 사역이 마을을 변화시켜 나가고 있습니다"(이원돈 목사: CTS뉴스 김수지 기자).

작은 교회가 아니라 탈성장, 탈권위 탈성별의 내용을 가진 작은 교회로 다시 탄생되어야 한다. 이 작은 교회들은 지역 사회에 열린 교회 정도가 아니라 지역 사회와 동맹 연대하지 않고서는 한국교회의 미래는 없다는 의미로 지역과 연대하며 마을의 생명망을 짜는 교회로 전환되어야 할 것이다. 한국교회는 교회 건물 중심으로 모이는 시대를 넘어 복지 선교적 교회로 거듭나야 할 뿐만 아니라, 지역과 마을로 흩어지면서, 지역과 마을의 돌봄 문화 생태적 문제를 구체적으로 해결해 나가는 공동체로 새롭게 재구성해야 할 때를 맞이하고 있다.

이러한 돌봄 문화 생태의 시대에 많은 지역 교회들이 교회의 건물을 마을에 내놓을 뿐만 아니라 교회와 마을이 아래로부터의 복지 문화 생태적 연대와 동맹의 생태계를 짜는 건강한 돌봄 복지와 돌봄 마을로 방향을 잡아가는 흐름이 활발히 전개되어야 한국교회의 미래가 열릴 것이다. 다행스럽게 마을 단위의 이러한 통합 돌봄적 가치에 기반한 연대체인 희년 상생 사회적경제 네트워크(이사장 임종한)가 지난 6월 18일 출범했다. 희년 상생 네트워크는 사회적 경제 기반으로 기후위기에 대한 대응, 사회적 약자에 대한 통합 돌봄, 평화공동체 형성을 목표로 2030년까지 조합원과 자원봉사자 100만 명의 참여를 꿈꾸는 비전을 가지고 있다.[18] 이제 이러한 지

---

18 "희년 상생 네트워크는 약탈 경제의 종식, 사회적 약자의 권리 회복 및 자연과 더불어 삶을 추구한다"고 말했다. 이어 "기후위기 대처를 위한 햇빛발전소협동조합, 공동체 통합 돌봄, 의료복지사회적협동조합 등에 자원봉사자가 2030년까지 100만 명 참여하는 '한국형 디아코니아'를 만들겠다"고 강조했다("소외·배제 없는 사회를 위해… '희년상생넷' 창립", 「국민일보」, (2021. 06. 21).

역과 마을 단위로 아래로부터 불어오는 새로운 생명과 성령의 바람이 붕괴되어 가는 산업물질문명을 넘어 "마을 목회와 돌봄 마을"이라는 새로운 생태문명의 길을 열어나갈 것이고, 한국교회는 끝내 그 길을 찾아 나설 줄로 믿는다.

참고문헌

이원돈. "마을이 꿈을 꾸면 도시가 춤을 춘다." 동연.

_____. "코로나 이후 한국교회의 복지선교, 돌봄복지와 돌봄 마을로!" 「기독교
　　　사상」 9월호(2021).

한국일. "선교적 교회의 이론과 실제." 장로회신학대학교출판부.

박영호. "에클레시아." 새물결플러스.

"한국적 작은 교회론." 대한기독교서회.

심성보. "코로나 시대, 마을교육공동체운동과 생태적 교육학, 살림터

"바이러스에 걸린 교회." 삼인.

선교적 교회론에서 본 마을 목회*

황홍렬 | 부산장신대, 선교학

I. 들어가는 말

21세기의 시작과 관련해서 유럽은 냉전 종식을 상징하는 베를린 장벽의 붕괴(1989)를, 미국은 9.11 테러(2001)를, 아시아는 인도네시아에서 일어나 약 30만 명의 목숨을 앗아간 쓰나미(2004)를 제시할 수 있다. 그렇지만 인류가 겪는 코로나19 팬데믹은 기후위기와 생태계위기가 21세기 인류가 직면한 최대 위협이라고 하지 않을 수 없게 되었다. 세계교회협의회를 비롯한 에큐메니칼 운동은 기후위기와 생태계의 위기를 21세기 이전부터 중요한 의제로

---

* 이 글은 황홍렬, "선교적 교회론에서 본 한국 민중교회"「선교신학」제36집(2014), 489-529에 실렸고, 그 뒤 한국선교신학회 엮음,『선교적 교회론과 한국교회』(서울: 대한기독교서회, 2015), 414-449와 황홍렬, "마을만들기, 마을 목회와 마을 목회의 신학적 근거" 강성열·백명기 엮음,『한국교회의 미래와 마을 목회』(서울: 한들출판사, 2016), 133-211을 토대로 쓴 글이다.

제시해 왔다.

북미 교회가 교회의 위기를 극복하기 위해서 제시한 선교적 교회론은 이런 글로벌 위기라는 시대적 징표보다는 교회 내적 위기에서 비롯된 신학적 고민이라 할 수 있다. 한국교회는 1990년대 이후 교회 성장이 멈추고 사회적 공신력이 급격히 떨어지면서 교회 안팎의 도전을 받고 있다. 특히 한국교회의 초고령화와 더불어 다음 세대와의 소통의 부재와 다음 세대의 외면은 한국교회의 미래를 암울하게 한다. 이런 상황에서 일부 교회와 선교 신학자들은 대안으로 북미 교회에서 제기된 선교적 교회를 제시했다. 한편 예장통합 총회는 생명살리기운동(2002~2012)과 치유와 화해의 생명공동체운동(2012~2022)을 전개했다. 예장 총회는 2018년 마을 목회를 총회 주제로 제시하기도 했다. 이 글의 전제는 북미 교회가 제기한 선교적 교회를 한국의 상황에서 적용한 모범사례를 마을 목회, 녹색교회라고 상정한다.

이 글은 II장에서 북미 교회가 제기한 선교적 교회론 논의의 배경과 선교적 교회의 신학적 회심, 선교적 지역 교회, 선교적 교회의 리더십 등을 살펴보고자 한다. III장에서 마을 목회의 사례로 서울 한남제일교회(대도시), 경기도 용인 고기교회(중소도시), 청주 쌍샘자연교회(농촌) 등 세 교회가 마을 목회를 하게 된 배경, 주요 선교 활동, 특징 등을 중심으로 소개하고자 한다. 마을 목회는 마을만들기 맥락에서 이해해야 하는데 이 글에서는 마을만들기를 소개할 지면이 없어 필자의 글을 전제로 하고 마을 목회의 사례들만 소개하고자 한다. IV장에서는 선교적 교회론에서 본 마을 목회를 신학적 회심과 신학적 방향, 문화와 복음과 교회의 삼자 간 대화, 선교적 지역 교회의 신학함과 선교 활동, 선교적 목회자의 리더십이라는 주제로 세 교회의 마을 목회를 분석해보았다. V장에서는 선교적 교회론에서 본 마을 목회의 의의와 과제 그리고 한계와 대안을 제시하고자 한다.

이 글은 본래 북미 교회의 선교적 교회론이 한국교회 상황에서 왜 마을 목회인지를 제시하려 했으나 이는 선교적 교회론과 마을 목회론에 대한 이론적 정합성이나 공통점, 차이점 등을 보다 면밀하게 검토해야 가능하기에 다음 기회로 미룬다. 여기서는 북미 교회의 선교적 교회론을 제시하고, 마을 목회의 사례들을 제시한 다음 선교적 교회론의 관점에서 마을 목회를 이해하고 정리하는 방식을 취하고자 한다. 물론 마을 목회가 선교적 교회론에 맞지 않는 부분이 있지만 그런 부분에 대한 논의는 다음으로 미루기로 한다. 여기서는 이런 논의를 통해 선교적 교회론과 마을 목회의 유사한 점을 더 부각시켜, 마을 목회의 신학적 논의를 심화시키는 것으로 만족하고자 한다.

II. 선교적 교회론에 대한 이해[1]

1. 선교적 교회론의 배경

북미 교회의 위기 상황에서 북미 신학자와 목회자들은 위기의 원인과 대안을 복음과 문화와 교회 사이의 삼자 간 대화를 통해 밝히는 신학적 논의와 제시한 대안을 선교적 교회론으로 말할 수 있다.[2] 북미 교회의 신학자 그룹은 영국의 레슬리 뉴비긴으로부터 영향을 받았다. 여기에 대해 논하기 전에 큰 맥락에서 볼 때 뉴비긴 이외에 호켄다이크와 크레머, 보쉬 등 선교신학자들의 논의도 선교적 교회론에 영향을 주었다는 점[3]과 『교회의 선교적 본질』을 저술한 요하네스 블라우와 지역 교회 입장에서 선교를 고민했던 찰스 반 엔겐도 선교적 교회론에 기여했음을 인정하는 것이 필요하다.[4]

레슬리 뉴비긴은 영국의 선교신학자로 1936년부터 1974년까

---

1 II장은 황홍렬, "선교적 교회론에서 본 한국 민중교회" 한국선교신학회 엮음, 『선교적 교회론과 한국교회』(서울: 대한기독교서회, 2015), 415-430에서 가져온 것임을 밝힌다.

2 선교적 선교론에 대한 한국 선교학자들의 논의에 대해서는 다음 논문을 참조하시오. 이후천, "한국에서 선교적 교회론의 접근 방법들에 대한 선교학적 성찰" 장로회신학대학출판부, 『선교와 신학』제30집(2012년 가을), 49-74. 한국적 상황에서 본 선교적 교회는 한국일, "한국적 상황에서 본 선교적 교회: 지역 교회를 중심으로"『선교와 신학』제30집, 75-116을 참조하시오.

3 정승현, "서구에서 선교적 교회론의 태동 및 발전" 장로회신학대학교출판부, 『선교와 신학』제30집 (2012년 가을), 13-45.

4 최동규, "GOCN의 선교적 교회론과 교회성장학적 평가" 한국선교신학회 편, 『선교신학』제25집(2010), 233-234.

지 인도 선교사로 활동했다. 그는 남인도교회가 통합하는 데 크게 기여했다. 여기서 교회 일치와 선교가 불가분 관계에 있다는 그의 선교신학적 입장을 볼 수 있다. 그는 남인도교회에서 주교로 섬기 던 중 국제선교협의회의 마지막 총무를 역임했고(1959~1961), 국 제선교협의회가 세계교회협의회와 통합된 후에는 세계선교와 전 도 분과의 초대 총무를 맡았다(1961~1965). 1974년 귀국한 뉴비긴 은 자신을 선교사로 파송했던 영국이 이교도 국가로 변한 것에 큰 충격을 받았다. 그는 복음과 우리의 문화 대화모임(*Gospel and Our Culture conversation*)을 1980년대에 이끌며 문제와 대안을 찾으려 했다. 그의 1980년대의 저술들이 큰 영향을 주었다. 그는 계몽주 의 영향으로 공적 세계와 사적 세계가 나뉜 가운데 종교가 사적 세 계에 머무는 것을 비판하고, 근대 문화 속에서 복음의 공적 진리를 드러내고자 했다.[5] 그렇지만 1990년대 들어와서 이 모임은 경제문 제 등으로 큰 진전을 이루지 못하다가 1998년 뉴비긴의 사망으로 막을 내렸다.

북미에서는 뉴비긴이 프린스톤 대학교에서 1984년 워필드 강좌 를 개최한 것이 계기가 되어 1980년대 후반에 헌스버거가 주도하 여 복음과 우리 문화 네트워크(Gospel and Our Culture Network, GOCN)를 만들었다. GOCN은 북미 교회의 위기 상황에 대처하기 위해 만든 것이다. 여기서 위기는 한편으로 북미 교회와 북미 문화 사이의 불일치와 다른 한편으로는 과거의 북미 문화의 가정들을

---

5 뉴비긴의 선교적 교회론에 대해서는 최형근, "레슬리 뉴비긴의 선교적 교회론" ACTS,『신학과 선교』제31집(2005), 369-389를 참조하시오.

북미 교회가 지지하고 있다는 점이다. 성서는 교회로 하여금 세상에 살되 세상에 속하지 말라고 하였지만, 북미 교회는 현재의 세상에 살지 않되 과거 세상에 속해 있다는 점이다.[6]

미국선교학회지는 1991년에 선교적 교회론을 특집호 주제로 삼았다. 헌스버거와 크레이그 반 겔더가 그동안 GOCN에서 발표한 논문을 모은 책(The Church Between Gospel and Culture)을 출판했다. GOCN의 핵심 회원들이 3년간 집단 작업을 거쳐 1998년에 나온 책이 『선교적 교회』(Missional Church: A Vision for the Sending of the Church in North America)였다.[7] 한편 복음주의 진영에서는 선교와 교회의 관계를 선교회 우위 구조에서 본 랄프 윈터와 대조적으로 찰스 벤 엥겐은 지역 교회가 선교의 주도권을 쥐어야 한다고 한 후 복음주의 진영은 선교적 회중론을 발전시켰다.[8]

2. 선교적 교회의 전제

첫째, 선교적 교회론은 복음과 문화와 교회, 삼자 간 대화이다.

---

6 George R. Hunsberger & Craig Van Gelder (eds.), *Church Between Gospel & Culture: The Emerging Mission in North America (Grand Rapids: Eerdmanns, 1996), Introduction,* xiv-xv.

7 Craig Van Gelder & Dwight J. Zscheile, *The Missional Church in Perspective: Mapping Trends and Shaping the Conversation,* (Grand Rapids: Baker Academic, 2011), 46-47.

8 박보경, "복음주의 진영의 선교적 회중 모색"『선교신학』제32집(2013), 210-228. 교회성장의 입장에서 선교적 교회론을 접목시킨 논문은 최동규, "교회성장의 새로운 방향 설정을 위한 시론"『선교신학』제32집(2013), 235-262를 참조하시오.

세상의 문화가 그리스도인들의 복음과 교회에 대한 이해에 어떤 영향을 주었는지를 식별하고, 복음의 본래적 의미를 회복하고, 그러한 복음을 그 문화 속에서 교회가 어떻게 전하여 하는지를 규명하는 것이 선교적 교회론이다. 즉 뉴비긴은 복음과 문화/상황의 관계를 먼저 살핀 후 그 맥락에서 교회의 역할을 모색했다. 그렇지만 많은 그리스도인들은 먼저 교회에 대한 성서적 이해를 규명한 후 그러한 교회론에 따라 우리의 문화나 상황에 적절한 전략을 개발하려 한다.9 그렇지 않으면 선교적 교회에 대한 많은 책들은 '파송하는 하나님'이라는 접근방식의 논리에 따라 세상을 교회가 파송받는 '외부'라고 봄으로써 교회가 문화라는 맥락에 놓여 있음을 간과하거나 교회와 문화 사이의 상호 작용에 대해 검토를 하지 않는다.10 이는 선교적 교회론이 삼자간 대화이지만 교회 중심적 사고가 은연중에 작용할 수 있기 때문에 이런 전제를 유지하는 것이 선교적 교회론에서 중요하다.

둘째, 복음과 문화와 교회 사이의 삼자 대화가 일어나는 구체적인 현장은 지역 교회이다. 지역 교회가 사람들을 교회로 끌어들이기 위해 선교 전략이나 방법을 일방적으로 사용하는 것은 부적절하다. 이러한 태도는 지역 교회가 교회와 문화 사이에 가치관이 동

---

9 Alan J. Roxbourh & M. Scott Boren, *Introducing the Missional Church: What it is, Why It Matters, How to Become One*, (Grand Rapids: Baker Books, 2009), 72.

10 Craig Van Gelder & Dwight J. Zscheile, *The Missional Church in Perspective: Mapping Trends and Shaping the Conversation,* (Grand Rapids: Baker Academic, 2011), 61.

일하다는 과거의 전제를 그대로 수용하거나 지역 주민들에게 귀를 기울이지 않음으로써 그들을 선교의 대상으로만 여기거나 하나님께서 지역 사회에서 활동하시는 것을 주목하지 못하거나 이런 과정 속에서 변할 기회를 잃게 된다.[11] 지역 교회는 하나님께서 교회와 지역 사회, 이웃의 사회적, 경제적, 문화적 경계선을 넘어가면서 펼치는 활동을 주목하면서 하나님의 선교적 백성이 되어야 한다.

셋째, 지역 교회의 선교적 리더십은 하나님의 통치를 목표로 삼되 하나님의 순례하는 백성(회중)을 언약공동체로 성장시키는 과제와 언약공동체의 식구들을 잘 훈련시켜 세상의 현장으로 파송하는 이중의 과제를 지니고 있다.[12]

3. 선교적 교회의 신학적 회심과 신학적 방향

1) 신학적 회심

선교적 교회론은 선교와 교회의 이분법을 극복하고, 사람들을 교회로 끌어들이는 것을 선교로 이해하는 교회 중심적 선교 이해로부터 '이미'와 '아직' 사이에 있는 하나님의 통치와 종말론적 맥락에서 역동적으로 선교를 이해하는 신학적 회심으로부터 출발한다.

---

11 Alan J. Roxbourh & M. Scott Boren, *Introducing the Missional Church*, 83-84, 118.
12 대럴 구더 편저, 정승현 옮김,『선교적 교회: 북미 교회의 파송을 위한 비전』(서울: 주안대학원대학교출판부, 2013), 293-309.

선교적 교회론은 방법과 문제 해결의 차원에서는 풀리지 않는 북미 교회의 위기에 대해 신학적 대안을 제시한다.[13] 첫 번째 신학적 회심은 근대 선교 운동의 유산인 선교와 교회 사이의 이분법을 극복하는 것이다.[14] 근대 선교 운동은 교회가 세웠거나 교회로부터 독립된 선교회를 통해서 이뤄짐으로써 선교와 교회를 분리시켰다. 서구선교의 결과 세워진 신생교회들은 제2차 세계대전 이후 서구 선교회/서구 교회와 관계를 재정립해야 했다. 국제선교협의회가 세계교회협의회에 합쳤지만, 세계교회협의회의 한 분과가 됨으로써 선교가 교회의 하부조직인가 하는 문제가 제기되었다. 선교적 교회론은 선교와 교회간 이분법을 극복하려는 선교신학적 시도이다.

두 번째 신학적 회심은 교회로 교인을 끌어들이는 것(*attractional church*)을 선교로 이해하는 교회 중심적 선교론으로부터 교회를 하나님 통치와 종말론의 맥락에서 이해하는 선교적 교회론으로의 회심이다. 사람들을 교회로 끌어들이는 것을 선교로 이해하는 교회 중심적 선교에서 사람을 교회로 끌어들이는 것 자체가 문제라는 것은 아니다. 문제가 되는 것은 사람을 교회로 끌어들이는 것이 교회를 향한 우선적 부르심의 목적이 아니라는 점이다. 선교적 교회의 초점은 교회가 아니라 하나님이다. 선교적 교회론에서는 "우리가 어떻게 사람들을 교회로 모을 수 있을까?"라는 질문 대신에 "하나

---

13 대럴 구더 편저, 『선교적 교회』, 28.
14 Craig Van Gelder & Dwight J. Zscheile, *The Missional Church in Perspective*, 18-25.

님께서는 우리의 이웃에게 누가 되시는가?" "더 이상 자신을 교회의 일부로 여기지 않는 사람들에게 관여하기 위해서 우리가 변화시켜야 할 것들은 무엇인가?"라는 질문을 한다. 선교적 교회론은 그동안 우리가 있었던 안전지대, 기존의 질문, 공식, 청사진들로부터 나와 하나님께서 인도하시는 알려지지 않은 길로, 지도도 없이 따라나서야 하는 방랑자, 순례자의 길이다. 선교적 교회론에서 순례하는 그리스도인들은 성령의 바람을 읽는 기술을 습득해야 하고, 문화 물결의 시험을 이겨야 하며, 하나님의 부르심을 따라 순례의 과정에서 길을 잃지 말아야 한다.[15] 그런데 선교적 교회의 길로 들어서려는 교회와 목회자들에게도 여전히 사람을 교회로 끌어들이는 교회 중심적 선교론의 관성이 남아 있어 북미 문화에 적절한 선교전략이나 방법을 개발하는 경우로 되돌아가는 경향이 있다. 이런 이유 때문에 신학적 회심이 중요하다. 그래서 "선교적 (교회론의) 상상력이 태어나기 전에 반드시 죽어야 할 것이 (사람들을) 끌어모으려는 사고방식이다."[16] 이러한 신학적 회심은 과거의 기독교왕국(Christendom)과 계몽주의와 근대성과 같은 근대의 문화적 가치들이 오늘날의 신학함(doing theology)에 영향을 주면서 생긴 문제들을 극복하는 것을 요구하기 때문에 선교적 교회론의 신학적 방향을 논하면서 반드시 다뤄야 한다.

---

15 Alan J. Roxbourh & M. Scott Boren, *Introducing the Missional Church*, 16-25.
16 *Ibid.*, 84.

2) 구성요소

선교적 교회를 강으로 비유하면 선교적 교회는 신비, 기억, 선교라는 세 흐름이 합쳐진 강이다.[17] 구약성서는 이스라엘 백성들에 대한 이야기가 아니라 하나님이 이스라엘 백성을 택하신 신비와 그 하나님에 대한 이야기다. 신약성서는 하나님의 선택이라는 비슷한 신비에 의해 형성되었다. 초대교회 신앙공동체는 다가오는 하나님 통치의 징표요, 증인으로 부름 받았다. 선교적 교회에 참여함은 이러한 신비를 받아들이는 것이고, 성공적인 교회가 되거나 성장하는 교회가 되라는 압력을 선교적 교회로 대체하는 것이다. '신비'는 교회의 지도자들이 이웃을 통제하는 근대적 선교방식이 아니라 하나님의 주권에 순종하는 선교방식을 가리킨다. 구약성서에서 기억은 이스라엘 백성의 독특한 정체성을 형성하고 그 백성을 유지하게 한다. 하나님께서 그 백성을 선택하시고, 그들을 위해 행동하신 것에 대한 기억은 과거에 국한되는 것이 아니라 오늘 그들에게 영향을 주며, 그들의 미래를 방향 짓는다. 근대적 문화는 기억을 낭만화시켜 과거는 과거일 뿐 오늘과 미래에 영향을 주지 않는 것으로 본다. 오늘날 교회에서 거행되는 성만찬이 '기념'으로만 그치는 것은 교회가 근대문화에 속박되어 있음을 보여준다. 선교적 교회는 이런 문화 속에서도 성만찬을 대안적 이야기로 기억하여 삶의 방식을 바꾸고 하나님의 백성이 되고자 한다. 선교는 이런 신비와 기

---

17 *Ibid.*, 39-45.

억의 자연스러운 결과물이다. 선교는 교회가 행하는 행동이 아니라 교회를 형성하는 신비를 통해서, 교회를 부르는 기억을 통해서 교회가 되어가는 것이다. 선교적 교회는 신비와 기억과 선교를 통해서 형성되는 교회의 변형에 관한 것이다.

3) 신학적 방향

(1) 삼위일체 신론

자유주의와 기독교왕국이 붕괴되는 때에 바르트는 선교를 삼위일체 신론에 근거해서 보냄으로 해석했다.[18] 그는 성부 하나님이 성자 하나님을 파송했고, 성부와 성자 하나님이 성령 하나님을 파송한 것처럼 선교를 삼위일체 하나님의 파송으로 보았다. 이는 선교를 교회의 파송으로, 인간의 파송으로 보던 방식을 대체하는 것이었다. 선교는 하나님이 보내는 하나님이기 때문에 존재하는 것으로, 교회를 형성하고 세상으로 교회를 파송하는 것이 선교이다. 삼위일체 신론에 근거한 선교 이해는 기독교왕국의 사고를 따르는 교회 중심적 선교 이해를 극복하고, 선교에서 하나님의 주권을 회복하게 했다.

(2) 하나님의 통치

예수는 "때가 찼고 하나님의 나라가 가까이 왔으니 회개하고 복

---

18 Craig Van Gelder & Dwight J. Zscheile, *The Missional Church in Perspective*, 26-27.

음을 믿으라"(막 1:15)고 했다. 그러나 북미의 많은 교회들은 하나님 나라/통치를 '건설'하고 '확장'하려 한다. 이런 이미지는 특혜를 누렸던 기독교왕국의 유산과 계몽주의와 실용적 기술을 지향하는 근대적 문화에 의존한다. 이런 문화 속에서 하나님의 나라/통치를 '교회' 또는 '인간'이 '건설'하고 '확장'한다. 반면에 성서는 하나님의 통치를 하나님의 선물로, 인간이 들어가야 하는 영역이라는 이미지로 그린다. 하나님의 통치를 선물로 받아들이는 것은 믿음을 요구하고, 하나님의 통치 영역에 들어가는 것은 세상 통치의 영역(우상)으로부터 돌이키는 회개와 미지의 땅을 순례하는 공동체로서 모험을 감행하는 용기를 요구한다. 선교적 교회는 하나님의 통치를 이 세상에, 지역 사회에 드러내는 표적, 전조, 대리자, 도구이다. 선교적 교회는 공동체로서, 하나님의 종으로서, 메신저로서 하나님의 통치를 드러내는 선교활동에 참여해야 한다.[19]

하나님의 통치는 "성령 안에서 정의와 평화와 기쁨"(롬 14:17)이다. 복음은 다가오는 하나님의 통치가 기쁜 소식이라는 종말론적 특징을 지니고 있다. 그런데 오늘날 많은 교회들은 자신의 활동을 하나님의 통치의 내용인 정의와 평화와 연결시키지 못하고 있다. 이는 성령을 개인의 영혼에 초점을 두고, 역사적 사건과 자연, 창조와 관련짓지 않고 사랑과 은혜에 국한해서 보도록 하는 개인주의와 긴밀한 관련이 있다. 근대인들은 계몽주의의 영향으로 공적 삶과 사적 삶을 나누고 종교가 사적 삶에만 영향을 주는 것으로 보

---

19 대럴 구더 편저,『선교적 교회』, 145-168.

며, 교회를 사회적, 기능적으로 이해하고 있다. 그래서 근대적 문화에 세례를 받은 자들은 교회를 하나님의 종말론적 구원의 영역으로 인식하지 못하고, 세상의 화해와 치유를 구현하기 위해서 사회적 관계들을 육성해야 하며, 하나님의 정의와 평화의 구체적 사회적 현현이 되어야 함을 깨닫지 못한다.[20] 하나님의 통치를 교회가 왜곡되게 받아들인 것은 문화의 영향 때문은 아니다. 기독교왕국의 두 가지 유산 역시 하나님의 통치에 대한 교회의 왜곡에 기여했다. 하나는 인류의 구원과 하나님 통치의 소식을 분리함으로써 구원을 개인적 사건으로 축소시켰다. 다른 하나는 교회의 자기 이해가 하나님의 통치의 핵심적 부분과 분리됨으로써 하나님의 통치의 핵심인 정의의 문제를 교회가 외면하게 되었다.[21]

(3) 하나님의 선교

하나님의 선교는 선교의 주체가 삼위일체 하나님이라는 것과 세상과 관련하여 교회 안팎에서 일어나는 성령을 통한 하나님의 활동이다. 그런데 하나님의 선교는 인간의 구속을 중심으로 하는 이해와 피조물에 초점을 두는 두 가지 이해가 있다. 빌링엔 대회 참석자 대부분은 인간의 구원에 초점을 두었지만 호켄다이크 같은 신학자들은 피조물에 초점을 두었다. 특히 그의 하나님의 선교에 대한 접근방식은 세상에서의 하나님의 사역으로부터 이 땅에 샬롬,

---

20 *Ibid.*, 216-217, 223-225.

21 *Ibid.*, 144. Craig Van Gelder & Dwight J. Zscheile, *The Missional Church in Perspective*, 29.

온 피조물의 구원을 수립하는 것으로 바뀌었다. 하나님의 선교를 이렇게 이해함으로써 초래된 결과는 하나님 선교의 우선적 장소가 세상이라는 점이다. 이러한 접근방식은 교회가 세상에서 하나님의 선교에 참여하는 한 교회로서 정체성을 유지하게 된 점이다. 선교에 대한 접근방식의 차이는 하나님-교회-세계라는 도식을 하나님-세계-교회라는 도식으로 대체했다. 이제부터 교회가 아니라 세상이 교회의 의제를 설정하게 되었다. 하나님의 선교는 세속사의 과정을 통해 메시아적 왕국이라는 목표를 인류가 점진적으로 성취함으로써 얻게 되는 역사적 변형의 과정과 동일시하게 되었다.[22]

4) 하나님의 통치를 목적으로 하나님의 선교에 참여하는 선교적 교회

선교적 교회는 하나님의 통치를 목적으로 하여 하나님의 선교에 참여하는 교회이다. 하나님의 통치를 목표로 하는 선교적 교회는 세상 권세와 이와 밀접한 관련을 지닌 경제적 체계와 사회적 관계 맺음 등에 나타나는 문화에 대해 비판해야 한다. 많은 북미 교회들은 권세를 비판하는 능력을 상실했는데 이유는 실용적 기독교 왕국의 형태를 지니고 있기 때문이다. 이미 교회들이 자본주의와 시장 논리를 채택하거나 거기에 사로잡힘으로써 세상 권세와 악의

---

22 Craig Van Gelder & Dwight J. Zscheile, *The Missional Church in Perspective*, 30-31.

정체를 파악하고 이를 비판할 능력을 상실한다. 하나님의 통치를 목표로 하는 선교적 교회는 악을 악으로 규정할 수 있어야 하고, 종말에 악을 이기시는 하나님의 최후승리에 대한 믿음을 지녀야 한다. 선교적 교회는 북미의 지배문화에 속하는 인종주의, 계급주의, 성차별 등 우상화된 권세에 대해 불순종하고, 하늘과 땅의 모든 것을 그리스도 안에서 하나 되게 하시는 하나님의 통치에 순종해야 한다.[23]

세상 속의 선교적 교회는 열국 중 거룩한 나라로서 하나님의 통치라는 정치적 색채를 드러낼 수밖에 없다. 우선 '하나님의 통치/왕국'도 '주님'도 명백히 정치적 명칭이다. 교회 역시 말과 행동으로 하나님의 통치를 선포하기 때문에 정치적이다. 십자가를 지셨다가 부활하신 예수는 그리스도로서 "통치자들과 권세들을 무력화" 하셨다(골 2:15). 선교적 교회의 임무 중 하나는 "통치자들과 권세들에게" 하나님의 지혜를 알리는 것(엡 3:10)이다. 예배는 우주의 통치자이신 하나님께 얼굴을 땅에 닿게 꿇어 엎드려 경의를 표시하는 것이다. 선교적 교회는 하나님의 통치에 관한 자신의 서약으로 인해 세상의 문화에 순응하지 않도록 분별해야 하며, 대안문화, 대안적 윤리, 대안적인 사회관계, 대안적인 경제(안식년, 희년), 대안적인 권세 이해를 세상에 보여주도록 부름을 받았다.[24]

23 대럴 구더 편저,『선교적 교회』, 173-179.
24 *Ibid.*, 180-189.

4. 선교적 지역 교회

1) 선교적 지역 교회의 신학함

선교적 교회가 신학적 회심을 하고 신학적 방향을 바르게 유지하는 것이 중요하다면 선교적 지역 교회도 이런 신학함(*doing theology*)이 중요하다. 신학의 주체는 목회자뿐 아니라 그리스도인들이다. 신학을 하나님은 누구시고, 세상에서 무엇을 행하시는 분인가에 대해 묻고 답하는 것이라고 하면 신학은 그리스도인들이 주체가 되어야 한다. 그리스도인들이 이런 신학을 하지 않는다면 선교적 교회는 성립하지 않는다. 왜냐하면 선교적 지역 교회는 지역 사회에서 하나님이 무엇을 행하시는지를 주목하는 신앙공동체이기 때문이다. 이는 기존 교회들이 신학의 주체를 전문가인 신학자들에게만 제한하는 것과는 다른 접근방식이다.

신학의 유형은 로버트 슈라이터를 따라 공동체신학, 예언적, 시적신학 그리고 외부인의 신학 등 세 가지 유형이 있다. 공동체신학은 지역 교회에 속한 회중이 이웃에게 귀를 기울인다. 그 결과를 성서 읽기에 가져오고, 여기서 생기는 신학적 질문을 묻고 답하려는 과정을 통해 선교적 지역 교회는 신학함(*doing theology*)의 자리가 된다. 예언자와 시인은 공동체 안에 사는 사람들로서 사람들에게서 나오는 목-소리를 신학에 부여하는 자들이다. 예언자들은 공동체신학이 성서로부터 이탈할 때 거기에 도전하는 자들이며, 이전에 표준으로 제시된 신학에 공동체에서 나오는 목소리를 통해 도전하는 자들이다. 선교적 지역 교회가 신학함에 있어서 주의할 것은 신학이 근시안적으로 되는 것이다. 이를 피하기 위해서 필요한 것은 우리와 대조적인 관점을 지닌 외부인들의 목소리에 귀를 기울이는 것이다. 교회에 나오지 않는 사람들의 목소리에 귀를 기울이는 것도 필요하다. 선교적 교회됨이라는 여정에서 신학자가 되는 데 꼭 필요한 것은 답과 전략을 갖고 있는 사람들과의 만남이 아니라 지역의 상황으로 들어가 지역 사회의 다양한 주민들과 대화이다.[25] 교회로 사람들을 끌어모으려는 것을 선교로 이해하는 자들의 신학은 전문 신학자에게서 오고, 기존 교회를 성장시키고 강화시켜주는 목소리를 찾고, 내부자 중심으로 신학함을 하고 있다.

2) 선교적 지역 교회의 선교 활동

선교적 지역 교회는 다양한 프로그램과 전략을 통해 사람들을 교회로 모으려 하는 대신에 하나님의 통치를 지향하는 대안적 공동체로서 사회의 지배적인 패턴에 대해 예언자적 도전을 하며, 리더십과 공동체의 삶의 구조가 예언자적 소명을 감당하고자 한다.[26] 선교적 지역 교회는 교회 내에서, 지역 사회에서 기존 경계/장벽을 허물고 활동하시는 성령의 선교를 식별하고, 하나님께서 이웃에게

---

25 Alan J. Roxbourh & M. Scott Boren, *Introducing the Missional Church*, 91-93.
26 대럴 구더 편저, 『선교적 교회』, 37.

어떻게 활동하시는지를 식별하고 거기에 참여하면서 대안적 공동체를 세우고자 한다. 선교적 지역 교회는 지역 사회에서 현존, 사랑, 이웃에 개입을 통해 선교 활동을 펼친다.[27] 하나님의 통치의 표징과 증인으로서 하나님의 통치를 미리 맛본 하나님의 백성은 현존으로 선교 활동을 한다. 하나님의 통치는 이미 지금 여기서 시작했지만, 아직 완성되지 않았다. 하나님의 현존을, 하나님 통치의 현존을 드러내는 것이 선교적 지역 교회의 선교 활동이다. 그런데 하나님의 현존은 신비로 가득 차 있고 인간이 예측하는 것이 불가능하다. 그렇기 때문에 우리의 생각이나 기대, 경험과 신학을 넘어서서 활동하시는 하나님의 활동을 식별하고, 거기에 참여하는 것이 중요하다. 이런 이유 때문에 교회가 미리 준비한 프로그램이나 전략만으로 선교할 수 없다. 선교적 지역 교회는 사랑을 실천한다. 하나님의 사랑을 지역 사회에서 실천하기 이전에 하나님의 통치를 미리 맛본 공동체로서 선교적 교회 안에서 하나님의 사랑을 실천하는 것이 중요하다. 선교적 지역 교회는 용서가 이뤄지고, 실수를 용납하고, 연약함을 서로 받아들이고, 때로는 사랑의 실천이 문제 해결이 아니라 복잡하게 만드는 것처럼 보일 때도 실천하는 공동체가 되어야 한다. 그래야 지역 주민들이 선교적 지역 교회들이 갈등을 건설적인 방식으로 다루는 것을 보면서 교회가 제시하는 대안적 공동체를 신뢰할 것이다.

---

27 Alan J. Roxbourh & M. Scott Boren, *Introducing the Missional Church*, 108-111.

3) 선교적 지역 교회의 신앙공동체 육성

자율적 자아를 강조하는 근대문화는 인간의 정체성과 마음의 습관들이 다른 사람이나 사회적 현실로부터 고립되어 생성된다고 가정한다. 이런 가정을 갖는 교회는 신앙공동체를 육성할 때 이웃이나 사회적 상황을 고려하지 않는다. 독립적 개인과 개인의 자유로운 선택에 대해 확신을 갖는 북미문화는 신앙공동체를 육성할 때도 반역사적, 개인적, 실용적, 추상적 실천을 하도록 한다. 반면에 선교적 교회에 속한 사람들은 인간의 정체성과 마음의 습관들이 다양한 사회의 집단들 안에서 다른 사람들과 교류함으로써 습득된다고 본다. 그래서 선교적 지역 교회가 신앙공동체를 육성하고자 할 때에도 역사적이고, 공동적이며, 경험적이고, 역동적인 실천을 한다. 신앙공동체는 과거 신앙공동체의 역사적 여정에 참여함으로써 형성된다. 주의 기도는 고립된 개인의 기도가 아니라 하나님의 전체 가족의 기도로 신앙공동체가 함께 기도하고, 함께 실수하고, 서로를 바로 잡아주고, 서로를 용서할 때 함께 성장해간다. 신앙공동체가 육성되는 것은 오직 선교적 교회의 실천에 참여할 때 가능하다. 신앙공동체의 육성은 역동적이다. 왜냐하면 그리스도인들은 "푯대를 향하여 그리스도 예수 안에서 하나님이 위에서 부르신 부름의 상을 위하여"(빌 3:14) 달려가도록, 성장하고 변화하도록 부르심을 받은 사람들이기 때문이다.[28]

---

28 대럴 구더 편저, 『선교적 교회』, 226-236.

5. 선교적 교회의 리더십

1) 선교적 리더십을 위한 기초

선교적 교회를 형성하는 비결은 리더십에 있다. 그런데 리더십은 자신들의 삶이 예수 그리스도의 증인 된 삶을 사는 사람들을 만드는 일을 한다. 자율적 자아를 강조하는 근대 문화는 리더십을 개인의 역량으로 본다. 반면에 선교적 교회는 리더십을 하나님 통치의 종말론적 맥락에 둔다. 첫째 선교적 리더십은 예수 그리스도의 계시에 의해 구체화된다. 예수 그리스도는 자신의 사역을 통해, 죽음과 부활을 통해 정사와 권세 잡은 자와 대면했다. 이런 대면을 통해 예수 그리스도는 하나님의 새로운 미래를 향해 가는 길은 아버지에 대한 아들의 신실한 순종에 있음을 보여줬다. 이는 선교적 교회가 하나님의 통치를 향해 가는 길에 정사와 권세 잡은 자들과 대면해야 함과 하나님에 대한 순종으로 그들을 이겨야 함을 보여준다. 둘째 선교적 리더십은 오순절 이후 성령에 의해 형성되면서 구체화되었다. 선교적 교회의 형성과 하나님의 통치를 선포하고 그를 위한 선교적 교회의 활동은 성령의 주도하에 있는 리더십의 활동 내용이다. 셋째 선교적 리더십은 종말론의 회복에 의해 만들어진다. 하나님의 통치 하에 있는 백성들과 그들의 리더십은 불완전하지만, 성령은 그들을 종말론적 미래로 인도한다. 선교적 리더십은 이런 종말론적 미래로 나아감 속에서 형성된다. 넷째 선교적 리더십은 피조물을 향한 하나님의 계획을 나타내고 선포하는 사람을 형성한다. 선교적 리더십은 피조물과의 긴밀한 관계를 지닌 창조주 하나님의 통치와 치유의 능력을 선포하는 사람들을 육성해야 한다.[29]

2) 리더십의 형태

선교적 교회의 리더십이 많은 교회에서 접하게 되는 리더십과 차이를 보이는 것은 역사와 문화, 즉 기독교왕국과 모더니티의 영향 때문이다. 콘스탄티누스 황제가 기독교를 공인하면서 리더십이 사도로부터 제사장으로 바뀌었다. 교회는 더 이상 하나님의 백성의 선교적 무리가 아니라 종교적 조직이 되었다. 제사장과 성직자는 로마 제국의 영적 안내자 역할을 하게 되었다. 제국의 핵심에 있는 권력과 체계가 서서히 그렇지만 강렬하게 교회의 리더십을 규정하였다. 사도성은 더 이상 하나님의 백성이 사역에 선교적으로 참여하는 것을 의미하지 않고, 성직자 권위의 계승을 뜻하게 되었다. 종교개혁기는 리더십에 교육적 정체성, 교사의 역할을 부여했다. 계몽주의와 모더니티는 리더십으로 과학적이고 이성적인 훈련을 바탕으로 하는 전문적 성직자를 제시했다. 그렇지만 이 관점은 하나님의 백성 중 안수를 받지 않은 리더십의 재능을 무시했다.[30]

---

29 *Ibid.*, 272-280.
30 *Ibid.*, 282-288.

III. 마을 목회의 사례

마을 목회는 목회자가 교회의 교인들을 돌보는 목회를 넘어서서 교회/기독교기관과 그리스도인들이 마을의 주민들과 마을공동체의 회복과 성장을 위해 다양한 모습—마을을 살리는 학교, 마을기업, 마을을 살리는 문화, 생태 마을, 마을을 살리는 생활 정치 등—으로 돌보고 섬겨 하나님의 나라를 마을에 이루는 하나님의 선교에 동참하는 목회를 가리킨다.

1. 서울: 한남제일교회(오창우 목사)[31]

1) 지역 사회 선교(1985~2012)

1985년 한남제일교회에 부임한 오창우 목사는 "단순히 교회에 부임한 것이 아니라 한남동, 이태원에 부임한 것"으로 여기고, "한 교회 담임목사를 넘어서 지역을 목회하는 목사가 되기로 결심하였다." 오창우 목사는 자신의 목회를 통해 한남제일교회가 교회 중심의 교회가 아니라 "지역 교회로서 선교적 사명을 감당하려고 애쓰는 교회가" 되고자 했다. 이것은 "지역을 목회하는 목사" 한 사람에 의해서만 이뤄지는 것이 아니라 성도들 스스로가 자신을 "한남동

---

31 오창우, "동네목사 이야기", 강성열·백명기 엮음, 『한국교회의 미래와 마을 목회』, 65-104.

을 변화시키기 위해 파송 받은 선교사라는 것을" 자각할 때 가능하다. 교회의 비전은 "지역 사회를 복음으로 변화시키며, 선교하는 예수공동체"를 이루는 것이다. 목회자가 지역 사회를 목회하는 목회자이고, 교인들은 지역 사회에 파송 받은 선교사라는 비전을 위해 필요한 것은 지역 사회와 접촉점을 갖는 것, 즉 지역 사회와의 관계 형성이다. 목회자가 "지역 사회에 책임을 느끼게 되고, 공동 현안과 문제에 자연스럽게 참여"하면 "선한 영향력을 발휘"하게 된다. 이때 교회와 목회자의 자세는 시혜적 입장이 아니라 친구가 되려고 노력해야 하고, 지역 주민들과 함께 하는 관계를 이뤄야 한다. 또 한남제일교회가 지역 교회를 지향하면서 강조한 것은 소통이었다. 하나님과의 소통을 토대로 사랑의 공동체를 이루는 좋은 친구 되기(신앙공동체와의 소통)는 지역 사회와 함께 하는 좋은 친구(이웃과의 소통)가 되는 것으로 확장된다. 한남제일교회는 지역 사회와 함께 하는 사역들로 드림방과후교실, 용산구 사랑 나눔 푸드뱅크, 다문화 사역, 지역복지 사역(어르신들을 위한 사역, 구립한남어린이집과 구립한남노인요양원 위탁 운영)을 실시했다.

2) 마을 목회(2013~)

28년 동안 지역 사회 선교를 실천하던 한남제일교회에 주요한 변화가 일어났다. 서울시를 통해 마을공동체 사업을 2013년에 처음 접하게 되었다. 한남제일교회는 '사랑이 꽃피는 다문화가정 쉼터 만들기' 사업과 '은빛과 함께 자원봉사단과 행복한 한남동 만들기 사업'이 채택되어 추진했다. 이런 마을공동체 사업들을 통해 한남제일교회는 "교회 시각에서 바라보고 교회가 원하는 사업"이 아니라 "주민들이 원하는 일들을 할 수 있"게 되었다. 2년간 마을공동체 사업들을 통해 한남제일교회가 보여준 노력이 자치구로부터 인정을 받았다. 마을공동체 사업을 위한 팀을 담당하는 용산구 자치행정과가 2015년 오창우 목사에게 "2015 자치구 마을공동체 생태계 조성 지원사업"을 맡아줄 것을 요청했다. 주된 업무는 마을사업 주체들과의 간담회를 개최하고, 새로운 마을사업을 하려는 자들에게 정보를 제공하고, 단위 사업자들과 네트워크를 형성하여 자치구의 마을공동체 사업을 활성화시키는 것이었다. 2015년 현재 마을공동체 사업으로 한남제일교회가 진행하는 사업은 부모 커뮤니티 활성화 지원 사업, 우리 마을 지원 사업, 마을과 함께 하는 모임지원 사업 등이다. 오창우 목사는 이러한 사업들의 유익한 점으로 학교와 마을과 교회가 상생하게 된 점과 마을과 함께 아름다운 마을을 꿈꾸게 된 점을 들었다.

오창우 목사는 기존의 교회 봉사와 마을공동체 사업 중 선택하라면 마을공동체 사업을 택하겠다고 했다. 왜냐하면 "기존의 교회 봉사를 고집할 때는 시대에 뒤처지게 될 것이기 때문이다. 교회 봉사로는 무섭게 빠르게 변화하는 시대의 흐름을 따라잡을 수 없을 뿐만 아니라, 지역 주민들의 마음도 잡지 못"하기 때문이다. 오창우 목사는 한국교회의 미래를 위해서는 변화하는 세상의 흐름을 잘 파악하여 "지역 사회와 긴밀한 관계성을 유지하는" "마을을 품는 교회가 되어야 한다"라고 한다. 또한, 교회는 지역 사회의 필요가 무엇인지, 교회가 할 수 있는 부분이 어떤 것인지 알아야 하고, 주민센터나 구청에서 하고 있는 사업들에 관심을 가지고 참여하는 것이 필요하다고 한다. "가장 지역적인 교회" "지역 사회(마을)와 함께 하는 교회에 한국교회의 희망이 있다."

3) 한남동 주민자치센터와 협치/공치(gorvernance)

오창우 목사가 지자체와 협력하게 된 계기는 선교사들이 지역의 추장과 가깝게 지냈다는 선교사 전기로부터 배운 것이었다. 오 목사는 동장을 지도자로 귀하게 여겨 성탄 헌금 100만 원을 동장에게 기부했다. 그랬더니 동장이 오 목사를 귀하게 여기며 지역 리더로 세워줬다. 이는 주님께서 가르치신 황금율을 마을 목회에 적용한 것이다. 그래서 주민자치센터와 교회의 관계는 편한 관계이고, 상호협동의 관계로 주민자치센터가 필요로 하는 차량이나 행사에 교회와 교인들이 적극 지원하고 참여한다. 성탄절 쌀 나누기를 오 목사가 동장에게 의논했다. 오히려 동장이 행사 과정과 절차를 오 목사에게 보고했다. 50명에게 쌀을 나누는 행사를 할 때 동장은 오 목사에게 인사 말씀을 요청했지만 오 목사가 동장에게 양보하니 동장이 인사 말씀 중에 오 목사님을 칭찬했다. 그 자리는 주민들과 통반장, 동 직원, 구의원, 시의원이 모인 동네잔치 자리였다. 후에 총회를 방문했던 호주교회 대표, 뉴질랜드교회 총회장, 아시아기독교협의회 임원이 동장실을 방문했는데 동장이 한남교회와 오창우 목사를 칭찬해서 놀랐다고 했다.[32]

4) 교회학교로부터 청소년교회로 전환

오창우 목사는 일반 학교가 폐교하는 이유를 학생들을 동급생들끼리 반을 형성하는 수평적 학교 체제에 있다고 보고 교회학교를 여러 연령층을 포함하는 수직형 청소년교회로 개편했다. 청소년교회는 오 목사의 목회 철학에 따라 제사장, 선지자, 왕의 직분을 실천하도록 예배와 목장(제사장), 도시탐험(선지자), 봉사와 섬김(왕)으로 구성되었다.

첫째, 예배와 목장, 수련회이다. 담당 전도사가 설교 후 교사가 부족하여 청소년들끼리 목장을 인도하도록 했다. 교사가 없는데 청소년들은 오히려 더 열심히 참여했다. 청소년 여름수련회를 강원도의 가족호텔로 다녀왔다. 교회가 장소비와 간식비를 지원하고, 청소년들이 차비와 식사를 마련해서 삼시 세끼를 조별로 만들어 먹게 하고, 음식 콘테스트를 통해 시상했다. 성경 공부와 해수욕, 예배 등을 잘 진행했다. 참석한 청소년 중 한 명은 난생처음으로 해수욕장, 수영장, 호텔을 경험하여 부모에게 '천국을 다녀왔다'고 했다. 자존감을 키우는 계기가 되었다. 둘째, 도시탐험이다. 한 달에 한 번 연합예배를 드린 후 연령대 연합으로 조를 편성해서 비전트립 하듯이 청소년들이 가고 싶은 곳을 방문한다. 남을 이해하는 것이 선교의 핵심이기 때문에 청소년들이 역사, 사회, 문화 현장을 방문하여 기록한다. 셋째, 봉사와 섬김이다. 대학을 진학하는 데

---

32 한남제일교회 오창우 목사와 인터뷰(2021년 9월 17일).

학원보다 교회가 더 잘 할 수 있는 방안을 봉사동아리로 제시했다. 학생들 세 명으로 청소 동아리, 독거노인 도시락 봉사동아리, 요양원 봉사동아리, 등 다양한 봉사동아리를 조직하여 먼저 구청장에게 허락을 받고 사업을 실천하게 했다. 봉사동아리 학생들 중에는 동장상을 받기도 했고, 국무총리 봉사상에서 준우승을 한 학생도 있었다. 자소서에 자신의 경험이 반영되어 설득력이 있었다. 대학 진학에도 실제로 효과가 컸다.[33]

청소년교회 교역자들의 반응도 긍정적이었다. 윗 학년들이 아래 학년을 잘 챙기며 상호배움이 일어난다. 가정에서는 형제자매들이 함께 사는 것처럼 청소년교회도 연령 별로 섞어 놓으니 시너지 효과가 있어 부모들도 좋아한다. 또 부모와 함께 하는 다양한 프로그램이 있어 학생들의 만족도가 높다. 다른 교회가 말씀 양육과 교회 내 프로그램 중심이라면, 한남제일교회는 사회봉사와 삶이 예배라는 점이 다르고, 사회참여 기회가 훨씬 더 많으며, 어린이, 청소년들이 스스로 체험할 수 있는 기회가 많다. 마을 목회에 관심이 있어 아동부에 오게 된 교역자는 예상과 달리 많은 일을 하지 않는 대신에 오창우 목사는 말씀을 강조한다. 이는 하나님 앞에 바로 서야 이웃과 소통하고 잘 섬길 수 있기 때문이었다. 결과적으로 말씀, 소통, 섬김이 잘 연결되었다. 오 목사가 강조하는 제사장, 선지자, 왕의 메시아 삼중직을 어린이 교회에도 적용하여 예배, 월 1회 마을 청소, 마을 정원 가꾸기, 유쾌한 교회 생활을 중심으로 운

---

33 한남제일교회 오창우 목사와 인터뷰(2021년 9월 17일).

영된다. 청소년교회 김민혁 목사는 다른 교회처럼 주일에 모여 성경 지식을 주는 교육이 아니라 1주일 내내 봉사 활동이나 다양한 프로그램을 통해 만나 활동하며, 진학과 기독교인으로 사는 삶, 자신의 미래와 꿈과 가치관을 나누고, 학교와 교회를 넘어 지역 사회 내 다양한 사람들과의 관계가 넓어지며 공동체 문화가 형성된다. 이처럼 청소년들이 다양한 경험과 활동에 참여하고 사회적 관계가 넓어지며 자신의 고민과 진로를 고민하고, 교회 교육을 통해 접하는 다양한 경험 속에서 인격적 성장이 일어나고 청소년들의 변화가 일어난다. 청소년의 삶과 교육을 연결하면서 교회 교육이 학교와 학원을 넘어서는 혁신적 교육이 된다. 여기서 중요한 것은 신앙을 토대로 인생 방향을 정리하고 도전받는 것이다. 답을 찾기보다는 대화 자체가 중요하다. 여기서 자기성찰이 중요한데 김 목사는 자기성찰을 오 목사에게 배웠다.[34]

5) 마을 목회와 교인들의 협력

젠트리피케이션 문제로 교회 공간을 빌려 사용하는 마을공동체 사업이 10개이다. 처음에는 교인들과 장로의 반대가 있었다. 그런데 어느 날 밤 교회에 불이 난 것을 주민이 알려줘 큰 피해를 입지 않았다. 그리고 예배당 건축 부지 구입도 주민들의 도움으로 잘 진행되었다. 그러나 마을사업에 교회의 예산을 지원한 적은 없었다.

---

34 한남제일교회 교역자들과의 인터뷰(2021년 9월 17일).

주일 예배에 일찍 온 교인들이 기다릴 공간이 없어 교회 옆 카페를 이용할 때 1,000원 쿠폰(교회 지원)을 가져오면 1,000원 할인을 요청했다. 카페는 이 제안을 받아들였지만, 당회가 허락하지 않아 오목사가 사비(월 200개 쿠폰 구입)로 시작했는데 반응이 좋아 나중에 교회가 예산을 지원했다. 구역예배를 주일 오후로 전환하면서 1층을 리모델링 하고자 했지만, 교회 결정이 나지 않았다. 그래서 오목사의 아들이 리모델링 비용 2천만 원을 헌금하여 진행했다. 오목사는 장로들과의 의사소통이 쉽지 않은 것은 살아가는 현장이 다르기 때문이라 했다. 따라서 인식의 시차가 불가피하기 때문에 목회자가 기다리는 것이 필요하다고 했다.[35]

6) 한남제일교회 마을 목회의 특징

첫째, 오창우 목사의 지역 사회 선교와 마을 목회는 자신의 교회에 대한 체험에서 비롯되었다. 오창우 목사가 한남제일교회를 통해 지역 사회 선교를 실천하고, 마을 목회에 참여하게 됨은 어렸을 때 오 목사에게 교회는 부모 역할을 하는 큰 집, 편안한 장소, 따뜻한 공간이었고, 전도사와 부목사 시절 야학, 성탄절 떡 돌리기, 페인트칠 등 지역 사회를 섬기는 교회를 몸으로 체험한 데서 비롯되었다. 오창우 목사의 체험은 교회가 교인들의 부모 역할뿐 아니라 지역 주민의 부모 역할을 해야 한다는 오창우 목사의 교회론을

---

35 한남제일교회 오창우 목사와 인터뷰(2021년 9월 17일).

형성하는 데 영향을 주었다.[36]

둘째, 오창우 목사의 목회 철학은 제사장(예배), 선지자(선교), 왕(봉사와 섬김), 메시아 삼중직이다. 교회의 5대 사명인 예배, 친교, 봉사, 교육, 선교를 모두 다 목회에 적용하기가 쉽지 않아서 오창우 목사는 목회 철학을 메시아 삼중직으로 단순화시켰다. 오 목사는 삼중직을 지역 사회 선교와 마을 목회, 청소년교회에 적용하여 좋은 효과를 보았다.

셋째, 오창우 목사는 지역 사회 선교를 시작하면서 목회자의 정체성뿐 아니라 교인들의 정체성도 지역 사회 선교에 적절하게 재정립했다. 즉 오창우 목사는 자신을 교회 교인들만 돌보는 목회자가 아니라 지역 주민들도 돌보는 목회자로 인식했다. 교인들도 한남동을 변화시키기 위해 파송 받은 선교사라는 자의식을 갖게 했다. 28년 동안의 지역 사회 선교는 마을 목회를 준비했다고 볼 수 있다.

넷째, 한남제일교회는 교회 중심으로 지역 사회 봉사와 지역 사회 선교를 하다가 마을만들기 사업에 참여하면서 마을 중심의 선교로 전환했다. 마을 목회에 동참하는 교회들은 한남제일교회처럼 교회 중심으로부터 마을 중심으로 선교와 목회의 초점을 변경시켜야 한다. 교회 중심적 선교로부터 마을에 초점을 두는 마을 목회에 참여하는 교회로 전환하기 위해서는 오창우 목사처럼 목회자가 교회의 지역 사회 사업을 마을의 공동체 사업으로 전환시키는 번역

---

36 한남제일교회 오창우 목사와 인터뷰(2021년 9월 17일).

자, 변형자의 역할을 감당해야 한다. 이처럼 목회자가 번역자, 변형자가 되기 위해서는 순더마이어의 콘비벤츠, 상호 간의 배움과 나눔을 지향하는 선교신학적 방향과 소통, 즉 하나님과의 소통, 이웃과의 소통, 자신과의 소통이라는 목회자의 선교신학적 기반이 중요하다.

다섯째, 한남제일교회는 지역 사회 선교와 마을 목회를 민과 관이 함께 하는 협치/공치(governance)를 통해 실천한다. 오창우 목사가 민·관 협력/공치에 탁월한 면을 보여준 것은 어렸을 때 읽었던 선교사 전기에서 추장을 선대하는 선교사로부터 배운 것이다. 이는 또한 남에게 대접받고자 하는 그대로 먼저 남을 대접하라는 예수의 황금율을 가버넌스에 적용한 것이다. 즉 오창우 목사가 지역의 동장을 높이니까 동장이 오창우 목사를 높인다.

여섯째, 오창우 목사는 설교와 성경 공부를 통해 교인들의 신앙의 토대를 견실하게 다지면서 교역자들과 함께 마을 목회를 실천한다. 마을 목회는 주로 오창우 목사의 제안이나 교역자들의 협력과 더불어 진행한다. 교역자들과의 파트너십 속에서 한남제일교회의 마을 목회가 진행되고 있다.

일곱째, 마을 목회를 교회교육과의 연계한 것은 교회학교를 청소년교회로 전환시킨 데서 볼 수 있다. 청소년교회 안에 7~8개 가족을 구성하되 학년을 골고루 섞어 친밀한 가족관계를 형성하여 공동체 훈련을 시키고, 말씀과 삶 사이에 상호작용이 일어나도록, 지역 사회 봉사를 형식적이 아니라 삶의 체험으로 일어나도록 하되 청소년들만이 아니라 부모와 함께 하도록 함으로써 복음을 들고 그것의 반응으로 지역 사회 필요를 채우고, 지역 현안 문제를 해결하는 데 참여하면서 삶 속에서의 체험을 통해 복음의 참 의미를 깨닫고 복음대로 사는 공동체를 이룸으로써 교회가 신앙을 삶 속에서 마을에서 실천하는 신앙공동체가 됨으로써 마을공동체 사업에 자연히 참여할 준비를 하게 된다. 청소년들이 다음 세대로서만이 아니라 현재의 세대로서 교회 내 신앙공동체일 뿐 아니라 마을공동체 사업에도 직·간접적으로 참여하면서 장년 세대들의 마을공동체 사업을 이어갈 생활신앙공동체를 이룬 것은 다른 어떤 마을 목회나 마을만들기 사업에서 찾기 어려운 귀한 사례라고 본다. 이는 공동체 형성의 중요성을 강조하는 선교적 교회론의 중요한 사례가 되리라고 본다.

여덟째, 오창우 목사가 교회 내 반대를 극복하는 방법은 목회자의 솔선수범과 교인들이 목회자의 제안을 수용하기까지 기다리는 것이다. 주일 예배에 일찍 온 교인들이 기다릴 장소가 마땅치 않아 교회 옆 카페에 쿠폰을 지원하자는 오창우 목사의 제안을 당회가 수용하지 않아 오 목사가 한 달 200개 쿠폰을 자비로 구입하여 진행했다. 나중에 당회가 동의해서 교회 사업으로 진행했다. 교회 1층 공간을 리모델링 하는 것도 오창우 목사 장남의 특별헌금으로 이뤄졌다. 매일 매시간 목회에 집중하는 목회자와 달리 교인들은 생업이 있고 살아가는 현장이 다르다 보니 인식의 차이가 나기 때문에 교인들의 인식이 변하기까지 목회자는 기다려야 한다.

2. 경기도 용인 고기교회[37]

1) 고기교회의 목회적 목표와 원칙

김정심 전도사가 세운 고기교회에 안홍택 목사가 부임한 것은 1990년이었다. 당시 이 지역은 아스팔트 도로나 가로등이 거의 없는 시골이었다. 6.25전쟁이 발발했던 것도 모를 정도로 깊은 골짜기에 고기교회가 세워졌다. 안홍택 목사는 고기교회의 목회적 목표를 지역 사회 속의 교회, 역사 현실에 참여하는 예언자적 교회, 녹색을 지향하는 교회, 하나님 나라 가치를 지향하는 종말론적 공동체로 제시한다. 첫째, 고기교회는 지역 사회와 소통하고, 지역 사회와 나누며 지역공동체로서 지역 사회와 함께 한다. 둘째, 고기교회는 이 시대를 예언자적 관점에서 바라보고 가능한 한 역사 현실에 참여하고자 한다. 셋째, 고기교회는 하나님께서 만드신 창조질서를 보존하고자 한다. 넷째, 고기교회는 세상 가치에 연연하지 않고 하나님 나라의 가치를 지향하며 기도하며 흩어져 각자의 삶 속에서 하나님 나라의 가치를 구현하다가 모이는 공동체이다. 이러한 목표를 실천하기 위한 고기교회의 목회적 원칙은 첫째, 교회는 가능한 아무것도 하지 않고, 일부러 조직을 세우려 하지도 않는다. 주일에는 오전 예배와 저녁 예배 이외에는 어떤 프로그램이나

---

37 안홍택, "고기교회 이야기-생명·정의·평화·창조질서 보존의 목회"를 참고했음을 밝힌다.

행사도 하지 않는다. 이유는 교인들로 하여금 오직 쉼, 거룩함, 생명, 기쁨과 평화를 맛보게 하려 하기 때문이다. 수요일 저녁에는 성경을 강해하고, 새벽기도회는 말씀을 읽고 기도를 드린다. 둘째, 지역(작은) 교회와 연합하기이다. 청지기교회와 한무리교회와 제직 수련회, 중고등부 수련회를 연합으로 진행해왔다. 셋째, 돈이 전부인 자본주의 시대에 믿음과 나눔으로 풍요로운 축제(오병이어)를 실현하고자 한다. 넷째, 위원회 중심의 교회 운영(영성, 장애인, 평화통일, 호스피스, 세월호, 탈핵, 생태기후, 텃밭, 처음자리 F.C.)이다.

2) 고기교회의 활동

고기교회의 활동을 보면 첫째, 작은 음악회, 강령탈춤, 생태축제, 대보름 축제, 백일장, 글쎄다 시쓰다, 둘째, 동시대 고통받는 현장에 참여하기(용산참사, 사대강, 희망버스, 쌍용 자동차, 밀양송전탑, 세월호, 핵그런), 셋째, 지역 시민 사회와 연대(용인참여예산제, 경전철 소송단), 넷째, 지역 현안에 참여하기(서울남부저유소반대운동, 낙생저수지 골프연습장 설치 반대운동), 다섯째, 처음자리 놀이터(생태교실, 밤토실 어린이도서관, ○래 목공방), 여섯째 작은 모임들(풍경, 청소년 인문학교실, 글쎄다 책읽기) 등이다.

이상의 고기교회의 활동을 목회적 목표로 분류하면 작은 음악회를 비롯해서 지역 시민사회와 연대하기, 지역 현안에 참여하기, 처음자리 놀이터, 작은 모임들이 지역 사회 속의 교회에 해당한다. 동시대 고통받는 현장에 참여하기, 지역 시민사회와 연대하기, 지역 현안에 참여하기 등은 역사 현실에 참여하는 예언자적 교회에 해당한다. 생태축제, 낙생저수지 골프연습장 설치 반대운동, 처음 자리 놀이터 등은 녹색을 지향하는 교회에 해당한다. 이 모든 활동의 근저에는 하나님 나라 가치를 지향하는 종말론적 공동체에 해당한다고 볼 수 있다.

3) 고기교회 마을 목회의 특징

마을 목회를 하는 고기교회와 안홍택 목사의 특징을 정리하면 다음과 같다.[38] 첫째, 고기교회와 안홍택 목사는 비움의 영성(빌 2:7)을 지니고자 한다. 교회를 개척한 김정심 전도사의 영적 영향으로 처음에 물려받은 땅 2,000평을 그대로 간직했다. 주변에 건물이 들어서고 식당들이 들어섰지만 고기교회와 안 목사는 처음 교회의 모습과 땅을 그대로 보존하고자 노력했다. 2020년에 예배당을 신축한 것은 기존 교회의 예배당이 비좁아서 예배드리기 어려웠기 때문이었다. 이전 예배당을 헐지 않고 그대로 보존하고 있다. 주일날에는 오전 예배와 저녁 예배 외에는 어떤 프로그램이나 행사가 없다. 그냥 와서 예배드리고 안식하면 된다. 수요일 저녁에는 성경 강해를 하고, 구역예배를 드린다. 새벽기도회는 각자의 자리에서 드리다가 사순절, 대림절 같은 때만 모여서 드린다. 목회자는 오직 말씀을 전하고, 기도하는 데 전념해야 한다. 목회자들이

---

38 고기교회 안홍택 목사와의 인터뷰(2021년 10월 8일).

예화를 찾는 것이 황당하다. 교인들과 주민들의 삶에서 우러나오는 이야기들이 다 예화이다. 목회자들은 내려놓음을 넘어서 자기를 비우신 예수 그리스도를 따라 프로그램이나 다양한 활동을 해야 하고 양적으로 성장해야 한다는 강박관념이나 마음을 비워야한다.

둘째, 고기교회는 자본주의 사회의 대안을 제시하는 녹색교회이다. 자본주의에 대해 가장 철저하게 싸울 수 있는 공동체가 교회이다. 구약성서도 이스라엘 백성이나 예언자들이 맘몬 우상과 대결한 이야기들로 구성된다. 우리 시대도 자본주의와 대결하고 있다. 자본주의의 대안이 공동체이다. 〈오징어 게임〉 드라마처럼 이 세상은 돈을 독차지하기 위해 서로 치고받고 싸운다. 십자가와 부활을 믿고 따르는 신앙공동체가 대안이다. 고기교회는 자본주의의 대안으로 녹색신앙공동체를 지향한다. 2003년에는 벼농사를 하고, 떡을 만들어 먹는 생태교실을 운영했다. 2005년에는 밤토실 어린이도서관을 열었다. 유네스코가 제시한 도서관의 정의에 따르면 도서관은 남녀노소 장애 구분 없이 자기가 원하는 정보를 스스로 찾는 곳이다. 그런데 우리나라 도서관은 열람실(입시)을 강조한다. 학부모는 자녀가 책을 읽고 입시에서 좋은 성적을 얻어 진학을 잘하기를 바란다. 자본주의 사회에서의 도서관이 입시 도구로 전락하는 것에 안 목사는 반대한다. 2000년대 초반 마을에 도서관이 없어 YMCA 도서관에 아이들을 데리고 다녀왔다. 한부모 가정도 많았다. 당시에는 마을에 버스가 세 번 다녔다. 어린이들이 문화적혜택을 누리면 좋겠다는 생각으로 마을 주민들과 도서관을 준비하며 2년간 공부한 후 도서관을 열었다. 도서관의 초점은 한 어린이를 위한 도서관이었다. 그것으로 충분하다고 생각했다. 안 목사는 어린이들이 방과 후 밖에서 놀다가 지치면 도서관에 들어와서 만화책을 읽다가 나중에 책을 읽는 것이 자연스럽다고 본다. 인형극이나 백일장 같은 도서관 행사는 어린이가 주관하여 어린이들이 인형극의 대본을 준비한다. 도서관에 비치하는 책은 도서관 정책과 비전에 맞는 귀중한 책만 수용한다. 집에서 읽지 않는 전집이나 책들은 받지 않는다. 2006년에는 목공방을 열었다. 안홍택 목사가 한국 명장에게 1년간 목공을 배운 후 목공 기계를 구입했다. 이는 마을에 공방이 있어야 한다는 생각 때문이었다. 목공은 집중도가 높아 치유 효과가 있어 세월호 유가족들과 함께 하고 있다. 목공의 도구인 수평으로 운동하는 대패와 수직으로 운동하는 톱은 십자가를 상징하는 것 같다. 목공은 한 치의 오차도 없이 정확해야 한다. 그렇지만 집은 여름과 겨울의 온도 차가 있어 오차가 있어야 하고 융통성이 있어야 한다. 집을 짓는 것은 일종의 창조이다. "그냥.. 가게"는 재활용가게이자 카페로 단순히 물물교환만 하는 장소가 아니라 마음을 주고받는 곳이다. 그래서 '그냥 와서 커피 마시고 그냥 가자'라는 뜻으로 '그냥.. 가게'가 되었다. 도서관과 카페의 인테리어는 주민들이 자비로 공사를 했다. 교회가 요청한 것도 아니고 주민들이 자발적으로 자기 돈과 시간을 들여서 했다. 안홍택 목사는 마을은 만드는 것이 아니라 자연스럽게 형성되는 것이라 했다. 이처럼 안 목사의 모토는 "마을이 교회이고, 교회가 마을이다", "자연이 교회이고, 교회가 자연이다"이다. 고기교회와 안홍택 목사는 자본주의의 시장 논리에 반대하며 대안으로 생태적 삶을 제시하고, 그런 삶과 세계관을 교회에 적용하여 녹색교회로 거듭나고 있다. 서울남부저유소 반대운동과 낙생저수지 골프연습장 설치 반대운동은 지역의 생태적 현안에 참여하는 녹색교회의 활동이다.

셋째, 고기교회는 예언자적 정신을 실천하는 평화교회(마 5:9)이다. 몇 년 전 재세례파 교회들이 안홍택 목사를 재세례파 정신에 맞는 목회를 한다고 재세례파 컨퍼런스에 초대한 적이 있다. 재세례파를 전공한 홍지훈 교수도 고기교회를 재세례파 정신에 속하는 교회라 평했다고 한다. 가톨릭교회가 유아세례를 통해 유아세례를 받는 모든 사람을 자신의 지배 대상의 영역으로 장악하고자 했다. 안 목사는 자신의 목회와 교회의 활동이나 다양한 연대 활동은 현 체제를 장악한 자본주의에 반대하는 목회 활동이라고 말했다. 용산참사, 4대강, 희망버스, 쌍용자동차, 밀양 송전탑, 세월호, 핵없는 세상을 위한 그리스도교연합 등에 적극 참여한 것은 이 시대 고통받는 자들의 현장에 동참하는 평화선교 활동이다. 용인 참여예산제, 경전철 소송단에 참여함은 지역 시민 사회와 연대하여 지역 사회에 자원을 정의롭게 사용하여 지역 사회에 평화를 이루고자 한 활동이다.

넷째, 고기교회는 하나님 나라와 의를 구하는(마 6:33) 종말론적 공동체이다. 안홍택 목사와 고기교회는 고집스럽게 하나님 나라와 의라는 가치를 지향할 뿐 아니라 지난 30년 동안 그 가치를 세상의 그 어떤 것과도 타협하지 않고 고집스럽게 지켜왔다. 예배당 건축을 위해 헌금한 교인들의 명단과 헌금 액수를 예배당에 왜

기록할까? 장로 장립과 권사 취임식에 왜 돈을 낼까? 이러한 행태는 교회가 자본화된 것이라고 안 목사는 비판한다. 교회가 바벨탑을 쌓으면 무너질 것이다. 교회에서, 고난의 현장에서 하나님 나라 사건이 일어남은 오직 하나님에 대한 믿음, 하나님 나라에 대한 믿음 때문이다. 사람의 의를 따를 것이 아니라 십자가를 지고 하나님의 통치를 따라야 한다. 자본주의와 싸우려 하지 않기 때문에 교회가 인위적 종교성에 매몰되거나 자기 체제 안에서 종교 놀이를 하게 된다. 예수 그리스도는 현장에서 가르치시고 사셨다. 고기교회도 예수 그리스도를 따라 오직 하나님 나라와 의를 추구하면 된다. 고기교회는 세상의 형상, 자본주의(시장)의 형상을 따라 만들어진 사람들의 단체가 아니라 하나님의 형상을 따라 만들어진 종말론적 공동체가 되고자 한다. 고기교회는 성령을 따르는 성령 안에서 "정의와 평화와 기쁨"(롬 14:17)이 넘치는 공동체가 되고자 한다.

　다섯째, 안홍택 목사는 무위(無爲)의 목회를 실천하고자 한다. 기존 교회들은 생명의 현장을 놓치고 종교성만 추구하는 경향이 있다. 예를 들어 도로와 길의 차이는 무엇인가? 도로는 정부나 지자체가 인위적으로 만든다. 길은 사람들이 다니면서 자연스럽게 집과 집, 동네와 동네를 연결한다. 마을 목회자로서 안홍택 목사 무위의 목회는 첫째, 아무것도 하지 않으려는 데 있다. 안 목사는 교회에 새로 온 새 신자를 만나지 않는다. 새 신자가 교회를 보고 판단할 수 있다. 교인들이 교회를 스스로 느끼게 하고, 스스로 판단하여 교회를 선택하고 주체적으로 다니게 한다. 주일에 특별한 프로그램이나 행사를 하지 않고, 특별한 조직을 만들려 하지 않는다. 필요하면 자연스럽게 한다. 둘째, 지역 현안도 해당 구역이 우선 해결하도록 한다. 구역의 활동으로 해결이 안 되면 교회로 가져온다. 셋째, 안홍택 목사는 교회가 신앙훈련을 해서 교인을 변화시킨다는 관점에 동의하지 않는다. 교인들이 고통받는 현장에 참여하면서 그 속에서 예수님을 만나고 그리스도인의, 제자의 정체성이 형성되고, 인생의 진로에 대한 자각을 통해 신앙이 성장하고, 신앙공동체가 성장하게 된다. 넷째, 예배당 건축을 할 때 별도의 건축헌금 작정을 하도록 하지 않았다. 주보에 나온 건축헌금 계좌를 보고 교인들도 자발적으로 헌금해서 예배당을 건축했다. 빚이 있지만, 예배당을 건축하는 다른 교회들과 비교해서 큰 빚이 있는 것은 아니다. 코로나 이후 1년 반 동안 가정예배를 드리고 있다. 안홍택 목사는 설교 영상만 각 가정으로 보냈다.

여섯째, 고기교회는 멋있는, 매력 있는, 그리스도의 향기(고후 2:15)인 신앙공동체이다. 고기교회는 녹색교회, 평화교회, 하나님나라와 의를 구하는 종말론적 공동체로서 지역 주민들의 아픔이나 요구에 민감하게 반응하고, 시대의 아픔이나 고난당하는 자들과 함께하면서 그리스도의 향기를 내뿜기 때문에 지역 주민들로부터 인정받아 교회의 활동에 주민들이 먼저 나서서 참여할 정도로 매력적인 공동체이다. 고기교회는 신앙공동체 됨과 녹색교회됨과 평화교회 됨과 다양한 문화적 활동들 사이에 조화와 균형을 이루기 때문에 멋있는 신앙공동체이다. 이 때문에 40대, 50대 성인들이 자녀와 함께 교회에 등록하여 교인이 꾸준히 증가하고 있다.

3. 청주 쌍샘자연교회[39]

1) 사회 선교(1992~2001)

청주 쌍샘 지역은 도시빈민 지역으로 1992년에 백영기 목사가 쌍샘교회를 개척해서 10년간 사회 선교를 했다. 교회를 필요로 하는 지역은 가난한 곳이라 생각해서 그 지역에 개척했다. 월세로 장소를 빌려 6명 실무자와 함께 시작했다. 1992년에 공부방과 탁아소를 시작했다. 1993년에는 도서관을 열었다. 건강 교실도 운영했다. 그러다가 쌍샘 지역이 재개발되었다. 개발로 인해 어디로 가야할지 고민하다가 농촌으로 이전하려 했다. 도시 교회는 재정을 외부로부터 지원을 받았기 때문에 자립을 위해서는 농촌으로 가야한다고 생각했다. 교회를 농촌 지역으로 이전하자고 제안하자 교인들이 충격을 받았다. 20명 교인과 수련회를 가서 워크숍을 진행하면서 땅이 생기면 무엇을 하고 싶은지 조별 토론을 했더니 도서관, 카페, 공방 등을 제시했다. 그리고 도시에서 농촌 지역으로 이전한 교회들을 방문하도록 한 후 모여서 그 결과를 나눴다. 그런 교회들을 방문한 교인들의 생각이 조금씩 달라지기 시작했다. 교인들은 저런 교회라면 행복하고 기쁘겠다고 생각했다. 교인들을 설득하는 과정에 함께 공부하면서 큰 교회를 지향하기보다는 예수

---

39 쌍샘자연교회 백영기 목사와의 인터뷰(2021년 10월 1일)와 부산장신대 생명목회 특강(2020년 11월 19일)을 참조.

그리스도의 가치를 지향하고, 신앙공동체의 정체성이 중요함에 모두 공감했다. 쌍샘교회에서 10년간 함께 했던 교인 20명이 뭉치면 뭔가 할 수 있다고 생각했다. 농촌으로 이전하는 데 교인들이 합의하자 이제는 이전 비용이 문제였다. 2001년 쌍샘교회가 준비한 이전 비용은 2,000만 원이었다. 농촌에 땅을 보러 100여 군데를 다녔지만, 여건이 맞지 않았다. 결국 935평을 6,500만 원에 구입하기로 계약하고 빚 4,000만 원을 떠안았다. 건축비를 마련하기 위해 〈쌍샘교회 이야기〉를 주변 교회들과 나눠 한 구좌당 100만 원으로 100 구좌를 모금했다. 주변 교회들이 다양한 방식으로 지원해서 건축비 1억 원으로 2002년에 교회 예배당과 사택만 짓고 현재 위치로 이전했다. 건축 과정에 지역 어르신들이 반대해서 주민들에게 해가 되면 언제든지 떠나겠다고 각서를 쓰고 공사를 진행했다. 교회명을 쌍샘교회에서 쌍샘자연교회로 변경했다. 백영기 목사는 쌍샘자연교회로의 전환 과정에서 초기에는 공동체에 대한 생각을 지녔지만, 이후에 녹색교회의 비전을 갖게 되었다.

2) 쌍샘자연교회로의 전환(2002-) 및 목회 소신과 목회 원칙

마을에 살던 50가구 중 거의 다 떠나고 노인 10가구가 남은 상황이었다. 쌍샘자연교회는 마을 주민들에게 걸림돌이 아니라 디딤돌이 되고자 했다. 백영기 목사가 농사를 열심히 배우며 짓고자 하는 태도에 주민들의 마음이 열렸다. 주민들이 백 목사에게 모종도 주고 농사법도 가르쳐줬다. 교회를 통해 어린이들과 차들이 왕래하니까 주민들이 좋아했다. 시간이 지나면서 교인 20가구가 교회 옆으로 거의 다 이전했다. 그러자 마을 주민의 자녀들도 마을에 새로 집을 지었다. 이제는 거의 60가구가 사는 마을이 되었다. 교회가 이전하자 청주 시내에 있는 교회들이 여름 내내 수련회로 마을에 왔다. 고요한 마을이 수련회로 인해 시끄러워지자 주민들의 항의가 들어와서 더 이상 수련회를 받지 않았다. 교회 이전 후 진로에 대해 고민을 하다가 백영기 목사는 쌍샘자연교회의 소신과 원칙을 다음과 같이 제시했다.

첫째, 수와 크기를 넘어서는 교회이다. 예수께서 수와 크기에 관심 가지신 것을 보지 못했다. 둘째, 무명의 삶으로 나를 넘어서는 교회이다. 목회자들의 초심은 거의 다 이러했을 것이다. 셋째, 생명을 향한 끝없는 목마름의 교회이다. 예수의 관심이 생명인 것처럼 목회는 생명을 살리고 지키는 일이다.

3) 세 가지 비전: 영성 · 자연 · 문화

쌍샘자연교회는 사회 선교로부터 영성, 자연, 문화를 지향하는 교회라는 비전을 갖게 되었다. 첫째, 신앙, 영성, 말씀을 지향하는 교회가 되고자 했다. 둘째, 자연교회, 생명목회, 녹색교회를 지향하고자 했다. 적색 은총 이전에 녹색 은총이 있다는 깨달음 속에 구속신앙 이전에 창조신앙을 고백하게 되었다. 성서적으로, 신학적으로 자연 살리기에 주력하고자 했다. 셋째, 문화사역공동체를 지향했다. 교회가 마을에 있기에 마을에 선한 영향을 주는 교회,

건강한 놀이와 더불어 살아가는 가치를 일궈내는 문화공동체, 건강한 생명 문화를 양육하여 밖으로 흘려보내는 교회가 되고자 했다.

4) 세 가지 위원회 중심의 교회 운영

쌍샘자연교회는 영성신앙, 생태자연, 문화사회라는 세 가지 비전에 따라 교회의 위원회를 구성했다.

첫째, 신앙선교영성위원회이다. 따뜻한 가슴으로 드리는 주일 낮 공동예배에는 어린이를 포함한 전 교인이 참여한다. 모두가 신나 하는 여름신앙공동체는 신앙교육뿐 아니라 다양한 문화 활동을 통해 기쁨이 충만한 신앙공동체를 이루도록 한다. 겨울신앙사경회는 성서 교육에 집중하면서도 다양한 주제를 공부한다. 예배의 갱신을 위해 매해 11월에는 부문별로 좋은 점과 아쉬운 점을 교인 설문을 통해 피드백을 받아 이듬해 예배에 반영한다. 신앙선교영성위원회의 표어는 1전(전도, 영혼, 생명), 1소(소박, 절제), 1감(배려, 섬김)이다.

둘째, 생명자연생태위원회이다. 염색하고, 농사짓고, 곤충을 채집하는 쌍샘자연학교는 눈에 보이는 모든 것을 다 교재로 여긴다. 신나는 겨울 놀이학교는 1박 2일 동안 전통놀이를 하며, 공동체를 형성하도록 한다. 로컬푸드 착한살림은 아토피 어린이를 치유하고, 건강한 먹거리를 나누며, 생활문화 장터를 열고, 영리가 아니라 생명을 위한 활동을 전개한다. 땅과 땀의 만남이 이뤄지는 거룩한 주말농장은 농민들로부터 농기계를 빌려 참여자들이 농사에 동참하고 농민들과 친해지며 자연의 신비를 체험하게 한다. 야곱의 식탁은 방문자들에게 식사를 제공하는 데 코로나 이후에 문을 닫았다가 2021년 봄에 돌베개 산촌 책방으로 전환했다. 사람과 자연을 살리는 생태자연도서관(봄눈)을 10년에 걸쳐 건축하고 생태 관련 도서를 모아 개관했다. 생태자연도서관은 청주시가 일부 재정을 지원하고, 일부 대출을 받고, 1004명의 후원으로 건립되어 창조 신비를 배우고 함께 하는 데 기여하고 있다. 도토실 생태 마을에는 2021년 10월 현재 60가구가 넘게 살고 있다.

셋째, 문화사회공동체위원회이다. 사람을 만나고 인생을 배우는 사랑방 인문학당은 세상을 보는 눈을 키우고자 하며 교회를 이끌어 오고 있다. 여행과 문화를 배우는 문화 역사 기행이 있고, 공부방을 확대한 생명과 꿈을 얘기하는 민들레학교가 있다. 목공, 염색, 서각, 도예 작업을 하는 뚝딱뚝딱 노아 공방이 있다. 황토로 지은 사랑방 카페(무인 운영)는 가나안 성도들이 교회에 등록하는 사례들에서 보는 것처럼 전도 효과가 크다. 봄을 더불어 나누는 생태문화축제를 열고, 도서출판 꽃잠은 시집, 묵상집, 잠언집 등을 출판하는 데 판매를 후불제로 한다. 즉 책을 읽은 독자들이 가격을 매기는 제도이다. 꿈을 이루는 갤러리 마을은 사랑방 카페 2층에 전시실을 마련하여 다양한 전시를 하고 있다. 산골 게스트하우스 돌베개는 북스테이를 하는 가족이나 사람들을 위한 숙소이다.

세 개의 위원회를 통한 교회 운영에서 돋보이는 것은 각 위원장을 교인들이 맡고, 모든 교인은 세 위원회에 속해 활동한다는 점이다. 교인들은 매해 위원회를 선택할 수 있고, 위원장의 임기는 3년이다. 백영기 목사가 목회 방향을 제시하여 교인들과 충분히 토의

하여 결정한다. 각 위원회가 회의를 할 때는 다양한 제안을 하지만 교인들은 생업에 바빠서 활동이 더딜 수 있다. 백영기 목사는 이런 점을 이해하고 맡기면 더디 가도 인내하며 기다린다. 실제로 활동을 잘 할 수도 있고, 못할 수도 있지만, 책임을 묻지 않는다. 중요한 것은 사전에 활동이나 사역에 대해 교인들에게 부탁하고 그들이 스스로 자원하는 마음을 갖도록 하는 것이다. 백 목사는 세 위원회에 다 참석한다. 세 위원회는 각각 책을 통해 공부하거나 유관 기관이나 교회들을 탐방하기도 하고, 워크숍을 통해 배운 것을 나누거나 활동 방향을 정하기도 한다. 교회 안에서 위원회별로 헌신예배를 드린다. 위원회별로 활동하기도 하지만 큰 행사는 연합해서 하고 있다. 그리고 세 위원회가 서로 중첩되는 영역, 영성이라면 생태영성을 더 강조하고, 문화라면 생태 문화를 강조한다.

5) 녹색교회로서의 쌍샘자연교회와 전망

쌍샘자연교회는 2009년에 녹색교회로 선정되었다. 쌍샘교회 시절 사회 선교의 한계를 느꼈고, 교회를 농촌지역으로 이전할 때 녹색교회의 비전보다는 공동체에 대한 비전을 가졌다. 사회 선교에서 녹색교회로 전환하면서 신앙영성도 생태신앙과 생태영성을 강조하고, 문화사역도 생태문화를 강조하게 되었다. 백영기 목사는 적색은총 이전에 녹색은총이 있었고, 구속신앙 이전에 창조신앙 고백함을 강조했다. 쌍샘자연교회는 자연교회, 녹색교회, 생명목회를 지향하게 되었다. 쌍샘자연교회는 산촌 유학에 동참하면서 대안학교와 교육문화 마을을 꿈꾸고 있다. 산촌 유학은 교육청과 산림청이 지원하는 대안 위탁 교육 프로그램이다. 이 프로그램은 학교에 적응하지 못하는 학생들을 산촌에 있는 기관에 (유학을) 가서 자기를 성찰하고 치유하는 과정이다. 쌍샘자연교회는 현재 3명의 중고등 학생들(일반학교와 대안학교)을 받아 상담하고, 목공도 하며, 요리 실습도 진행한다. 기간은 1주일에서 1달, 또는 몇 달 등으로 학생들이 학교에 적응할 수 있는 능력을 키운다. 쌍샘자연교회는 대안학교와 교육문화 마을을 준비하고 있다. 기독성을 지녔지만 기독교학교는 아닌 대안학교는 영성, 자연, 문화가 어우러지는 교육을 실천하고, 기독교 신앙을 갖도록 노력하고, 자연을 이해하고 문화적, 사회적, 공동체적, 기독 정신을 지닌 사람을 양육하고자 한다. 대안학교 건립을 위해 부지 만 평을 구입했다. 대안학교만 아니라 목공, 도예, 미술 등 문화가 있는 마을을 꿈꾸고 있다.

6) 쌍샘자연교회 마을 목회의 특징

첫째, 백영기 목사의 가난과 비움의 영성이다. 백 목사는 집안이 가난해서 중학교 진학을 못 하고 13세에 서울로 가서 오랜 객지 생활을 하면서 완구점 도매상, 삼립빵 도매점, 조명, 공장, 장사 등을 했다. 상봉교회가 운영하는 구락부에서 야학했다. 모태 신앙인이었지만 서울에서 다양한 직장을 다니면서 교회를 제대로 다니지 못했다. 그러다가 구락부에서 방언과 은사를 체험하면서 삼각산 기도원에 자주 기도하러 다녔다. 하나님의 은혜에 감사하면서 선교사가 되겠다고 마음을 먹었다. 선교사가 되려면 신학교를 가야 했다. 1980년대에 직장 때문에 청주로 이사한 후 중학교와 고등학교를 검정고시로 마치고, 대전신학대학을 1987년에 졸업했다. 대학에서 사회복지학과도 잠시 다녔고 청주대 법학과도 잠시 다녔다. 그런데 신학교에 가보니 선교사의 양면을 알게 되었고, 80년 어두운 시대를 알게 되면서 국내 선교, 목회를 하겠다고 결심하게 되었다. 장로회신학대학원을 1990년에 졸업했다. 교육전도사 사역을 하면서 겪은 교회들이 대부분 부흥과 성장에 치우치고, 알차고 의미 있게 목회하는 교회를 만나기 어려웠고, 예배도 본질을 놓쳤다고 느꼈다. 그래서 총회 사회부의 사회 선교 훈련을 받았고, 1990년부터 1991년까지 충북 지역 사회선교협의회 간사를 맡았다. 그리고 1992년부터 쌍샘교회를 개척했다. 백영기 목사는 자신의 성장 과정에서 겪은 가난으로 인해 개척교회 과정에서 어려움을 겪지 않았다고 했다. 백 목사는 이러한 가난과 어려움을 하나님의 훈련으로 여겼다. 백영기 목사는 가난의 영성을 책으로 배운 것이 아니라 자신의 삶에서 체득했다. 이것이 쌍샘교회를 개척하고, 쌍샘자연교회로 이전하며 녹색교회로 전환한 원동력이라고 생각한다. 세 위원회 중심의 교회 운영은 백영기 목사가 목회자의 역할을 비우면 교인이 채운다는 비움의 영성에서 비롯된다고 본다. 교인들이 더디게 활동을 하고 진행을 해도 믿고 기다리는 목회자의 자세가 위원회 중심의 교회 운영을 가능하게 한다. 이런 기다림의 태도 역시 비움의 영성에서 비롯된다. 즉 목회자의 뜻을 비우고, 하나님의 때, 교인들이 행동하거나 결정할 때까지 기다리는 비움의 영성에 기인

한다. 가난의 영성, 비움의 영성을 교인들도 받아들였기 때문에 쌍샘자연교회의 소신과 원칙으로 수와 크기를 넘어서는 교회, 무명의 삶으로 나를 넘어서는 교회, 생명을 향한 끝없는 목마름의 교회가 가능할 것이다.

둘째, 백영기 목사의 소통과 설득의 리더십이다. 이러한 목회자의 리더십은 교회 이전 과정에 반영되어 있다. 목회자가 교회 이전을 일방적으로 결정하고 진행하는 것이 아니라 수련회와 탐방, 워크숍을 통해 교인들이 고민하게 하고 보고 배운 것을 나누면서 스스로 결정하게 함으로써 결과적으로 20명 교인 가정이 쌍샘자연교회에 참여하고 이전을 하게 되었다. 쌍샘교회 시절 백영기 목사가 교인들과 10년 동안 소통하고 신뢰 관계를 형성했다. 도시에서 농촌으로의 교회 이전도 백영기 목사가 일방적으로 결정하지 않고 수련회를 통해 교인들과 목회자의 비전을 공유하고, 유사한 교회들을 탐방하고 교인들끼리 나누는, 긴 설득의 과정을 거쳐 교인들 스스로 결정하게 했다. 마찬가지로 지역 어르신들의 반대도 각서를 쓰면서 설득의 과정을 거쳐 극복했다. 예배의 경우 연 1회 설문조사를 통해 교인들의 의견을 수렴해서 그 의견을 반영하고자 했다. 이것 역시 교인들과의 소통과 설득에 기반한 목회이다. 세 위원회 중심의 교회 운영은 목회자가 교인들과 충분히 소통하기 때문에 가능하고, 목회자가 새로운 제안을 해도 교인들이 동참할 때까지 기다리고 설득하는 과정을 거치기 때문에 가능하다.

셋째, 백영기 목사의 소통과 설득의 리더십은 교인들의 지도력을 향상시켰다. 세 위원회 활동에 교인들이 능동적으로 참여하면서 이뤄진 세 운영위원회 중심의 교회 운영은 결국 교인들의 지도력 향상에 기여한다. 위원장의 임기는 3년으로 하여 위원회 활동의 연속성과 전문성을 갖게 하고, 위원회에 속하는 교인들은 매해 자발적인 선택에 따라 위원회를 결정하게 함으로써 전문성과 자발성 사이에 균형을 갖추도록 했다. 백영기 목사는 모든 위원회에 참여하여 목회자의 비전이나 목회 방향을 제시하고 위원회 별로 수용하거나 토론을 거쳐 결정한다. 이와 같이 목회자가 교인들과 목회 비전이나 목회 방향을 나누고, 그 실천과정에 교인들의 의견을 반영하고 함께 위원회의 활동을 결정하고 실천한다. 이런 과정은 위원장들과 교인들의 지도력을 향상시킨다. 이처럼 전체 교인들이 목회자의 비전과 철학을 수용하고 발전시키는 과정을 통해 쌍샘자연교회가 성숙한 교회가 되도록 한다.

넷째, 쌍샘자연교회는 녹색교회이다. 쌍샘자연학교를 비롯하여 로컬푸드 착한살림, 주말농장, 생태자연도서관 봄눈 등을 운영하는 쌍샘자연교회는 자본주의 화석연료 문명으로부터 생태문명을 지향하는 녹색교회이다. 기후위기와 생태계위기 상황에서 쌍샘자연교회는 하나님과의 화해(신앙영성)를 바탕으로 인간과 자연을 모두 살리는 생태적 가치를 추구하며, 인간과 인간 사이의 화해도 문화적/사회적 활동을 통해 추구한다. 그리고 쌍샘자연교회가 중시하는 세 가치 중 영성도 생태영성을 지향하고, 문화도 생태문화를 지향하는 녹색교회이다.

다섯째, 쌍샘자연교회는 신앙/영성과 자연/생태와 문화/사회 사이의 균형을 갖춘 교회이다. 쌍샘자연교회는 기독교 신앙이라는 자기 정체성을 바탕으로 생태적 비전을 추구하는 녹색교회로 이웃/세상과의 만남의 통로로 문화/사회적 활동을 하며 세상이나 세상의 문화에 영향을 주고자 한다. 신앙공동체라는 자기 정체성, 녹색교회라는 비전, 세상과의 만남이나 세상에 영향을 주고자 하는 문화/사회적 활동 사이에 균형을 갖출 뿐 아니라 생태적 가치를 매개로 일종의 선순환(생태신앙, 녹색교회, 생태문화)이 일어나고 있다. 이러한 균형은 백영기 목사가 구락부 시절 체험했던 종교적 체험과 기존 교회의 문제의 대안으로 지녔던 사회 선교 의식 그리고 녹색교회 비전 사이의 균형에서 비롯되었다고 본다.

여섯째, 쌍샘자연교회는 교인들에게 매력적인 교회이기 때문에 이웃들에게도 매력적인 교회이다. 목회자가 교인을 존중하는 태도를 보여주는 교회를 만나기 쉽지 않다. 목회자가 교인들과 소통하고 설득하는 과정, 세 위원회 중심의 교회 운영, 매해 예배에 대한 피드백을 받아 이듬해 예배에 반영하는 과정을 보면 도시에서 농촌으로 교회가 이전함에도 불구하고 교인 20가구가 모두 이전한 교회에 출석할 뿐 아니라 교회 옆으로 이사한 이유를 알 수 있다. 한마디로 쌍샘자연교회는 교인들에게 매력적인 교회이다. 무인카페에서 자원봉사하는 가나안 성도들이 교회의 매력에 끌려 쌍샘자연교회에 등록한 사례들이 있다. 교회의 활동에 지역 주민이나 이웃이 참여하는 경우도 많다. 이는 쌍샘자연교회가 이웃에게도 매력적임을 보여준다. 인류가 직면한 코로나 위기 상황에서, 기후위기와 생태위기 속에서 녹색교회인 쌍샘자연교회는 다음 세대에게도 매력적일 것이다.

IV. 선교적 교회론에서 본 마을 목회

1. 신학적 회심과 신학적 방향

1) 신학적 회심

선교적 교회론은 선교와 교회의 이분법을 극복하고, 사람을 교회로 끌어들이는 교회 중심적 선교 이해로부터 벗어나 '이미'와 '아직' 사이에 있는 하나님의 통치와 종말론적 맥락에서 역동적으로 선교를 이해하는 신학적 회심을 출발점으로 삼는다. 위에서 본 마을 목회 사례들은 목회자가 교인들만이 아니라 마을 주민들을 섬기는 목회자로 이해하고, 교인들도 목회의 대상이 아니라 마을 목회의 공동 사역자, 선교사라는 자세로 마을 목회에 동참하고 있다. 오창우 목사는 자신의 글에서 이 점을 분명하게 밝혔다. 마을 목회의 모든 활동은 교회로 사람을 끌어들이는 것이 목표가 아니라 교회와 마을이 소통하고, 마을의 문제를 해결해 가는 데 교회가 동참하여, 하나님의 통치가 마을에서 이뤄지는 것을 지향한다. 마을이나 사회에서 발생하는 불의의 피해자와 함께 하고, 하나님의 정의를 세우기 위한 예언자적 활동을 한다.

2) 신학적 방향

선교적 교회는 삼위일체 신론을 바탕으로 하나님의 통치를 목적으로 하는 하나님의 선교에 참여하는 교회이다. 마을 목회 사례들을 보면 마을 목회는 교회와 마을에서 일어나는 하나님의 선교에 참여하되 먼저 교회 안에서 하나님 나라를 미리 맛보는 하나님의 백성으로서 세워지고, 마을에 하나님의 통치를 이루기 위해 교회와 마을이 소통하고, 마을이나 사회의 문제 해결에 협력한다.

2. 문화와 복음과 교회의 삼자 대화

1) 문화 이해

북미의 선교적 교회론은 복음과 문화와 교회 사이의 삼자 간 대화를 통해 복음과 교회에 대한 새로운 이해를 모색했다. 선교적 교회론은 북미 교회와 북미 문화 사이에 불일치가 존재하고, 북미 교회가 북미 문화의 가정을 지지하는 점을 위기로 여겼다. 마을 목회는 하나님의 통치에 반하는 세상의 문화를 거슬러 대안적 공동체와 대안적 삶을 추구한다. 이런 경향은 녹색교회인 고기교회와 쌍샘자연교회에 두드러진다. 고기교회 안홍택 목사와 쌍샘자연교회 백영기 목사는 비움의 영성, 가난의 영성을 지녔다. 이는 자본주의 문화가 교회의 본질을 훼손시키지 못하도록 목회자 자신부터 성찰하고, 교회가 세상의 문화로부터 벗어나도록 자신을 비우고 가난한 자들과 연대하며 가난해지려 노력함을 의미한다. 녹색교회를 자본주의 산업문명으로부터 생태문명으로의 전환에 앞장서는 교회라고 한다면 이들의 마을 목회는 피조물의 살림을 위해 교회부터 실천하고, 교회가 마을 주민들과 협력하고 있다. 이런 모습은 고기교회의 밤토실 어린이도서관, 목공방, 그냥..가게, 다양한 환경운동 그리고 쌍샘자연교회의 쌍샘자연학교, 로컬푸드 착한살림, 주말농장, 생태자연도서관 등에서 볼 수 있다. 한남제일교회 청소년교회는 마을 목회가 지향하는 가치를 청소년들이 스스로 체득하게 함으로써 입시교육에 대한 대안적 공동체로 청소년교회를 제시하고 그 속에서 마을 목회의 다음 세대를 양성하고 있다. 고기교회는 지역이 개발되면서 30년 전 교인들 상당수가 이사를 갔고, 고기교회가 지향하는 하나님의 통치라는 가치에 동의하는 교인들이 새로이 교회에 정착했다. 쌍샘자연교회는 농촌지역으로 이전하면서 교인들도 이전한 교회를 받아들일 뿐 아니라 녹색교회라는 비전을 수용하면서 서서히 변화되어갔다.

2) 마을 이해와 목회자의 자기 이해

성경은 교회가 세상에 존재하지만, 세상에 속하지 말라는 말씀(요 17:11, 14), 즉 세상의 가치를 따르지 말라 하셨다. 그렇지만 북미 교회는 과거 기독교 세계에 속하고, 변화된 현재의 세상 문화와 씨름하지 않았다. 이 점을 북미의 선교적 교회론 주창자들이 반성했다. 마을 목회는 마을을 해체시킨 산업화와 자본주의에 대항하여 생활 정치, 마을 경제/기업, 마을 학교, 마을 문화, 생태 마을 등을 통해 마을공동체를 회복하고자 한다.[40] 해체된 마을을 회복하기 위해 먼저 교회가 신앙공동체 됨을 회복해야 한다. 공동체는 동일한 목적을 갖고 있을 뿐 아니라 공동체를 구성하는 개인들 사이의 코이노니아/소통과 참여가 있어야 한다. 이러한 교회 내 코이노니아가 마을의 주민들과 교회 사이에도 일어나야 한다. 고기교회의 마을 목회 활동과 쌍샘자연교회의 마을 목회 활동에 교인들의 능동적 참여뿐 아니라 주민들의 적극적인 참여를 통해 이것을 확인할 수 있다. 즉 마을 목회는 하나님 나라를 중심으로 모인 신앙공동체가 마을 주민들과 소통하고 마을의 문제를 함께 해결하며 대안을 모색한다.

이 과정에서 마을 목회 목회자는 신앙공동체의 구성과 마을공동체의 회복이라는 이중의 과제를 감당해야 한다. 이는 목회자가 성서 이야기를 통한 신앙공동체의 형성을 감당해야 하고, 마을의 다양한 이야기를 통해 마을을 회복하는데 기여해야 한다. 뿐만 아니라 마을 목회 목회자는 성서 이야기를 마을 이야기와 연결시키는 성서적·선교적 해석학을 개발해야 한다. 오창우 목사는 청소년교회를 통해 제사장, 선지자, 왕이라는 메시아 삼중직을 통해 이를 실천하고 있다. 안홍택 목사는 하나님 나라를 구현하는 녹색교회, 평화교회를 통해 이를 실천하고 있다. 백영기 목사는 녹색교회를 통해 이를 실천하고 있다.

---

40 황홍렬, "마을만들기, 마을 목회와 마을 목회의 신학적 근거" 강성열·백명기 엮음, 『한국교회의 미래와 마을 목회』, 135-155.

3. 선교적 지역 교회의 신학함과 선교 활동

1) 선교적 지역 교회의 구성 요소

선교적 교회론을 구현할 교회는 지역 교회이다. 선교적 교회론을 구현할 지역 교회는 선교적 지역 교회라 할 수 있다. 선교적 교회의 구성 요소는 신비, 기억, 선교이다. 신비는 교회 지도자들이 이웃을 통제하는 근대적 선교방식이 아니라 하나님의 선택과 주권에 순종하는 선교 방식이다. 기억은 하나님께서 백성을 선택하고 그들을 위해 행동하신 것을 기억하며, 하나님 백성의 정체성을 형성하고 유지하며 그들의 미래에도 영향을 준다. 선교는 교회가 행하는 행동이 아니라 교회를 형성하는 신비를 통해서, 교회를 부르는 기억을 통해 교회가 되어가게 하는 것이다. 선교적 교회는 기억과 선교를 통해서 형성되는 교회의 변형에 관한 것이다.

마을 목회 목회자들은 교인을 통제/목회의 대상이 아니라 하나님의 선택과 주권에 함께 순종할 믿음의 가족으로 보고, 마을 목회를 위한 동역자로 귀하게 대한다(신비). 마을 목회 목회자들은 자신을 만나셨던 하나님께서 교인들도, 마을 주민들도 만나시는 하나님으로 믿고, 그런 구원사건이 신앙공동체 안에서, 마을에서 일어났고, 일어나고, 일어날 것을 깨닫고 희망한다(기억). 이런 신비와 기억에 참여하는 교회들은 마을 목회로, 녹색교회로, 평화교회로 변형된다(선교).

2) 선교적 지역 교회의 신학함

선교적 지역 교회의 신학함의 주체는 그리스도인들이다. 왜냐하면 선교적 지역 교회는 지역 사회에서 하나님이 무엇을 행하시는지를 주목하는 신앙공동체이기 때문이다. 선교적 지역 교회를 신학함의 자리로 여길 때 신학의 유형은 공동체 신학, 예언적 신학, 외부인의 신학이다. 예언자들은 공동체 신학이 성경으로부터 이탈할 때 그것에 도전하는 자들이다. 선교적 지역 교회의 신학이 지역 사회에 집중되어 '근시안적'이 될 위험을 극복하기 위해 외부인들의 목소리에 귀를 기울이는 외부자의 신학이 필요하다.

마을 목회는 목회자뿐 아니라 교인들도 교회 중심의 선교로부터 하나님의 선교로 전환하고, 교회와 선교의 이분법을 극복하고, 하나님의 통치와 종말론의 맥락에서 역동적으로 선교를 이해하게 된다. 한남제일교회는 청소년교회에 참여하는 청소년들과 교역자들에게서 이런 변화를 볼 수 있다. 고기교회는 다양한 활동에 참여하는 교인들에게서 이런 변화를 감지할 수 있다. 쌍샘자연교회는 세 위원회에 참여하는 위원장들과 적극적으로 참여하는 위원들에게서 이런 변화를 볼 수 있다. 마을 목회에 참여하는 교인들을 중심으로 진행되는 공동체의 신학이 성경에서 벗어날 때 이에 도전하는 예언자의 역할을 하는 자가 목회자라고 생각한다. 성서의 이야기와 마을 이야기를 연결하는 것은 마을 목회 목회자의 역할이다. 그리고 마을 목회의 공동체의 신학이나 예언적 신학이 '마을'에 매몰될 위험을 극복하게 하는 것이 마을 밖에서 고난당하는 가난한 자들의 절규이다. 신앙공동체가 이들에게 귀를 기울이고 그들과의 연대 활동을 통해 공동체의 신학은 하나님 통치를 지향하고, 종말론적 맥락을 회복하게 된다.

3) 선교적 지역 교회의 선교 활동

선교적 지역 교회는 사람들을 교회로 모으는 대신에 하나님 통치를 지향하는 대안적 공동체로서 사회의 지배적 패턴에 대해 예언자적 도전을 하며, 리더십과 공동체의 삶의 구조를 통해 예언자적 소명을 감당하고자 한다. 선교적 지역 교회는 교회에서, 지역 사회에서 기존 경계/장벽을 허물고 활동하시는 성령의 선교를 식별하며, 하나님께서 지역 사회에 어떻게 활동하시는지를 식별하고, 거기에 참여하며 대안적 공동체를 세우려 한다. 선교적 지역 교회는 현존, 사랑, 이웃의 개입을 통해 선교 활동을 펼친다. 하나님의 통치의 현존을 드러내는 것이 선교적 지역 교회의 활동이다. 선교적 지역 교회는 용서가 일어나고, 연약함을 서로 받아들이며, 사랑을 실천한다. 이처럼 선교적 지역 교회가 현존과 사랑의 방식으로 선교할 때 이웃이 선교 활동에 참여/개입하게 된다.

마을 목회는 하나님의 통치를 지향하는 대안적 공동체를 형성하고자 한다. 이는 위에서 제시한 세 교회에 모두 해당한다. 한국 사회의 자본주의적 패턴에 대한 예언자적 도전은 녹색교회로서의 고기교회와 쌍샘자연교회, 평화교회로서의 고기교회에서 볼 수 있다. 지역 사회에서 보여준 따뜻한 교회로서의 한남제일교회, 고통받는 현장에 참여하고 지역 시민사회와 연대 활동하는 고기교회, 세 위원회 중 생명자연생태위원회와 문화사회공동체위원회의 활동을 통해 본 쌍샘자연교회는 마을 목회 목회자의 리더십과 공동체의 삶을 통해 예언자적 소명을 감당하고 있다. 세 교회가 공통적으로 보여주는 것은 다른 어떤 교회보다 더 신앙공동체로서의 정체성, 신앙, 영성, 성경, 예배를 강조한다. 그런 토대 위에서 마을을 위한 다양한 활동을 한다. 먼저 교회 안에서 교인들을 하나님의 백성으로 변형시키는 성령의 역사가 있다고 본다. 오창우 목사는 교인들의 반대, 인식의 차이를 극복하기 위해 당장 필요한 일은 목회자 본인이 비용을 지불하거나 목회자 가족이 지불하여 해결한다. 그러다가 교인들이 이해하게 되면 그때 교회 예산을 사용하도록 한다. 이렇게 기다리는 동안 성령의 역사가 일어나는 것이라 본다. 쌍샘자연교회의 이전도 교인들이 이전을 받아들일 때까지 백영기 목사는 워크숍을 통해 함께 공부하며 기다렸다. 이 기다리는 시간 속에 성령의 역사가 일어났다고 본다. 고기교회는 30년 동안 안흥택 목사의 목회비전과 철학을 교인들이 서서히 받아들이면서, 지역 활동이나 시민 사회와 연대 활동, 고난받는 현장에 참여했을 것이다. 이처럼 목회자의 긴 기다림 속에서 성령의 역사가 일어나고 신앙공동체가 새로워진 것으로 이해한다. 선교 활동의 방식은 하나님의 현존을 드러내도록 목회자와 교인들이 마을 주민들을 사랑으로 섬기고, 고난당하는 이웃의 아픔에 동참하며, 마을의 문제를 교인들이 함께 씨름하니 교회의 일이나 행사에 마을 주민들이 적극 참여한다. 이처럼 마을 목회의 선교 활동은 세상의 지배방식에 예언자적으로 도전하고, 대안적 공동체를 형성하며, 하나님의 현존 방식으로, 사랑의 방식으로 행하여 이웃이 동참하도록 한다.

4) 선교적 교회의 신앙공동체 육성

근대문화와 북미문화는 자율적 자아를 강조하여 신앙공동체를 육성할 때 반역사적, 개인적, 실용적, 추상적 실천을 허용한다. 반면에 선교적 지역 교회는 역사적이고, 공동적이며, 경험적이고, 역동적 실천을 통해 선교적 지역 교회를 형성하고자 한다. 신앙공동체가 육성되는 것은 오직 선교적 교회의 실천에 참여할 때 가능하다. 한남제일교회의 지역 사회 선교와 마을 목회는 오창우 목사가 어렸을 때 체험했던 따뜻한 교회의 반영이라 했다. 마을 목회로의 전환 이후 마을 목회로서의 한남제일교회의 목회와 선교 활동은 교역자와 교인들의 공동 활동과 경험, 역동적 실천을 통해 이뤄진다. 고기교회의 마을 목회는 안홍택 목사의 비움의 영성, 반자본주의 정신을 예배와 말씀을 통해 공유하며, 지역 시민사회 연대 활동에 참여하고, 고통받는 현장에 참여하는 가운데 하나님 나라를 향한 대안적 신앙공동체, 녹색교회, 평화교회를 형성해왔다. 쌍샘자연교회 마을 목회는 백영기 목사의 가난과 비움의 영성, 소통과 설득의 리더십을 따라 교인들은 농촌으로의 교회 이전을 받아들이고, 세 위원회 중심의 교회 활동과 마을 활동에 교인들이 참여하면서 녹색교회를 신앙영성과 생태자연, 문화사회의 세 초점을 중심에 둔 신앙공동체를 형성해왔다.

4. 선교적 목회자의 리더십

선교적 리더십은 하나님께 순종함을 통해 정세와 권세를 대면하는 예수 그리스도의 계시에 의해 구체화된다. 선교적 교회를 형성하고 하나님의 통치를 선포하는 선교적 리더십은 성령에 의해 이뤄진다. 하나님 통치 아래 있는 백성들과 리더십은 불완전하지만, 성령께서는 그들을 종말론적 미래로 인도하신다. 선교적 리더십은 피조물을 향한 하나님의 계획을 선포하는 사람을 형성한다. 고기교회 안홍택 목사와 교인들은 1990년대 중반에 서울남부저유소 반대운동에 마을 주민들의 요청을 받아 동참했지만, 나중에 교인들만 남아 김영순 장로가 구속된 적이 있다. 저유소 유치를 위한 정부의 탈법적 행동에 교회가 반대하면서 오직 하나님께만 순종하는 선교적 리더십을 보여줬다. 다른 예언자적 행동 역시 정사와 권세에 대면하며 오직 하나님께만 순종하는 선교적 리더십의 사례이다. 십자가에 달리신 예수 그리스도가 이런 리더십을 보여 주었다. 세 교회의 마을 목회는 하나님의 통치를 선포하는 선교적 리더십의 사례이며 성령의 역사라고 본다. 오창우 목사는 학창 시절 폐병을 앓았고 병원이 포기한 간염을 기도원에 가서 기도 가운데 임마누엘 약속을 받고 치유된 종교적 체험을 했다. 백영기 목사는 구락부를 통해 종교적 체험을 했고 이후에 기도원을 오래 다녔다. 오창우 목사와 안홍택 목사는 목사의 길을 원하지 않았지만, 목회자의 길로 인도하신 것은 하나님의 역사, 성령의 역사라 했다. 오창우 목사가 주민자치센터 동장과 더불어 협치/공치를 실천하는 것은 교회와 지자체 사이의 장벽을 허무시고 마을에 하나님의 통치를 실현하는 성령의 역사라고 보며, 오 목사의 리더십은 선교적 리더십이라고 본다. 마을 목회를 하는 세 목사의 공통점은 설교나 성경 공부를 통해 마을 목회를 강조하지 않고 영성과 신앙, 하나님의 뜻, 하나님의 통치라는 성경의 핵심을 강조했다. 오창우 목사는 메시아 삼중직을 통해, 안홍택 목사는 비움의 영성과 평화교회와 녹색교회 사이의 균형을 통해, 백영기 목사는 영성과 자연과 문화 사이의 균형을 통해 선교적 리더십을 보여준다. 이들의 리더십과 교인들의 리더십이 불완전해도 성령께서 마을 목회하는 교회들을 하나님의 통치로, 종말론적 미래로 인도하심을 교인들에게, 마을 주민들에게 매력 있는 교회가 됨을 통해 알 수 있다. 녹색교회인 고기교회와 쌍샘자연교회의 선교적 리더십은 피조물을 향한 하나님의 계획을 선포하는 사람을 형성한다.

5. 선교적 교회론에서 본 마을 목회의 의의, 과제, 한계와 대안

1) 선교적 교회론에서 본 마을 목회의 의의

위에서 제시한 서울 한남제일교회, 용인 고기교회, 청주 쌍샘자연교회의 마을 목회 사례에 선교적 교회론을 적용했을 때 드러나는 마을 목회의 의의는 첫째, 선교와 교회의 이분법을 극복하고, 사람을 교회로 끌어들이는 교회 중심적 선교로부터 벗어나 '이미'

와 '아직' 사이에 있는 하나님의 통치와 종말론적 맥락에서 역동적으로 선교를 이해하는 신학적 회심을 이룬 점이다. 둘째, 신학적 방향과 관련해서 마을 목회는 삼위일체 신론을 바탕으로 하나님의 통치를 목적으로 하는 하나님의 선교에 참여한다. 셋째, 복음과 문화와 교회의 삼자 대화의 측면에서 문화 이해를 보면, 마을 목회는 자본주의 산업문명으로부터 생태문명으로 전환하려는 녹색교회를, 자본주의의 경제적·문화적 폭력에 대응하는 평화교회를, 입시경쟁 교육으로부터 메시아 삼중직을 중심으로 하는 청소년교회를 대안적 공동체로 제시한다. 넷째, 마을 목회는 마을을 해체시킨 산업화, 도시화, 자본주의의 물결을 거슬러 목회자들은 성경, 예배, 기도, 영성, 코이노니아를 중심으로 하나님의 백성공동체를 먼저 회복하고, 마을 주민들과 소통하고 주민들의 필요에 응답하는 과정에서 교회와 마을 사이에 코이노니아가 이뤄지고 신뢰 관계가 형성되면서 성서 이야기와 마을 이야기가 합류하도록 한다. 한남제일교회 오창우 목사는 메시아 삼중직을 통해, 고기교회 안홍택 목사는 평화교회와 녹색교회를 통해, 쌍샘자연교회 백영기 목사는 녹색교회를 통해 두 이야기의 합류를 시도한다.

다섯째, 선교적 지역 교회의 구성요소인 신비, 기억, 선교를 보면 마을 목회 목회자들은 교인을 통제의 대상으로 여기지 않고 하나님의 선택과 주권에 순종하는 믿음의 가족으로 보고, 마을 목회를 위한 동역자고 여긴다(신비). 마을 목회 목회자들은 자신을 만나셨던 하나님께서 교인들도, 마을 주민들도 만나시는 하나님으로 믿고, 그런 구원 사건이 신앙공동체 안에서, 마을에서 일어났고,

일어나고, 일어날 것을 깨닫고 희망한다(기억). 이런 신비와 기억에 참여하는 교회들은 마을 목회로, 녹색교회로, 평화교회로 변형된다(선교). 여섯째, 선교적 지역 교회의 신학함은 목회자뿐 아니라 교인들에게 일어나는 신학적 회심에서 볼 수 있다. 한남제일교회 청소년교회에 참여하는 교역자들에게서 이런 신학적 회심을 볼 수 있다. 고기교회와 쌍샘자연교회는 평화교회, 녹색교회 활동에 참여하는 교인들과 교인 지도자들에게서 공동체 신학이, 예언적 신학은 목회자들의 역할이라 보고, 마을 목회가 '마을'에 관심사가 매몰될 위험을 외부의 고난당하는 자들의 절규에 귀기울임으로써 극복한다고 본다.

일곱째, 마을 목회에 나타난 선교적 지역 교회의 활동은 고기교회의 고통받는 현장에 참여하고, 지역 시민사회와 연대하는 활동에서 예언자적 도전의 모습을 확인한다. 한남제일교회가 주민자치센터와의 협치/공치의 활동에서, 고기교회와 쌍샘자연교회의 주민과의 연대 활동에서 경계를 허물고 활동하시는 성령의 선교를 본다. 마을 목회는 하나님의 현존을 마을에 드러냄, 하나님의 사랑으로 마을을 섬김을 통해 그리스도의 향기를 마을에 퍼짐을 통해 교회가 교인뿐 아니라 주민들에게도 매력있는 공동체가 됨으로써 이웃이 교회에 등록하고, 이웃이 다양한 마을 활동에 동참한다.

여덟째, 마을 목회의 신앙공동체 육성 방식은 교인들이 주민을 교회에 끌어들이는 방식이 아니라 오창우 목사처럼 자신이 체험했던 따뜻한 교회를 마을 목회를 통해 한남동 마을 주민들이 느끼도록 한다. 고기교회는 안홍택 목사의 비움의 영성, 반자본주의적 복음의 정신을 예배와 말씀과 기도를 통해 교인들과 나누며 하나님 나라를 향한 대안적 신앙공동체, 녹색교회, 평화교회를 형성하고자 한다. 쌍샘자연교회 백영기 목사는 가난과 비움의 영성, 소통과 설득의 리더십을 따라 교인들이 교회 이전을 받아들이고, 세 위원회 중심으로 교회 활동과 마을 활동에 참여하면서 녹색교회를 형성하고 있다.

아홉째, 마을 목회자들의 리더십은 십자가에 달리기까지 하나님께 순종함으로써 정세와 권세를 이기신 예수 그리스도처럼 고기교회는 서울남부저유소반대운동에 주민들의 요청으로 참여했다가 김영순 장로가 구속되기까지 했다. 세 교회의 목회자들은 하나님 체험을 했지만, 그것을 교회 성장으로 연결시키지 않고, 하나님의 통치를 교회와 마을에 이뤄지도록 십자가의 길을 걸음으로써 성령의 역사를 따랐다. 한남제일교회 청소년교회의 발전, 고기교회가 평화교회로, 녹색교회로, 쌍샘자연교회가 녹색교회로 나아감은 그 신앙공동체와 목회자의 리더십이 불완전하지만, 성령께서 그들을 종말론전 미래로 인도하시는 과정이라고 본다. 특히 녹색교회를 통해서는 피조물을 향한 하나님의 계획을 선포하는 사람들을 형성하고 있다.

선교적 교회론에서 본 마을 목회의 세 가지 사례들은 북미 교회가 지향하는 선교적 교회론의 핵심 주장들을 부분적으로, 또는 상당 부분 실천하고 있으며, 어떤 측면에서는 선교적 교회론을 넘어서고 있다고 생각한다.

2) 마을 목회의 과제

마을 목회의 과제는 선교적 교회론에서 본 관점을 넘어서서 마을 만들기로부터 오는 과제를 제시하고자 한다. 우선 마을 만들기의 일반적 과제로는 단체 활동가, 공무원, 학자가 중심이 되고 주민은 들러리가 된다는 점, 마을 만들기 사업의 단위가 시, 군, 구, 읍면 단위로 공동체를 형성하기에 크다는 점, 예산을 지원받는 사업이 마을공동체를 회복할 수 있는지에 대한 검토, '마을 만들기' 용어의 문제 그리고 경제적 자립이다.[41] 진정한 마을공동체를 이루려면 사업이나 프로그램이 중요한 것이 아니라 먼저 참여자들이 마을 사람이 되는 것이 우선이다.[42] 유창복은 관 주도의 마을 만들기 정책의 문제로 칸막이 행정, 형식적 거버넌스, 조급한 성과주의를 들고, 대안으로 주민 주도형 마을만들기, 주민 주도를 위한 행정개선, 지원절차에서 준비 과정을 지원하는 인큐베이팅제(교육, 상담 지원) 도입, 깔대기식 지원, 포괄 예산제 도입 등을 제시했다. '마을스러운' 평가지표로 과정 중심 평가, 사람 성장 평가, 질적 평가지표를 제시했다.[43]

---

41 황홍렬, "마을만들기, 마을 목회와 마을 목회의 신학적 근거" 강성열·백명기 엮음, 『한국교회의 미래와 마을 목회』(서울: 한들출판사, 2016), 156-157.

42 문재현·신동명·김수동, 『아이들을 살리는 동네: 참여·소통·보살핌의 공동체』(서울: 살림터: 2013), 24-27.

43 유창복 서울시 마을공동체 종합지원센터장, "관이 아닌 주민을 위한 마을만들기" 오마이뉴스 특별취재팀, 『마을의 귀환: 대안적 삶을 꿈꾸는 도시공동체 현장에 가다』(서울: 오마이북, 2013/2014), 164-169.

3) 마을 만들기의 한계

마을 만들기는 마을의 자족성을 강조하지만, 신자유주의 세계화 시대에 전 지구적으로 경제적, 사회적, 문화적 연계가 강화된 세상에서 한계가 있을 수밖에 없다. 전 지구적으로 인류가, 생태계가 서로 의존하는 세계에서 마을의 자족성만을 강조하기 어렵다. 승자독식의 사회, '헬조선'이라 불리는 전근대적이고 청년들, 여성들, 사회적 약자들에게는 지옥 같은 사회, 사회적 양극화가 도저히 지탱하기 어려운 수준의 사회에서 경제적 자급, 생활 정치, 대안교육, 대안문화의 한계가 있다. 한반도는 남북의 분단과 무력 갈등이나 충돌이 상존하는 상황, 미국과 일본을 중심으로 하고 남한을 종속적 위치에 놓는 군사동맹과 중국과 러시아와 북한의 군사적 협력, 그리고 북핵 위협과 사드 배치 결정, 그로 인한 동북아 긴장 등은 지정학적 위기 상황이다. 기후변화와 같은 전 지구적 위기도 있다. 후쿠시마 핵발전소 폭발 참사 시 제일 먼저 자살한 사람은 평생을 유기농업을 해오던 농민이었다는 사실은 아이러니가 아닐 수 없다. '한 아이를 키우기 위해 온 마을이 필요하다'는 간디의 말은 '한 마을이 온전히 서기 위해서는 전 지구 생명공동체가 필요하다'는 말로 보충되어야 한다.[44]

---

44 황홍렬, "마을만들기, 마을 목회와 마을 목회의 신학적 근거" 강성열·백명기 엮음, 『한국교회의 미래와 마을 목회』(서울: 한들출판사, 2016), 158-159에서 가져온 것임을 밝힌다.

4) 마을 목회의 대안

코로나19로 한국 사회와 전 세계가 이전의 생활로 돌아가지 못하는 상황으로 인해 이런 한계는 더 절실하게 다가온다. 필자는 이런 한계에 대한 대안으로 마을(local), 도시(city), 국가(national), 대륙(regional), 전 지구적(global) 단위의 대응 네트워크를 제시하고자 한다. 우선 자본주의 산업문명으로부터 생태문명으로의 전환이라는 큰 흐름에서 대응 네트워크를 구축해야 한다. 코로나19 글로벌 팬데믹이 기후위기와 생태계위기에서 비롯된 만큼 인류문명과 지구 생명공동체가 생존하려면 이러한 문명사적 전환이 불가피하다. 따라서 단위가 마을이든, 도시든, 국가든, 대륙이든, 글로벌이든 문명사적 전환의 방향을 제대로 파악해야 한다. 이런 흐름을 제시하는 책 중 중요한 도서가 김종철의『근대문명에서 생태문명으로: 에콜로지와 민주주의에 관한 에세이』와 한윤정의『생태문명 선언: 위기, 희망, 지속가능한 미래』이다. 글로벌 차원에서 이런 전환을 구체적으로 밝힌 책은 제러미 리프킨의『글로벌 그린 뉴딜』이다.45 국가 차원에서 환경국가나 전환국가를 제시한 책으로는 전자가 환경부의『녹색 전환: 지속 가능한 생태사회를 위한 가치와 전략』(2020)이고, 후자가 하승수의『배를 돌려라: 대한민국 대전환

---

45 황홍렬, "코로나19, 그린 뉴딜과 한국교회의 선교적 과제" 황홍렬 책임편집,『코로나19와 한국교회의 회심: 신학·목회·선교의 과제』(서울: 동연, 2020), 203-244는 리프킨의 글로벌 뉴딜을 한국 사회에 적용시켜 정부의 그린 뉴딜 정책을 비판하고, 그린 뉴딜의 과제를 교회의 선교과제와 연결시켰다.

-공생 · 공유 · 공정 사회를 위한 밑그림』(2019)이다. 도시 단위에서
의 전환의 사례를 제시한 책은 김해창의『환경수도, 프라이부르크
에서 배운다』(2003), 요시다 타로의『생태도시 아바나의 탄생』
(2004), 정혜진의『착한 도시가 지구를 살린다』(2007) 등이다. 마을
의 경우는 박원순의『마을, 생태가 답이다: 환경을 생각하는 생활
문화 공동체』(2011)가 있다. 이렇게 단위별로 다양한 비정부기구
(NGO), 지자체, 정부, 기업 등이 관심사별로 네트워크를 이루고,
전환이라는 목표를 향해 단위별로 네트워크의 네트워크를 구축하
는 것이 필요하다. 이럴 때 마을 목회가 마을로 매몰되지 않고 다
른 기관들과 연대하고 더 큰 단위와 연결되어 마을 목회가 도시와
국가의 의제, 나아가서 글로벌 의제에 효과적으로 대응하는 데 기
여할 수 있을 것이다.

V. 나가는 말

이상에서 제시된 주요 주장을 정리하면 다음과 같다.

북미 교회에서 제기된 선교적 교회의 전제는 복음과 문화와 교
회 삼자 간의 대화이다. 이 삼자 간 대화가 일어나는 구체적 현장
은 지역 교회이고, 지역 교회의 선교적 리더십은 하나님의 통치를
목표로 삼되 하나님의 순례하는 백성을 언약공동체로 성장시키는
과제와 언약공동체를 잘 훈련시켜 세상의 현장으로 증인으로 파송
하는 이중의 과제를 갖는다. 선교적 교회는 선교와 교회의 이분법

을 극복하고, 교회 중심적 선교로부터 하나님의 통치와 종말론적 맥락에서 선교를 이해하는 신학적 회심을 출발점으로 삼는다. 선교적 교회의 구성요소는 신비, 기억, 선교이다. 선교적 교회의 신학적 방향은 삼위일체 신론, 하나님의 통치, 하나님의 선교로 선교적 교회는 하나님의 통치를 목적으로 하나님의 선교에 참여하는 교회이다. 선교적 교회의 구체적 실천의 장이 선교적 지역 교회라면 그 신학함은 목회자뿐 아니라 신앙공동체에 속한 그리스도인들이 참여해야 한다. 공동체의 신학은 성경에서 벗어날 때 예언자적 도전을 받아야 하고, 외부자의 목소리/신학을 적극적으로 수용해야 한다. 선교적 지역 교회의 선교활동은 예언자적 도전, 성령의 선교, 하나님의 현존과 사랑과 이웃의 개입으로 이뤄진다. 선교적 지역 교회의 신앙공동체의 육성은 역사적이고, 공동적이며, 경험적이고, 역동적인 실천 속에서 이뤄진다. 선교적 지역 교회의 리더십은 세상 정사와 권세에 대면하여 십자가로 하나님께 순종하는 예수 그리스도를 따라야 하며, 성령의 역사 속에서 이뤄지고, 성령께서 그들을 종말론적 미래로 인도하시고, 피조물을 향한 하나님의 계획을 선포하는 사람을 양성해야 한다.

마을 목회의 사례로 제시된 서울 한남제일교회, 용인 고기교회, 청주 쌍샘자연교회를 선교적 교회론에서 정리해보면, 세 마을 목회 사례는 선교적 교회에서 제시한 신학적 회심이 일어나고, 하나님의 통치를 목적으로 하나님의 선교에 참여하는 교회로 신학적 방향도 일치한다. 문화와 복음과 교회의 삼자 대화의 측면에서 본 마을 목회 사례들은 세상의 문화를 거슬러 대안적 문화를 지향하고 하나님의 통치라는 대안적 가치를 추구하고 종말론적 미래를 신앙공동체에서 구현하는 자기 이해를 갖고 있다. 선교적 지역 교회의 구성요소는 신비, 기억, 선교는 하나님의 선택과 주권에 순종하는 마을 목회(신비), 교인들과 주민들을 만나시는 하나님과 교회와 마을에서 하나님 나라 사건이 일어남을 희망(기억), 이런 신비와 기억에 참여하면서 마을 목회에 참여하는 교회들이 녹색교회로, 평화교회로 변형된다(선교). 마을 목회는 목회자뿐 아니라 교인들에게서 신학적 회심이 일어나고(공동체의 신학), 마을 목회가 성경에서 벗어날 때 목회자들이 예언자적으로 방향을 조정하고, 외부자들의 신학(고난받는 자들)으로부터 도전을 받아 하나님 통치를 지향하게 된다. 마을 목회의 선교 활동은 사회의 지배적 패턴에 예언자적 도전을 하며 경계를 허무는 성령의 역사를 따라 하나님의 현존, 사랑의 방식으로 선교하되 역사적이고, 공동적이며, 경험적이고, 역동적인 실천을 통해 대안적 공동체를 형성하고자 한다. 마을 목회의 리더십은 정사와 권세를 대면하여 예수 그리스도처럼 하나님께 순종하고, 성령의 역사로, 교인들과 마을을 종말론적 미래로 이끌며, 피조물을 향한 하나님의 계획을 선포하는 사람들을 만들어낸다.

선교적 교회론에서 본 마을 목회의 의의는 마을 목회에서 신학적 회심이 일어나고 선교적 교회론이 제시하는 신학적 방향과 마을 목회가 일치하고, 문화와 복음과 교회 간 삼자 대화가 마을 목회에서 일어나서 세상의 문화와 대결하고 대안적 하나님 나라를 추구하고, 이 가치를 교회와 마을에서 구현하는 것을 볼 수 있다.

선교적 지역 교회의 신학함과 선교 활동의 관점에서 볼 때 마을 목회는 신비, 기억, 선교를 포함하고, 신학함의 주체가 교인들을 포함하며, 다양한 선교 활동 속에서 공동체가 형성되며, 여기에 리더십의 기여가 큰 것을 보았다. 그러나 마을 만들기의 과제를 마을 목회 역시 갖고 있다. 더 큰 문제는 신자유주의적 세계화 속에서 기후위기, 생태계위기 속에서 마을만들기의 한계이다. 이를 극복하기 위해서는 마을 단위를 넘어서 도시, 국가, 대륙, 전 지구 차원에서의 다양한 기구, 정부, 글로벌 기관 등의 수평적 네트워크와 수직적 네트워크의 구축이 필요하다. 이럴 때 마을 목회는 마을에 제한된 활동과 영향력을 확대할 수 있을 것이다.

참고문헌

강성열 엮음.『농어촌 선교현장과 생명목회』서울: 한들출판사, 2008.

구더·대럴. 정승현 옮김.『선교적 교회: 북미 교회의 파송을 위한 비전』서울: 주안대학원대학교출판부, 2013.

김종철.『근대문명에서 생태문명으로: 에콜로지와 민주주의에 관한 에세이』서울: 녹색평론사, 2019.

김해창.『환경수도, 프라이부르크에서 배운다』서울: 이후, 2003.

뉴비긴·레슬리. 최성일 옮김.『선교신학개요』천안: 한국신학연구소, 1995

_____. 홍병룡 옮김.『다원주의 사회에서의 복음』서울: IVP, 1998.

리프킨·제러미. 안진환 옮김.『글로벌 그린 뉴딜』서울: 민음사, 2020.

문재현·신동명·김수동.『아이들을 살리는 동네: 참여·소통·보살핌의 공동체』서울: 살림터, 2013.

박보경. "복음주의 진영의 선교적 회중 모색"『선교신학』제32집(2013), 201-234.

박원순.『마을이 학교다: 함께 돌보고 배우는 교육공동체』서울: 검둥소, 2010/2011.

_____.『마을회사: 공동체를 살리는 대안 경제』서울: 검둥소, 2011.

_____.『마을, 생태가 답이다: 환경을 생각하는 생활문화 공동체』서울: 검둥소, 2011.

오마이뉴스 특별취재팀.『마을의 귀환: 대안적 삶을 꿈꾸는 도시공동체 현장에 가다』서울: 오마이북, 2013/2014.

유창복.『우린 마을에서 논다』서울: 또하나의 문화, 2010.

이후천. "한국에서 선교적 교회론의 접근방법들에 대한 선교학적 성찰"『선교와 신학』제30집(2012년 가을), 49-74.

정혜진.『착한 도시가 지구를 살린다』서울: 녹색평론사, 2007.

조한혜정.『다시, 마을이다: 위험사회에서 살아남기』서울: 또 하나의 문화,

2007/2012.

정승현. "서구에서 선교적 교회론의 태동 및 발전"『선교와 신학』제30집(2012년 가을), 13-45.

최동규. "GOCN의 선교적 교회론과 교회성장학적 평가"『선교신학』제25집(2010), 233-261.

_____. "교회성장의 새로운 방향 설정을 위한 시론-선교적 교회성장의 개념 정립을 위하여"『선교신학』제32집(2013), 235-268.

최형근. "레슬리 뉴비긴의 선교적 교회론"『신학과 선교』제31집(2005), 369-389.

타로 · 요시다. 안철환 옮김.『생태도시 아바나의 탄생』서울: 들녘, 2004.

하승수.『배를 돌려라: 대한민국 대전환-공생 · 공유 · 공정 사회를 위한 밑그림』서울: 한티재, 2019.

한국일. "한국적 상황에서 본 선교적 교회: 지역 교회를 중심으로"『선교와 신학』제30집(2012년 가을), 75-116.

한윤정 엮고 옮김.『생태문명 선언: 위기, 희망, 지속가능한 미래』서울: 다른백년, 2020.

환경부 엮음.『녹색 전환: 지속 가능한 생태사회를 위한 가치와 전략』서울: 한울, 2020.

황홍렬. "한국기독교의 디아코니아 사례와 선교신학적 의의"『선교신학』제19집(2008년), 11-40.

_____. "선교적 교회론에서 본 한국 민중교회" 한국선교신학회 엮음,『선교적 교회론과 한국교회』서울: 대한기독교서회, 2015, 414-449.

_____. 책임편집,『코로나19와 한국교회의 회심: 신학 · 목회 · 선교의 과제』서울: 동연, 2020.

Forrester, Duncan B. "Lesslie Newbigin as Public Theologian" in Thomas F. Foust, George R. Hunsberger, J. Andrew Kirk, & Werner Ustorf (eds.), *A Scandalous Prophet: The Way of Mission after Newbigin* Grand Rapids: Michigan, William B. Eerdmans

Publishing Company, 2002), 3-12.

Gelder, Craig Van & Dwight J. Zscheile. *The Missional Church in Perspective: Mapping Trends and Shaping the Conversation,* Grand Rapids: Baker Academic, 2011.

Hunsberger, George R. & Craig Van Gelder (eds.). *Church Between Gospel & Culture: The Emerging Mission in North America,* Grand Rapids: Eerdmanns, 1996.

Newbigin, Lesslie. *Foolishness to the Greeks: The Gospel and Western Culture,* London: SPCK, 1986.

Roxburgh, Alan J. *Missional Joining God in the Neighborhood,* Grand Rapids: Baker Books, 2011.

Roxbourh, Alan J. & M. Scott Boren. *Introducing the Missional Church: What it is, Why It Matters, How to Become One,* Grand Rapids: Baker Books, 2009.

Wainwright, Geoffrey. *Lesslie Newbigin: A Theological Life,* Oxford: Oxford University Press, 2000.

부록

부록 I

2020년 선교적 교회 목회자 세미나 참석자들의 피드백

부록 II

2021년 선교적 교회 목회자 세미나 참석자들의
목회 실천 사례 및 목회 계획

선교적 교회 세미나
참석자 의견 및 제안

2020. 11. 24.

1. 1-3차 선교적 교회 세미나에 대한 피드백

1) 목회와 선교 패러다임 전환

○ 목회 패러다임의 전환

코로나19로 인해 모태신앙인 장로님으로부터 교회가 새로워
져야 한다는 요청을 받았다. 교회 성장 패러다임으로부터 건
강한 성경적 교회로의 전환이 필요하다(정현곤 목사, 주닮교회).

○ 선교 패러다임의 전환

해외선교 중심의 선교로부터 지역 사회 선교와 해외선교의
조화를 이루는 선교 이해로의 전환이 필요하다. 교회의 본질
을 회복하는 것이 중요하다(서용진 목사, 신현교회).

○ 성직 중심주의에서 만인 제사장으로, 평신도의 재발견으로 건강한 신학적 성서적 교회론이 필요하다(노헌상 목사, 생명숲 교회).

2) 패러다임 전환의 방법

○ 지교회

목회자가 급하게 혼자 나아가기보다는 교인들과 함께 나아가는 것이 필요하다. 이를 위한 첫걸음으로 장로 세미나를 시도하고자 한다(한영수 목사, 구포교회).

○ 지역 교회 연대

한 교회보다는 지역 교회들이 연대하여 활동할 때 지역 사회에 영향을 줄 수 있다. 따라서 지역 교회들이 함께 공부하고 실천할 필요가 있다(조의환 목사, 김해교회).

○ 지역 맞춤형 선교적 교회 유형 개발

지역 상황에 적절한 선교적 교회의 유형 찾기가 중요하다(정승진 목사, 해운대 소정교회).

○ 온라인 세미나로부터 오프라인 모임으로 연결

교회론을 재고하고 정립하는 좋은 성찰의 기회이다. 세미나도 중요하지만, 세미나로 끝나지 말고, 오프라인으로 모여서 새로운 방향을 만들고 공유하는 것이 필요하다(나재천 목사, 항서교회).

3) 목회자의 자기 변화

○ 내려놓기

세미나 자체의 의미가 중요하다. 교회가 지역 사회에서 선교적 교회로 역할을 하려면 자기 것을 내려놓아야 한다. 대부분의 교회가 내려놓기보다는 더 가지려고 하기 때문에 문제이다. 교회의 내려놓음, 목회자의 내려놓음이 중요하다(이대근 목사, 양정중앙교회).

○ 나로부터의 변화

이런 세미나를 듣게 되어 감사하다. 교회론의 전환에 대해 고민하며, 교회의 외적 형태가 아니라 본질의 변화가 필요하고, 이런 변화는 목회자 자신의 변화가 필요하다. 목회자가 선교적 목사로 변화될 때 교회 체질의 변화가 일어날 것이다(신충우 목사, 부산진교회).

2. 4차 세미나(11월 24일)에 참여한 목회자들의 제안

1) 선교와 전도의 차이

마을 목회와 지역 사회봉사는 교인들이 보기에 큰 차이가 없다고 볼 수 있다. 교회 안에서 선교적 교회를 실천하고자 할 때 이러한 차이에 대한 설득이 필요하다. 선교와 전도의 차이에 대한 이해도 필요하다(이대근 목사/양정중앙교회).

2) 코로나19 시대 선교적 교회로서의 마을 목회

길이 막혔는데 계속 두드리는 경우도 있다. 열린 길로 가면 된다. 코로나19 시대 선교적 교회로서 마을 목회 속에서 교회의 역할이 있을 것이다. 당장 교인이 채워지지는 않지만(한영수 목사/구포교회).

3) 선교적 교회, 마을 목회를 위한 접촉점 찾기

해운대 소정교회가 있는 달맞이 지역도 소외지역으로 다양한 시도를 해보았다. 도시재생이나 지자체 프로젝트를 하면 오히려 쉬운 것 같다. 그러나 교회가 단독으로 마을 목회를 하는 것은 쉽지 않다. 지역/마을과 교회가 접촉점을 찾아가는 것이 과제이다(정승진 목사/소정교회).

* 저는 세미나에 참여한 목사님들의 피드백으로부터 선교적 교회에 대한 심포니 같은, 다양하면서도 하나로 어우러지는, 목회와 선교 패러다임의 전환과 구체적 제안을 듣게 되어 성령님의 역사를 느낄 수 있어 기뻤습니다. "기대하지 않은 기대" 아니, 그 이상이었습니다. 참여하신 목사님들의 진지한 고민과 다양한 제안들을 통해 목회자들의 깊은 내공을 느끼고 배우게 되어 감사했습니다. 저는 이 세미나를 어떻게 이어가야 할까 혼자 고민했었습니다. 그런데 성령 하나님께서는 여러 목사님들을 통해 나아갈 길을 구체적으로 보여주십니다. 세미나를 통한 이런 경험은 거의 처음인 것 같습니다. 세미나에 참여하여 동행하신 목사님들께, 우리 모두를 이끄신 하나님께 깊이 감사드립니다. 향후 구체적인 제안은 이사님들과 의논 후 연락드리겠습니다(황홍렬 교수).

광안교회의 선교적 교회 사역

함영복 | 광안교회 목사

1. 협력 사역

광안동 지역의 7개 교회의 연합(고신, 합동, 독립교단) 사역

○ 강단 교류 및 친교(7개교회 체육대회-3회, 연합 추수감사주일 찬
양제-3회). 코로나 이전까지 진행

○ 비전 나눔 - 선교적 교회(마을 목회)를 위한 현장 탐방(서울,
경기권 모범적 선교적 교회 - 담당 목사초청 강연회)

○ 도시락 나눔(아침머꼬) - 지역 중등학교의 아이들, 결식 아동
을 지원

2. 광안교회 사역

앎브릿지 - 지역을 알다. 하나님과 연결시키다의 뜻

○ 설립 목적 - 지역 사회를 알고 지역의 문제점을 해결해가며 예수 그리스도의 사랑을 전하는 가교역할을 한다.

○ 창립 - 2013년. 교회 중심으로 하다가 단체 설립하여 운영하기 시작

○ 대표: 이선태 안수집사 / 회원 20명

○ 2013년 독거 어르신 방문하여 생신 파티 시작(진행 중)

○ 취약계층 난방유 지원(2014년부터) / 저소득 가정 대학생 장학금 전달(2016년)

○ 독립유공자 후손 장학금 사업 시작(2017년)

○ 2018년 앎브릿지 비영리단체 승인/ 승인 후 2018년 홀트 수영 종합복지관과 업무협약 체결

○ 2021년 김장 나눔(12월 80가정)

○ 매월 독거 어르신 정서 경제지원사업 - 누적 150가정 방문 생신 파티 및 생필품 전달

○ 난방유와 난방 텐트(누적 1,000만 원)

3. 2022년 중점사업 계획

○ 청청노노(淸淸老老) 브릿지 사업 - 청소년 청년 사회복지 교육사와 함께

○ 독거 어르신 1:1 매칭케어하여 매월 방문. 난방유 지원 (11~12월)

○ 독립유공자 장학금(2월) / 취약계층 1인 가구 주거환경개선 지원 - 상시

구포교회 이야기

한영수 | 구포교회 목사

1. 선교적 교회를 지향

○ 선교를 프로그램이 아니라, 선교를 교회의 본질로 이해하는
  교회

○ 교인들이 모두 내가 있는 자리가 선교의 자리로 인식하는 교회

○ 교회당이 있는 곳을 선교의 현장으로 인식하는 교회(마을 목회)

○ 예수님 그리스도의 자기비움의 절정인 성육신을 목회에 적
  용하는 교회

2. 현재하고 있는 것

○ 교회

- 늘푸른학교(노인을 위한 주중 학교)(잠시 중단)

- 문화교실(잠시 중단)

- 지역청소(잠시 중단) 약간의 차이는 있지만, 어느 지역이든
  지 너무나 지저분하다. 담배꽁초, 개똥, 각종 쓰레기로 넘
  친다.

- 반찬사역
○ 북구기독교연합회
  - 전도지 공동으로 만들어 사용(가까운 교회에 출석하도록 권면)
  - 범죄 피해자 가족 돕기
  - 연말에 구청장을 방문해 이웃 사랑 성금 전달
  - 구포역에 크리스마스트리 축제를 펼치고, 포토존을 만들고 지역 상권에 도움을 준 적이 있다(지금은 중단).

3. 앞으로의 계획
○ 당회원 항존직 세미나(비정기적): 담임목사가 혼자 급하게 나가는 것보다는 늦더라도 교인들과 함께 나아가는 것이 필요하다고 생각해서 이를 위한 첫걸음으로 당회원 세미나를 시도하고자 한다.
○ 교회 공간 개방: 카페 주차장 기타 공간
○ 구포2동 어려운 지역민 장례식 조문
○ 동장에게 교회가 지역을 위해 할 수 있는 것이 무엇인지 제안
○ 지역 학교에 장학금 지원하는 것을 동장에게 전달해 지역의 어려운 학생들을 격려코자 한다.

4. 고민
○ 창립기념주일, 부활절, 맥추감사절, 추수감사절, 성탄절에 교회만의 잔치를 피하고 어떻게 하면 지역 주민과 함께할까 고민하고 있다.

오래전 예배당 입당한 후 토요일에 지역 주민 노래 자랑대회 한 적이 있다. 호응이 좋았다. 그런데 이후 엄두가 안 난다.
○ 선교적 교회에 대한 목회적인 철학을 갖는 일은 무엇보다 중요하다. 그런 점에서 꾸준히 공부하고, 세미나에 참여하고, 자료 정리를 통해 내면화하는 것 등이 필요하다. 그런데 또 중요한 것은 적용이다. 많은 목사들의 방향은 알겠는데, 전진을 하지 못하고 있다. 이유는 개교회에 구체적으로 적용할 프로그램을 찾지 못하기 때문이다.

선교적 교회론에서 본 김해교회

조의환 | 김해교회 목사

1. 교회 표어: '행복한 세상을 만드는 신앙공동체'

○ 제자는 '소금으로 빛으로' 세상을 아름답게 만드는 하나님의 나라의 일꾼이다. 따라서 김해교회는 이 땅에서 하나님의 나라를 만드는 일꾼으로 부름받은 사람들이다.

○ 김해를 축복하며 걷기: 학교, 관공서…등 / 2022년은 '청소하며 축복하며 걷기'를 실시하고자 함

○ 3년 전까지 제주 올레길을 매년 한 차례 돌며 기도함(제주도를 한반도라 생각하고 코스마다 이름을 붙여 기도함) 현재는 중지하였고, 앞으로 계획은 휴전선을 기도하며 걷는 것임

○ 연초에 일 년간 축복 기도할 김해시민 3명을 정하여, 매일 축복하기: 김해교회3.1운동(매일 3장 성경읽기, 매일 3명 축복하기 매일 3가지 감사하기)

2. 1년간 축복 기도하신 분들에게 연말에 성탄 선물 보내기

○ 2020년 성탄 선물 '김해가 따뜻했으면 좋겠습니다' 박스, 무

룰담요, 캘린더, 카드, 마스크… 등
○ 2021년 성탄 선물 '당신이 더 행복했으면 좋겠습니다' 박스, 캘린더, 카드, 마스크… 등

3. 드림센터: 지역 사회를 섬기기 위한 프로그램 실시

○ 다문화가정 학습 돕기(방과 후 교실, 토요학교), 노인 돌봄, 동 사무소를 통하여 지역 주민 반찬 나누기

2022년 부산진교회
목회 중점 사항

신충우 | 부산진교회 목사

1. 사명

삶의 현장을 하나님 나라로

2. 비전

○ 치유가 있는 교회

○ 회복이 있는 교회

○ 아름다운 유산을 남기는 교회

3. 2022년 표어

하나님과 동행하는 사람(창 6:8-9)

4. 2022년 목회 중점사항

○ 기본에 충실하다 1 - 교육 부문

생애주기에 따른 교육

교육대상에 대한 패러다임의 변화(자녀와 가정)

○ 기본에 충실하다 2 – 가정 부문

가정에서 자녀들과 함께 할 수 있는 신앙교육 프로그램 개발

(부모가 읽어주는 성경 이야기 등)

○ 기본에 충실하다 3 – 예배 부문

비대면과 대면 예배를 병행하되, 대면 예배 참여를 독려

○ 기본에 충실하다 4 – 훈련 부문

하나님 나라 관점에서 읽는 전교인 공동체 성경 읽기(유튜브

와 카톡방 등을 통해 온라인으로 운영)

신앙훈련 체계 세우기(피택자 훈련을 기점으로 신앙훈련 체계를

단계적으로 구축)

○ 기본에 충실하다 5 – 장학 부문

지금까지 진행되어 오던 장학제도를 개선 및 확대하여,

2022년에는 '우리 아이를 우리가 키우자'라는 개념을 가지

고 장학기금을 확대하고, 장학대상을 넓혀 나가고, 장학금

의 규모를 키워나가기로 함. 이를 위해 현재 시행되어 오는

목적 헌금 중 교육목적헌금을 교육장학 목적헌금으로 명칭

을 변경하여 장학기금을 키워나갈 수 있는 재정적인 흐름을

만들고, 이를 위한 참여를 격려하는 방향성을 만들기로 함.

○ 기본에 충실하다 6 – 교역자와 직원

여름 휴가 외 연중 휴가(교역자 – 연 6일, 직원 – 연 9일)

부교역자 성장: 만 3년이 지난 부교역자들 가운데 한 사람을

당회의 결정으로 학위 과정을 전액 지원

○ 기본에 충실하다 7 – 나눔

가난한 성탄절(자기를 비우심으로 세상을 부요하게 하신 예수 그리스도의 성육신의 사랑을 본받아 교회에서 드리지는 성탄헌금 전액을 이웃을 위한 나눔으로 사용하기로 함)

2022년 새빛교회
목회계획(안)

조신제 | 새빛교회 목사

1. 목적: 복음으로, 교회를 새롭게 세상을 이롭게

2. 목표
○ 복음으로, 영혼 구원과 제자 양육
○ 교회를 새롭게, 선교적 교회와 마을 목회
○ 세상을 이롭게, 녹색교회와 그린 엑소더스

3. 실천목표
○ 복음으로, 영혼 구원과 제자 양육
  - 셀 중심의 관계 전도: 셀을 소규모로 세분화, 재편성
  - 온-오프 병행 제자훈련: 일대일 대면, 카톡 또는 줌
    (Zoom) 병행
○ 교회를 새롭게, 선교적 교회와 마을 목회
  - 선교적 교회 비전 공유: 예배와 교육, 리더십 함양

- 마을 목회: 교회 시설 및 공간 개방, 기관별 사업 발굴
○ 세상을 이롭게, 녹색교회와 그린 엑소더스
  - 녹색교회: 녹색교회 준비위원회 조직, 녹색교회 탐방
  - 그린 엑소더스: 월별, 분기별 실천과제 선정, 추진 및 점검

4. 실천 프로그램

○ 복음으로, 영혼 구원과 제자 양육
  - 전도 대상자 초청모임(분기별, 각 셀 단위로, 장소는 자유)
  - 새가족 해피타임 수료자 예배(3월, 6월, 9월, 12월)
  - 제자훈련은 1단계 8주, 2단계 8주, 3단계 8주, 총 24주로
    조정
○ 교회를 새롭게, 선교적 교회와 마을 목회
  - 세미나: 선교적 교회(1월), 마을 목회(2월)
  - 교회 시설 개방 행사: 탁구장(3월), 잔디마당(5월)
  - 교회 기관별 사업 공모(2월), 준비 및 시행
○ 세상을 이롭게, 녹색교회와 그린 엑소더스
  - 녹색교회 추진위원회 조직(1월), 녹색교회 운영위원회 조
    직(3월)
  - 녹색교회 탐방: 교역자와 녹색교회 추진준비위원(1월),
    항존직(2월)
  - 녹색교회 운영위원회 월별 분기별 실천과제 선정, 추진 및
    점검

성덕교회 이야기

김찬효 | 성덕교회 목사

필자는 선교적 교회와 관련하여 다음과 같은 세 가지 생각을 가지고 있다. 다음과 같은 세 가지를 끊임없이 강조하고 실현할 때, 우리 교회는 선교적 교회라고 말할 수 있다고 생각한다.

첫째, 우리 교회가 이 지역 사회 속에 보냄 받은 교회라는 정체성을 가지는 것이 중요하다고 생각한다. 둘째, 성도들 각자가 삶의 자리에 보냄 받은 선교사라는 정체성을 가지는 것이 중요하다고 생각한다. 셋째, 한국교회 상황 속에서는 담임목사가 중요한데, 담임목사가 선교적 교회의 개념을 끊임없이 강조하고, 먼저 보냄 받은 삶의 자리에서 선교적인 삶을 사는 모습을 보여주어야 한다고 생각한다.

2018년에 이 교회에 부임한 이후로 살펴봤을 때, 교회가 특별히 지역 사회를 위해 하는 것이 별로 없었다. 우리는 작은 교회이고 재정적으로 넉넉하지 않아서 할 수 있는 것이 별로 없다고 생각하는 것 같았다. 즉, 이 지역 사회 속에 보냄 받은 교회라는 정체성이 많이 약한 것으로 보였다.

성도들 각자의 삶 속에서도 마찬가지였다. 다들 하나님의 일을 교회 봉사하는 것으로만 생각하고 있었고, 은퇴한 성도들은 교회를 위해서 하는 일도 없으니 천국 가는 날만 기다리는 것으로 보였다. 즉, 자신의 삶의 자리에 보냄 받은 선교사라는 정체성이 많이 약해 보였다.

우선 필자는 설교를 통해서 선교를 지속적으로 강조해왔다. 해외 선교도 많이 강조했지만, 특별히 지역 사회 선교를 많이 강조해왔다. 하나님께서 이 지역 사회에 성덕교회를 세우시고 우리를 이곳에 보내신 이유가 있기 때문에 지역 사회를 위해서 꾸준히 기도하고 섬겨야 함을 강조했다.

이렇게 강조하고 기도하는 중에 지역의 큰 변화의 소식이 들려왔다. 첫 번째 변화는, 지역 사회개발계획이다. 성덕교회 주변에는 국내 최초이자 최대 규모의 성매매 업소가 있다. 이로 인해 자녀를 양육하는 젊은 가정들이 다 떠나가고 노인들만 자리를 지키는 지역이 되었다. 그런데 최근 업주들이 스스로 성매매 업소를 폐업하고 재개발하겠다는 계획을 발표했다. 이에 맞추어 부산시에서도 이 지역을 도시재생 우선 구역으로 지정했다. 물론 업주들이 추진하는 민간개발계획과 부산시와 부산 서구에서 추진하는 공공개발계획이 동시에 발표되었기 때문에 갈등의 시간이 어느 정도 있겠지만, 지역에 큰 변화가 생기는 것은 기정사실이다. 지역 사회 속에 보냄 받은 교회라는 정체성을 강조하고 지역을 위해 기도하는 중에 생긴 큰 변화라서 감사한 일이다.

두 번째 변화는 성도들에게 일어났다. 처음 코로나 팬데믹이 발생했을 때 대부분의 교회가 그렇듯이 예배당 문을 닫았다. 그때 다음과 같은 제안을 했다. 예배당 문을 여는 날, 코로나 팬데믹으로 어려움에 처한 이웃들을 돌아보자는 차원에서 헌금을 하자고 했다. 성덕교회는 가난한 성도들이 거의 대부분이라서 기존의 헌금 외에 다른 헌금을 하자고 해본 적이 없었다. 그래서 헌금 제안을 하면서도 걱정이 많았는데, 성도들이 무려 72만 원이나 헌금해 준 덕분에 동 행정복지센터를 통해 이웃들에게 나눌 수 있었다.

코로나 팬데믹 와중에 우리는 그나마 방역도 잘되고 의료시스템도 잘 갖추어져 있어서 상대적으로 낫지만, 선교지는 대책이 없는 곳이 수두룩한 상황이다. 아예 외출도 못 하고 생계에 필요한 일도 못 하는 곳이 대부분인 상황이다. 그 상황에서 사람들이 당장 먹고사는 문제, 생존의 문제를 걱정해야 하는 선교지들이 많이 있다. 그래서 또 헌금 제안을 어렵게 꺼냈는데, 감사하게도 성도들이 100만 원이 넘는 금액을 헌금해 주었다. 이 돈을 성덕교회가 후원하는 선교사 중의 한 명에게 보낼 수 있어서 감사했다.

이런 일도 있었다. 어떤 성도가 개인적으로 찾아와서 무려 100만 원이 든 봉투를 주면서, 아무에게도 알리지 말고, 그냥 조용히 개척교회들을 위해서 써 달라고 했다. 그래서 개척교회 목사님 세 분에게 전달해서 그분들에게 도움을 드릴 수 있었다.

그런 일이 있고 나서 또 어떤 성도 한 분에게 연락이 왔다. 성덕교회가 지역 사회에 도움이 되는 일을 하면 좋겠는데, 지금 무더운 여름이니까 선풍기를 사서 전달하자고 100만 원을 보내왔다. 그래서 선풍기 30대를 사서 동 행정복지센터를 통해 지역 주민들에게 전달했다.

그러고 나서 작년 연말쯤에 또 어떤 한 성도가 찾아왔다. 이번에도 100만 원이 든 봉투를 주면서 "목사님 개인적으로 쓰세요"라고 말하고 갔다. 그러나 그 성도의 어려운 사정을 생각해봤을 때 100만 원이나 되는 돈을 도저히 개인적으로는 쓸 수 없었다. 그때 갑자기 이전에 받았던 100만 원이 생각났다. 이번에 또 누군가를 통해 100만 원을 주신 것은 그때와 동일하게 쓰라고 하나님께서 주신 돈이 아닐까? 즉시 전기장판을 사서 동 행정복지센터를 통해 지역 주민들에게 전달했다.

올해 2021년이 되어서도 하나님께서 주시면 그 무엇이라도 지역 사회를 위해 쓰겠다고 기도하고 있었다. 그런데 여름에 또 어떤 성도가 100만 원을 주면서 개인적으로 쓰라고 했다. 이번에는 받자마자 다른 생각이 들지 않았다. 자꾸 나에게 100만 원이라는 돈이 동일하게 오는 이유는 누군가를 위해서 쓰라고 하나님께서 성도들을 통해서 주시는 돈임을 이제는 알고 있기 때문이다. 그 돈으로 지역 사회 60가정에 치킨을 후원했다.

그 와중에 또 아이디어가 생각났다. 필자가 어떤 성도에게 제안했다. 우리 두 사람이 매달 2만 원씩, 매달 4만 원을 모아서 교회 이름으로 지역 사회의 아동 또는 청소년에게 두 마리의 치킨을 후원하자고 제안했다. 매달 성덕교회에서 두 마리의 치킨을 후원하겠다는 소식이 지역 사회에 알려지면서 사람들이 동참하기 시작했다. 치킨집 사장도, 지역 사회복지협의체 회장도, 같이 후원하고 있는 성도의 지인도 그리고 성덕교회의 또 다른 성도도 계속 동참하고 있다. 비록 얼마 안 되는 적은 금액으로 시작했지만, 이것이 마중물이 되어서 지역 사회에서 작은 나눔운동이 일어나고 있다.

명절 때는 어떤 성도가 후원해서 성도들 중 형편이 어려운 분들에게 고기를 나누어 주는 일도 있었고, 올가을에는 300만 원이 넘는 금액을 또 성도들이 헌금하게 되어 성덕교회가 후원하는 선교사 전체에게 특별후원도 할 수 있었고, 겨울을 맞이하여 이불 50채를 지역 사회의 어려운 이웃들과 성도들 중 어려운 분들에게 나눌 수 있었다.

사실 성덕교회는 이런 일을 상상해본 적조차 없는 교회였다. 그런데 한 번의 나눔이 또 다른 나눔을 낳고 그 나눔이 또 다른 나눔으로 이어지면서 성도들에게 큰 변화가 생겨났다. 우리 교회가 이 지역 사회로 보냄 받은 교회이고, 우리는 이 지역을 위해서 끊임없이 무언가를 해야 하는 교회라는 것을 모두 인식하게 되었다.

그러나 앞으로 남은 과제가 있다. 성도 각 개인이 자신의 삶의 자리에 보냄 받은 선교사임을 인식하는 것과 함께 담임목사가 자신의 삶의 자리에서 보냄 받은 선교사로 살아가는 모습을 보여주는 것은 아직 풀어야 할 과제다. 이를 위해 먼저 제자훈련의 변화를 고민하고 있다. 그동안 한국교회의 제자훈련은 교회 일에만 헌신하는 제자를 길러왔다. 이제는 삶의 자리로 가서 헌신하는 제자를 길러내기 위해 제자훈련의 내용을 고민하고 만들어 가야 할 때라고 생각한다. 이것은 필자 스스로 연구하면서, 그리고 다른 자료를 참고하면서, 다른 교회 목사님들을 통해서 배우면서 해결해야 할 과제일 것이다.

소정교회
선교적 교회 이야기

이근형 | 소정교회 목사

1. 이전

소정교회는 대한민국 최초 국립대학인 부산대학교의 설립자인 윤인구 박사님이 학생들과 지식인들의 선교를 위해 1958년에 부산대학 학생회관에서 시작한 교회입니다. 그래서 소정교회 교인들에게는 대학생 선교에 대한 빚진 마음이 있어서 그 일환인 장학사업을 이제껏 꾸준히 해오고 있습니다.

지역 사회의 하나님 나라 선교에도 많은 관심이 있어서 몇몇 교인들을 중심으로 주일마다 200여 명의 노숙인에게 점심 식사와 차비를 드리는 일과 지역의 독거 어르신들에게 일주일 동안 드실 반찬을 매주 만들어드리는 일을 20년 넘게 해왔습니다.

하지만 그러한 선교적 노력은 일부 교인들 주도하에 진행되어왔기에 전 교인이 한마음으로 참여하는 데에는 한계가 있었습니다. 그리고 해오던 사역에만 국한되어 있어서 급변하는 지역 사회의 필요에 민감하게 대응하기는 어려운 구조였습니다.

2. 새로운 시도

저는 2016년 11월에 소정교회에 4대 목사로 부임을 했습니다. 가장 먼저 당회에 요청하여 만든 것이 구제재난헌금이었습니다. 심방 감사 헌금과 새로이 시작한 특별새벽기도 등에서 모여지는 헌금을 그 계정에 넣어서 지역 사회의 구제와 긴급재난 시 돕는 일에 사용하자고 했습니다.

이러한 노력은 어느 정도 성공적이어서 매년 5천만 원 정도의 헌금이 해당 계정에 모여졌고 지역 사회에 도울 일이 생겼을 때 따로 모금을 하거나 큰 고심 없이도 그들을 돕고 섬길 수 있었습니다.

이것은 코로나 시기에 빛을 발하여서 2020년 코로나 초기에 마스크 대란이 일어나고 구청에서조차 대응을 힘들어했던 시기에 교회는 온라인으로 긴급 전환하고 교회에 있던 마스크 전량을 방역하는 금정구청 직원들에게 전달했으며 지역 사회에 방역물품 구입을 돕기 위해 1천만 원을 구청에 기탁했습니다. 부활절에는 기프트 박스 300개를 만들어 힘겨워하는 지역 사회에 소상공인들에게 나누어드렸는데 이때 초점을 둔 것은 단순한 기프트 선물이 아니라 정성껏 다듬은 위로와 사랑의 편지를 함께 첨부함으로 주님의 사랑이 그분들의 마음에 느껴질 수 있도록 하는 부분이었습니다. 글을 통해 마음을 전달하려는 이러한 선교적인 노력은 성탄 선물을 지역에 소년소녀 가장에게 전달할 때와 미혼모 가정에 성탄 선물을 할 때도 이루어져서 정성껏 적은 성탄 카드를 함께 드렸습니다. 이를 통해 그분들의 마음이 더 크게 열리고 우리가 섬기는 취지에 대해서 오해하지 않게 되었습니다. 이렇게 해서 교회는 작년에 약 1억 원 규모의 구제와 나눔을 할 수 있었고 올해도 비슷한 규모로 진행 중입니다.

중점 사항은 구제를 하더라도 선교적 교회로서 이러한 구제가 이루어지게 하려고 성도들과 진행 상황을 공유하는 데 두었고 모두가 한마음으로 참여하도록 유도를 했습니다. 그리고 교회와 가장 가까운 곳에 있는 이웃들과도 선교적 관계를 유지하기 위해 노력했습니다. 작년 태풍으로 이웃집과 교회 사이 담장이 무너졌을 때 50%만 책임을 지지 않고 전체를 교회가 부담하여 아름다운 원목 담장으로 야간 무드 조명까지 설치해드렸고, 태풍으로 인근 상가가 정전되어 수족관에 물고기들이 폐사할 위기에 있었을 때 교회 전력을 긴급하게 공급하여 고기들을 살려내기도 했습니다. 이런 노력들을 통해 교회에 대해서 냉담하던 분들이 이제는 큰형님 같은 교회가 있어서 든든하다는 고백을 하기에 이르렀습니다.

그 결과 지난달에는 교회가 나눔 부분에 대하여 부산시장상을 받기도 했습니다.

3. 이후 전망

이런 노력을 기울여 오고 있지만 진정한 선교적 교회로 가기 위해서는 보다 성도들의 주도하에 세밀한 섬김과 풍성한 나눔 일어나야 한다고 봅니다. 이를 위해서는 교육이 필요하기에 재직자 교육과 피택자 교육 등을 진행할 때 선교적 교회에 대한 책을 나누고 비전을 공유하고 있으며 설교 중에도 선교적 교회에 대한 가치관을 담으려고 노력하고 있습니다.

한국교회가 비난받고 전 세대들에게 외면받고 있는 때입니다. 하지만 그럴수록 우리는 예수님의 말씀대로 이웃을 순수하게 사랑하지 못한 것에 대한 반성을 두려워하지 말고 구제 자체를 목적으로 한 순수한 사랑의 실천이 우선적이어야 한다고 생각합니다. 21세기의 교회의 대안은 선교적 교회임을 확신하면서 소정교회가 그러한 롤모델이 되기 위해 노력하고자 합니다.

신현교회 사역 소개

서용진 | 신현교회 목사

1. 교회 소개

신현교회는 경남 거제시 고현동에 위치한 교회로 1954년 3월 10일 몇 명의 성도들이 가정에서 예배드리며 시작되었다. 포로수용소의 미군이 철수하고 난 막사에서 예배를 드리며 올해로 68년 된 교회로 예장통합 경남노회 소속 교회이다.

2. 선교적 교회로서 교회 사역 소개

○ 러브거제 기프트 박스 사역

매년 성탄절 전으로 거제지역 어려운 이웃을 돕기 위해 시작한 사역이다. 2017년 2,900평의 새로운 예배당을 건축하고 입당한 교회는 지역 사회에 선한 영향력을 끼치는 교회로서 그 사역을 확장하기 위해 이 일을 시작하였다. 2017년 185박스를 주민센터와 아동센터에 기증한 것을 시작으로 2018년 400박스, 쌀(10kg) 400

포대(4,200만 원 상당)와 2019년 380박스, 이불 330채(5,320만 원 상당), 2020년 510박스와 이불(6,400만 원 상당)을 거제시에 기탁하여 지역 내 다문화가정과 사회복지시설, 면`동 주민센터를 통해 어려운 이웃에게 전달하고 있다. 조선 경기 불황으로 힘든 시간을 보내는 지역 사회에 조금이라도 도움이 되고자 시작한 이 사역은 매년 그 규모를 키워가고 있다.

추수감사절이 지나고 교인들에게 박스가 제공되는데, 예배 후 참여를 원하는 교인들이 자발적으로 가지고 가게 된다. 교회에서 제공한 20여 가지 생필품 목록을 가지고 성도들이 직접 지역의 마트에서 장을 봐서 박스에 채워 교회에 가져오면 교회에서 준비한 카드를 넣고 포장하여 기증한다. 박스마다 약 10만 원 상당의 생필품을 준비하는데, 이는 생활에 꼭 필요한 용품과 식품들로 받는 가정에 실질적으로 도움이 되는 것들이다. 직접 장을 봐서 박스를 들고 교회에 들어올 때 얼굴에 깃든 뿌듯함을 보는 것도 이 사역의 보람이다. 아울러, 이 사역은 지역에서 장을 봄으로 지역 상권의 활성화를 이루는 사역이기도 하다.

○ 신현아기학교

신현아기학교는 신현교회의 목회 비전에 따라 사랑과 섬김으로 이웃을 사랑하고 다음 세대를 세우며 가정을 회복하고 도우며 치유와 회복을 경험함으로 건강한 교회, 건강한 가정으로 회복하고 돕기 위해 시작한 사역이다. 2012년부터 주일에 교회에서 이루어지던 신앙교육의 지경을 넓혀 주중에 가정에서 신앙교육이 이루어질 수 있도록 주중 신앙교육 프로그램으로 진행하였다. 예수님의 성품을 배우고 아이들의 신체 발달에 따라 오감을 자극하는 다양한 교육 활동들을 진행하였고 엄마(보호자)가 아기를 양육하며 겪는 어려움과 힘든 마음들을 함께 모여 이야기하고 교제하며 해소하는 위로 시간을 마련하여 하나님의 말씀으로 자녀를 양육할 것을 다짐하며 다양한 육아 상식과 또래 엄마들의 경험을 공유할 수 있는 시간을 가질 수 있도록 하였다.

신현아기학교는 지역 사회 처음으로 신설되었다. 신현아기학교 참여대상으로 교인으로 한정치 않고, 지역 사회 영유아(생후 18개월부터 36개월까지)와 보호자들 누구나 참여할 수 있도록 참여대상을 확대하여 발달연령에 맞는 다양한 신앙교육을 제공함으로 지역 사회를 위해 또 다른 형태의 나누고 베푸는 섬김의 사역을 감당하고 있다.

신현아기학교는 다음과 같이 진행하였다.

기수	교육 일정	등록현황	총인원
1	2012.9.4.~11.27. 매주 화요일 10주간 주제: 하나님이 주신 몸	아기 28명/ 보호자 28명 교사 26명	82명
2	2013.3.19.~6.4. 매주 화요일 12주간 주제: 하나님이 만드신 세상, 예수님 만세	아기 23명/ 보호자 23명 교사 20명	66명
3	2013.9.10.~12.3. 매주 화요일 12주간 주제: 사랑의 예수님2, 인도하시는 하나님	아기 36명/ 보호자 36명 교사 20명	92명

기수	교육 일정	등록현황	총인원
4	2014.3.5.~5.28. 매주 수요일 12주간 주제: 하나님의 사람 '다윗', 사랑의 예수님1	아기 34명/ 보호자 34명 교사 26명	94명
5	2014.9.17.~12.17. 매주 수요일 12주간 주제: 하나님이 주신 몸	아기 37명/ 보호자 37명 교사 20명	94명
6	2015.3.11.~6.3. 매주 수요일 12주간 주제: 하나님이 만드신 세상, 예수님만세	아기 31명/ 보호자 31명 교사 25명	87명
7	2015.9.9.~12.2. 매주 수요일 12주간 주제: 사랑의 예수님2, 인도하시는 하나님	아기 36명/ 보호자 36명 교사 23명	95명
8	2016.3.9.~6.3. 매주 수요일 12주간 주제: 사랑의 예수님, 하나님의 사람 1,2	아기 36명/ 보호자 36명 교사 30명	102명
9	2016.9.21.~12.7. 매주 수요일 12주간 주제: 하나님이 주신 몸	아기 39명/ 보호자 39명 교사 20명	98명
10	2017.3.22,23.~6.14. 매주 수, 목요일 12주간 주제: 하나님이 만드신 세상	아기 46명/ 보호자 45명 교사 29명	120명
11	2017.9.13,14.~12.6. 매주 수, 목요일 12주간 주제: 하나님의 사람 '아브라함', 인도하시는 하나님	아기 56명/ 보호자 56명 교사 36명	148명
12	2018.3.14,15.~5.30. 매주 수, 목요일 12주간 주제: 예수님 만세, 하나님의 사람 '다윗'	아기 39명/ 보호자 38명 교사 24명	101명
13	2018.9.5,6.~12. 13. 매주 수, 목요일 12주간 주제: 하나님이 주신 몸	아기 50명/ 보호자 50명 교사 31명	131명

기수	교육 일정	등록현황	총인원
14	2019.3.6,7.~5.29. 매주 수, 목요일 13주간 *1주 특별프로그램-부모 교육 실시 주제: 인도하시는 하나님, 사랑의 예수님2	아기 53명/ 보호자 53명 교사 30명	136명
15	2019.9.4,5.~12.4,5. 매주 수, 목요일 12주간 주제: 하나님이 만드신 세상	아기 56명/ 보호자 54명 교사 34명	144명
*16 (온)	2021.3.6.~5.29. 매주 목요일 10주간 주제: 하나님이 주신 몸	아기 14명/ 보호자 14명 교사 25명	53명
*17	2021.9.9.~11.11. 매주 목요일 10주간 주제: 사랑의 예수님2, 하나님의 사람 '다윗'	아기 15명/ 보호자 15명 교사 25명	55명

○ 일곱기둥 봉사선교단

일곱기둥 봉사선교단은 예수님의 사랑 실천을 위하여, 불우한 가정을 도우며 정회원의 올바른 신앙관을 확립하여 교회의 가정들에게 기독교 문화를 전파하는 데 목적을 두고 출발하였다. 일곱기둥 봉사선교단은 교회 내 후원자들의 후원과 회원들의 섬김으로 사역하고 있다. 전체 네개의 그룹으로 어려운 이웃을 섬기고 있는데, 임마누엘 팀은 독거노인 가정을, 샬롬 팀은 소년/소녀가장 가정을, 베데스다 팀은 장애인 가정을, 실로암팀은 난치병 가정을 지원하고 있다.

※ 2022년도에는 이 사역을 확장하여 교회 사회봉사부에서 집 고쳐주기 프로젝트를 진행할 계획이다.

○ 온가족 새벽기도

매월 첫 주 토요일 새벽은 온가족 새벽기도로 모이고 있다. 이 날은 아이들과 가족 중심으로 참여하고, 들어오면서 가정 기도 제목과 사랑 나눔 헌금을 하게 된다. 사랑나눔 헌금은 모아 전액 이웃 사랑을 위한 헌금으로 사용하고 있다. 설교는 다음 세대와 가정 그리고 세상을 향한 사랑과 축복의 통로로서 가정을 주제로 삼아 선교적 가정으로서 정체성 확립을 하게 한다. 설교 후 함께 가장이 자녀들을 축복하는 시간을 갖고 각 가정을 위한 담임목사의 축복 기도 시간을 갖고 있다.

3. 2022년도에 확장되는 교회 사역

○ 야외주차장을 활용한 지역 사회 나눔 사역

2021년 올해 부족한 주차장을 확보하고자 교회 옆 산을 깎아 약 700평 규모의 주차장을 조성하였다(12월 말 준공). 두 단으로 형성된 주차장을 우선 인근 병원 및 상가, 등산객 등 지역 사회가 함께 쓸 수 있도록 오픈할 계획이며, 주차장을 활용한 나눔 사역을 계획하고 있다.

○ 농어촌교회와 연계한 직거래 장터(연 2~4회)

여전도회를 중심으로 전국 농어촌 교회와 지역 교회와 연계하여 그 지역 농수산물을 직거래하여 장터를 운영하고자 한다. 올해 시범적으로 진행하고 추후 확장할 계획이다.

○ 지역 주민이 함께 참여하는 프리마켓(월 1회)

지역 주민이 참여하여 자신이 직접 만든 공예품이나 중고물품을 판매하는 장터를 운영하며, 야외 전시나 버스킹 등 문화 행사를 곁들여 지역의 문화축제로 발전시킬 계획이다.

○ 가족 캠핑 사역

매년 가정 사역의 일환이었던 기차여행을 전환하여 야외주차장에서 가족과 함께하는 캠핑을 진행하고자 한다. 교회 본당에서 가정을 위한 세미나와 야외주차장에서의 캠핑을 연계하여 가정의 회복과 행복한 가정으로서 더욱 든든히 세우는 기회로 삼고자 한다. 음식 콘테스트, 야외영화감상, 장기자랑 등 다채로운 프로그램으로 알차게 기획하고자 한다.

주닭교회 이야기

정현곤 | 주닭교회 목사

　　주닭교회(울산시 남구/담임목사 정현곤)는 지역 사회와 함께 하고
자 하는 교회입니다. 지역 사회와 함께 하는 몸짓은 2015년 2월 담
임목사의 위임식과 항존직 임직식에서 임직 감사 헌금의 십일조로
쌀 100포를 전달하며 시작되었습니다. 위임식과 임직식이 교회만
의 잔치가 아니라 지역과 함께 하는 잔치가 되었으면 하는 바람이
었습니다. 매년 가을 교회 바자회 수익금은 삼산동 사무소를 통하
여 어려운 이웃들과 그리고 지역 학교의 장학금으로 전달하였습니
다. 2020년~2021년 코로나 시기에는 지역 경기의 활성화를 위하
여 온누리 상품권 2백만 원씩을 어려운 이웃들에게 전달하여 지역
상권을 활성화하려고도 하였습니다.

　　2021년 12월 임직식 때는 교회가 물품을 정하지 않고 삼산동
복지담당자에게 문의하였습니다. 복지실무자들이 12월 초가 김장
철이기 때문에 쌀이나 생필품보다는 김치가 좋다고 해서 김치
5kg을 200세대에 나누었습니다. 전달식 행사에 가보니 전달식 전
에 많이 분들이 와 계신 분들을 보면서 김치를 잘 선택했다는 생각
이 들었습니다. 앞으로는 우리가 주고 싶은 것이 아니라 지역 주민

들이 원하는 것을 나누어야겠다는 생각을 가지게 되었습니다. 일회성 행사가 되지 않기 위하여 교회는 삼산동 지역 사회보장협의체에 가입되어 지역 사회 봉사 기관들과 상시적으로 협력하고 있습니다.

토스트 전도는 지역 사회와의 만남의 창구가 되었습니다. 코로나가 오기 전까지는 울산 남구청 앞에서 매주 목요일 전도팀에서 토스트를 구워서 지역 주민들과 정을 나누고 만남의 장을 가졌습니다. 남구청 공무원들은 주닮교회 하면 토스트가 생각이 난다고 합니다. 2017년 태풍 차바가 울산을 강타하였을 때는 다음날 태풍으로 침수된 태화 시장에 출동하여 토스트를 구웠습니다. 그리고 그곳에서 봉사 활동을 하고 있었던 한국교회 연합봉사단의 요청으로 다음 날 국밥까지 만들어서 이재민들과 봉사자들을 섬겼던 것은 잊히지 않는 추억입니다. 사람들을 만나 대면 전도를 하기 어려운 작년과 올해는 계절별로 지역 주민들과 소통할 수 있는 현수막을 부착하여서 지역민들과 소통하고 있습니다.

코로나로 인하여 2020년부터 교회 청소를 매주 토요일에 교회 자원 청소 봉사팀(주닮 깔끔이)을 결성하여 봉사하고 있습니다. 교회만이 아니라 교회 앞 공원을 청소하고 있습니다. 교회 앞에 있는 공원을 교회가 잘 활용하였었는데 공원과 주변 이웃도 청소하고 있습니다. 교회 주변이 더 깔끔해지는 것이 보기에 좋습니다.

세상의 빛과 소금으로서 어두운 곳을 밝히고 살맛이 나게 하는 교회의 선교적 사명을 앞으로도 감당해나가기를 소망합니다.

창원 성도교회
선교적 목회 이야기

박희광 | 성도교회 목사

1. 목적(Goal)

복음으로, 교회를 새롭게 세상을 이롭게(엡1:23)

2. 목표(Objectives)

○ 믿음을 새롭게
- 신비주의 영성: 일상이 기적이고 신비임을 깨닫게 하는 신비주의적 영성
- 생태적 영성: 하나님이 주신 물, 공기, 식물, 동물 등 모든 존재와 생명에 감사하고, 그 생명이 서로 연결되어 있음을 인식하고 생명을 사랑하는 생태적 영성

○ 교회를 새롭게
- 작은 교회: 작은 교회는 인간은 작아지고 주님의 크심만 드러나는 교회다. 섬김의 결과 우주에 하나님 나라가 이루어지는 위대한 하나님 나라의 비전을 이루는 교회다.

- 녹색교회: 소외된 이웃과 탄식하는 피조물들을 섬기는 작
은 교회는 자연스럽게 녹색교회를 지향한다.
○ 목회 방향을 새롭게
- 미니멀 라이프: 잘 버리고, 잘 나누고, 재활용, 새활용을
실천하면서 소유로부터 자유를 누리는 미니멀 라이프로
성도들을 변화시키는 목회로 그 방향을 새롭게.
- 환경 선교: 기후위기 속에서 환경선교사로 부르시는 하나
님의 부르심을 깨닫고, 부르심에 응답하는 삶을 살도록 훈
련하고 실천.

3. 실천 프로그램(program)

○ 믿음을 새롭게(신비주의 영성, 생태적 영성)
- 영성 사경회: 일상의 신비에 눈뜨는 거룩한 독서와 의식주
를 성찰하는 기도훈련
- 거룩한 독서와 의식주 성찰을 실천하는 매일 중보기도
- 환경주일 야외예배(6월 첫 주일)
- 절기 생활 영성 훈련
사순절/ 생태영성 훈련, 탄소 금식(3월2~4월16일)
부활절/ 반려 식물 나누기(4월17일)
기쁨의 50일/ 지구 이웃과 부활의 기쁨 나누기-미니멀리
즘 생활 실천
창조절/ 창조묵상 훈련(9월1~10월4일)
대림절 / 플라스틱 감축 생활영성 훈련

성탄절/ 그린 크리스마스

크리스찬 어스아워/ 3월21~27일(7일간의 기후 행동)

○ 교회를 새롭게(작은교회, 녹색교회)

　- 녹색교회 추진위원회 조직(특별위원회)

　- 창조적 기독교 세계관 세미나 - 5주가 되는 주일 오후 예
　　배 시

　- 특별헌금: 매주 기후헌금(1000원 헌금)

○ 목회방향을 새롭게(미니멀라이프, 환경선교)

　- 예배: 주일 오후예배 - 기독교 세계관 세미나, 지구 돌봄
　　서클 나눔 등

　　특별한 주일(스웨터 입는 날, 자동차 없는 날, 아무것도 안 사는
　　날 등)

　- 교육 청·장년: 온라인 그린 스쿨(환경선교사과정 개설)

　- 선교: 정다운 작은도서관을 선교의 전초기지로 활용하기,
　　녹색교회추진위원회 조직

　- 봉사: 주일 플로깅

　- 교제: 교회 옥상 주말농장

선교적 교회를 향한
항서교회의 비전

나재천 | 항서교회 목사

1905년 2월에 설립된 항서교회는 부산 항구 서쪽 지역 모 교회로서의 역사적인 자리매김을 하고 있지만, 교회가 가진 역사성에 비해 지역 사회를 향한 복음의 영향력은 그다지 크지는 않는 편이었다. 따라서 교회는 지역 사회에 선한 영향을 확산시켜 나가기 위한 고민의 일환으로 선교적 교회를 지향하게 되었다.

그동안 항서교회는 지역 사회를 위한 나름의 봉사 활동으로 경로대학을 운영하였다. 1992년에 설립된 경로대학은 만 65세 이상의 학우 100여 분을 모시고 매주 목요일에 교양강좌와 더불어 건강 세미나, 식사 제공 그리고 매년 2회 이상 국내 명승지를 순례했다. 그로 인해 지역의 노인들에게 가장 인기가 있는 경로대학으로 자리매김했었는데, 지금 코로나19로 인해 잠정 중단된 상태이다.

또한 항서교회는 해방 이후 교육 사업(초등1, 중등3, 고등4, 대학1)에 많은 노력을 기울여왔는데, 그로 인해 지금도 교회 안에서 학원 선교가 활발하게 이루어지고 있다. 지금은 코로나로 인해 잠시 중단된 상태이지만, 남성여고 목요찬양 모임부터 시작해서 교역자들이 여러 학교들을 심방하며 채플을 인도해왔다. 아울러 설립 94주년을 맞이한 유치원 또한 교회를 통한 지역 사회의 섬김의 도구로 잘 활용되고 있다.

지난 2020년 10월 항서교회는 더드림 센터를 준공하여 지역 사회를 향한 섬김의 통로로 활용하고자 하는데, 그중 대표적인 사역이 '문화 사역'이다. 향후 교회 안에 문화사역위원회를 조직하여 매주 주중에 운영되는 문화 교실(교양, 취미, 예술) 강좌를 개설하여 지역의 주민들에게 저렴하면서도 양질의 교육과 문화 컨텐츠를 공급하기 위해 준비 중에 있다.

그리고 코로나 팬데믹이 어느 정도 진정이 되면 더드림 센터 내에 있는 콘서트홀을 지역 청소년의 음악공연과 지역 주민들의 작은 결혼식을 위한 공간으로 제공하려고 준비 중에 있다. 지난 10월에 오픈한 '카페 레가토'는 가성비가 좋은 커피와 음료와 함께 교회와 지역 주민들의 소통의 장으로 활용되고 있다. 또한 카페를 통한 얻는 수익은 지역의 청소년과 학교에 장학금 지원을 통해 지역을 섬기려고 한다.

마지막으로 항서교회는 교직에 몸담고 있다가 정년을 맞이한 교사들이 많이 있는데, 이분들의 재능기부를 통해 지역을 섬기는 청소년 공부방을 계획하고 있다. 왜냐하면 현재 항서교회가 위치한 부산 서구 지역 내의 산복도로 주변에는 학원이나 과외를 받을 수 없는 어려운 가정의 자녀들이 많이 있는데, 이들에게 재능기부를 하면 학습을 신장시킬 수 있다는 조사 결과가 나왔기 때문이다.

위에서 말씀드린 것처럼 앞으로도 계속해서 지역의 여건과 상황을 연구하여 교회가 그들의 삶 가운데 함께하며 그리스도 사랑의 복음이 그 심령 가운데 녹아들 수 있도록 교회가 선교적 교회의 방향성을 가지고 지속적인 섬김을 실천한 계획이다.

글쓴이 알림

이원돈

중앙대학교 영문과
장로회 신학대학교 신학대학원
부천 작은도서관협의회 회장 역임
부천 ymca 시민포럼 운영위원장 역임
부천실업극복운동협의회 이사 역임
현 새롬교회 담임목사
현 대한예수교 장로회 총회 마을목회 위원회 위원
현 약대 신나는 가족도서관 관장

저서
촛불 민주화 시대의 그리스도인(2017, 공저)
한국적 작은 교회론(2017)
마을이 꿈을 꾸면 도시가 춤을 춘다(2011)
생명과 평화를 여는 그리스도인(2011, 공저)
성서와 실천(1989)
가난한 자에게 복음을(공저)

정승현

충남대학교(B.A.), 장로회신학대학교(M.Div.) 그리고 풀러신학대학원(M.A.,
Ph.D.)을 졸업했다. KPCA 파송선교사로 인도네시아 자카르타신학교(STFT
Jakarta)에서 사역했다(2008-2010). 2011년부터 주안대학원대학교 교
수로 봉직하고 있다.

저서
『무슬림을 향한 증인의 삶』(2019)
『하나님의 선교와 20세기 선교학자』(2014)

역서
『세계 기독교 동향』(2020)
『기독교 선교의 이해』(2015)

『선교적 교회』(2013)

『선교현장의 교회』(2012).

최동규

서울신학대학교 신학과(B.A.)

숭실대학교 대학원 철학과(M.A.)

호서대학교 대학원 신학과(Th.M.)

미국 Fuller Theological Seminary(M.A., Ph.D.)

현 서울신학대학교 실천신학 교수

현 서울신학대학교 교회성장대학원장

저서

『미셔널 처치』(2017)

『초기 한국교회와 교회개척』(2015)

『미래세대의 전도와 목회』(2015, 공저)

역서

『소통하는 전도』(2018)

『교회성장 이해』(2017, 공역)

『교회의 본질』(2015)

『선교적 교회론의 동향과 발전』(2015)

『장로와 집사에 관한 40가지 질문』(2012)

『선교란 무엇인가?』(2009)

『신약성경과 선교』(2005)

『초대교회 모델을 따라 교회를 개척하라』(2004)

한국일

장로회신학대학교 기독교교육학

장로회신학대학교 신학대학원

장로회신학대학원 대학원 역사신학

독일 뮌스터 대학교 수학

독일 하이델베르크 대학교 신학박사(Dr. theol. 선교학 전공)

저서

세계를 품는 선교(2004)

세계를 품는 교회(2010)

Mission und Kulutur in der deutschen Misssionstheologie. Erlangen Verlag fuer Mission und Oekumene(2011)

선교적 교회의 이론과 실제(2019)

황홍렬

서강대학교 졸업

장로회신학대학교(M. Div., Th. M.)

영국 버밍엄대학교 신학부(Ph. D.)

전 한국선교신학회장

저서

한반도에서 평화선교의 길과 신학(2008),

생명과 평화를 향한 선교학 개론(2018),

공저

제3세계신학에 나타난 생명사상(2002)

신자유주의 시대, 평화와 생명선교(2009)

다름의 평화 차이의 공존(2009)

다문화사회와 한국교회(2010)

생명목회와 생명선교(2011)

에큐메니칼 협력선교: 정책, 사례, 선교신학(2015)

'헬조선'에 응답하는 한국교회 개혁(2018)